Entwurfsmuster

Springer
Berlin
Heidelberg
New York
Barcelona
Budapest
Hongkong
London
Mailand
Paris
Singapur
Tokio

Klaus Quibeldey-Cirkel

Entwurfsmuster

Design Patterns in der objektorientierten Softwaretechnik

Mit 47 Abbildungen

Springer

Klaus Quibeldey-Cirkel
Universität Siegen
Technische Informatik
Hölderlinstraße 3, D-57068 Siegen

Die Deutsche Bibliothek – CIP-Einheitsaufnahme

Entwurfsmuster [Medienkombination]: Design-Patterns in der objektorientierten Softwaretechnik/Klaus Quibeldey-Cirkel. – Berlin; Heidelberg; New York; Barcelona; Hongkong; London; Mailand; Paris; Singapur; Tokio: Springer
ISBN 3-540-65825-4
Buch. 1999
CD-ROM. 1999

ISBN 3-540-65825-4 Springer-Verlag Berlin Heidelberg New York

Umschlaggestaltung: Künkel + Lopka Werbeagentur, Heidelberg
Satz: Satzerstellung durch den Autor
SPIN 10721535 33/3142 – 5 4 3 2 1 0 – Gedruckt auf säurefreiem Papier

Danksagung

Mein Dank gilt

… an die Fachgemeinschaft

- den Kollegen und Wegbegleitern:

  Georg Odenthal für sein Engagement und seine Beiträge sowie Walter Lang für seine Textkritik,
- den Pattern-Aktivisten:

  Erich Gamma, Frank Buschmann, Dirk Riehle und Jens Coldewey für ihre Daten und Diskussionen sowie
- dem Kenner der amerikanischen Schreibkultur:

  Gerd Bräuer, Emory University, Atlanta, für seine Durchsicht und Quellenhinweise.

Das Buch stimmt im wesentlichen mit meiner Habilitationsschrift überein; als Gutachter konnte ich die Universitätsprofessoren Hans Wojtkowiak und Heinz Züllighoven gewinnen. Für ihre Unterstützung und Kritik bedanke ich mich sehr. Dank gebührt auch den Korrekturlesern der Buchfassung: André Berten und Hans Peter Kunz.

Zuletzt, und doch an erster Stelle, danke ich meiner Familie für die geborgte Zeit.

… an Gabi mit
Laura, Linda, Lotta & Lasse

Marburg, im Frühling 1999 Klaus Quibeldey-Cirkel

Universität Siegen
Fachbereich Elektrotechnik und Informatik
D-57068 Siegen

E-Mail: quibeldey@ti.et-inf.uni-siegen.de
Homepage: www.ti.et-inf.uni-siegen.de/staff/quibeldey/uebermich.html
FTP-Server: ftp.ti.et-inf.uni-siegen.de

Umschlag

Software-Strukturen in drei Auflösungen

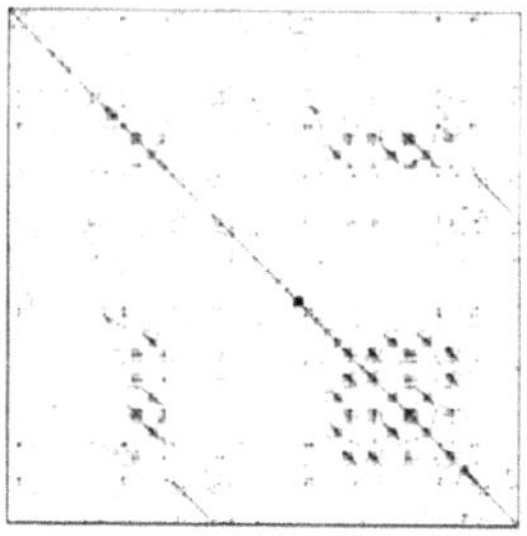

1. Punktdiagramm: Es visualisiert ein C-Programm aus 3.400 Zeilen [Church & Helfman, 1993]. Könnte man[1] hineinzoomen, sähe man den Quelltext zeilenweise aufgereiht wie Perlen auf der Schnur: am oberen Rand von links nach rechts und am linken Rand von oben nach unten. Ein Punkt *(i, j)* zeigt, daß die *i*-te Programmzeile mit der *j*-ten übereinstimmt; einige Punktmengen bilden „selbstähnliche" Strukturen, siehe Seite 19.

2. Klassendiagramm: Es beschreibt ein gleich langes C++-Programm [Odenthal & Quibeldey-Cirkel, 1996]. Vererbungs-, Aggregations- und Botschaftslinien verknüpfen 30 Klassen, siehe Seite 122.

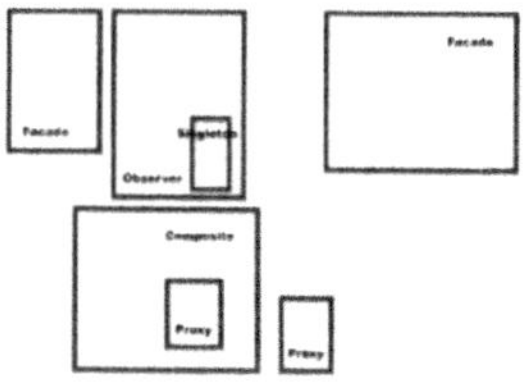

3. Musterdiagramm: Es umgrenzt die Klassen, die ein Entwurfsmuster nach [Gamma et al., 1995] ausprägen. Hier sind es 7 Ausprägungen der Muster FACADE, SINGLETON, OBSERVER, COMPOSITE und PROXY.

Die Beschreibungskomplexität verringert sich somit von 3.400 über 30 auf 7 Software-Strukturen.

---

1 Eine Fußnote zum *Genus* der Buchakteure: Die Motive der Frauenbewegung, Einfluß auf die Sprache zu gewinnen, sind sicher ehrenwert; doch erbitterte Emanzipation würde unsere Sprache belasten – „mit kaum erträglicher Umständlichkeit und oft lächerlichem Klang", wie Wolf Schneider in seiner Stilkunde betont [Schneider, 1988]. „Das Wörtchen *man* ist als maskulin entlarvt und soll durch *man/frau* oder durch *mensch* ersetzt werden … Da der Mann sogar in *jemand* und *niemand* steckt – sollen wir *niefrau* oder *niemensch* sagen?"

Vorwort

Problem – Kontext – Kräfte – Lösung

Ein guter Compiler ist in der Sprache geschrieben, die er übersetzen soll. In Selbstanwendung des Musterkonzeptes schreibe ich also das Vorwort zum Thema in der *Musterform*.

Literarisches Bootstrapping

Musterform

Problem

Die Hauptfragen dieses Buches sind *methodische* und *didaktische* der Softwaretechnik; ab einer gewissen Entwurfskomplexität (Entwurf als Prozeß und Produkt verstanden, Komplexität jenseits von hundert vernetzten Modulen) werden Entwerfer und Anwender vor Lehr- und Lernprobleme gestellt:

Transfer und Wiederverwendung von Erfahrungswissen

- Erfahrung ist *erprobtes* Wissen, sie setzt das Erlebnis voraus; Entwerfen in der Industrie läßt dies aber nicht zu: Im Sog neuer Techniken und kurzlebiger Märkte bleibt dem Entwerfer keine Zeit, um das Versuch-und-Irrtum-Prinzip auszuleben. Die Frage heißt: Wie kann der Unerfahrene aus der Erfahrung des Experten lernen? Methoden- und Faktenwissen allein genügen nicht, um *produktiv* zu werden. Umgekehrt: Wie kann der Experte seine Erfahrungen vermitteln – eingängig und in kürzester Zeit?

Orientierung in fremden Entwürfen

- *Wiederverwendung* ist die Maxime für die schnelle Markteinführung eines Entwurfs; Wiederverwendung im großen Stil erlauben objektorientierte *Frameworks*, das sind anpaßbare Systemkomponenten: Software-Halbfabrikate im allgemeinen, Komplettlösungen im Einzelfall.[2] Wiederverwendet werden hier sowohl der Programmcode als auch der Entwurf, der einer Familie von Anwendungen gemeinsam ist. Somit ist der Aufwand, um eine Anwendung aus einem Standard-Framework zu entwickeln, deutlich geringer als für eine Eigenentwicklung. Die Komplexität heutiger Frameworks, meist einige hundert Klassen und Kommunikationspfade, erschwert indes das Finden und Verstehen der Anpassungsstellen. Die Frage lautet: Wie kommt der Anwendungsprogrammierer zum notwendigen *Architekturverständnis?* Wie findet er sich rasch zurecht im fremden Entwurf?

Entwurf und Dokumentation komplexer Komponenten

- Objektorientierte Frameworks erfüllen am wirtschaftlichsten den Wiederverwendungs-Anspruch; sie sind aber auch schwierig zu entwerfen: Wie kann der Entwerfer die Anpassungsstellen flexibel gestalten? Wie dokumentiert er die *variablen* und die *festen* Aspekte seines Frameworks? Verallgemeinert handelt es sich hier um die alten Leiden des Software-Entwerfers, der sich im Wirrwarr seiner oder fremder Unterlagen zurechtfinden muß, um Entwurfsentscheidungen in der Software-Architektur zu revidieren.

Kontext

Das Problem steht im Mittelpunkt des Erfahrungsaustausches im GI-Arbeitskreis „Frameworks & Entwurfsmuster". [3] Dieser setzt sich großenteils aus industriellen Framework-Entwicklern zusammen; dort bin ich zuständig für das Thema Entwurfsmuster. Der technische Kontext des Buches deckt sich mit den Fragen des Arbeitskreises; zwei Projekte bilden die Basis:

---

2 Die Übersetzung „Rahmen" ist selten; gemeint sind Software-*Infrastrukturen*, die der Anwender für seinen Zweck um einzelne Funktionen erweitert.

3 http://www.uni-paderborn.de/cs/ag-engels/ag_dt/GI/gi-fg219.htm

Forschung und Praxis

1. ein Evaluierungsprojekt mit der SAP AG, Walldorf

   Thema: Entwurf und Implementierung einer Schnittstelle zwischen dem SAP-R/3 Business Object Repository und der Open Scripting Architecture [Odenthal & Quibeldey-Cirkel, 1996]

   Problem: Entwerfen und Dokumentieren mit Entwurfsmustern

2. ein Kooperationsprojekt mit der Fachhochschule Konstanz

   Thema: HTML-basierte Softwaredokumentation mit Entwurfsmustern [Blachnik, 1997]

   Problem: Entwurf eines werkzeuggestützten Dokumentationsmodells für die Nachdokumentation eines Frameworks aus der Fertigungstechnik

Lehre

Mit dem softwaretechnischen Kontext überlappt sich der fachdidaktische: Für das Studium der Technischen Informatik wurde ein Studienmodell entworfen – *Informatik-Systemtechnik*[4] [Lang et al., 1995; Quibeldey-Cirkel, 1994c, 1995b]. Hier dienen Entwurfsmuster als Leitbild für die berufliche Qualifizierung. Zentraler Teil dieses Studienmodells ist die Vorlesung „Objektorientierter Systementwurf“.[5] Aus meiner Lehr-Erfahrung und der Betreuung von Studienprojekten konnte ich *fachdidaktische* Muster ableiten; sie ergänzen die Lehrmuster, die derzeit im Internet gesammelt werden – „Pedagogical Patterns: Successes in Teaching Object Technology“.[6]

Kräfte

Gibt es andere Wege des Wissenstransfers und Erfahrungserwerbs? Wann sind diese vorzuziehen? Lehr- und Handbücher, Bauteilekataloge und DIN-Blätter – unsere Fachliteratur bietet sich an als Meterware. Vermittelt die traditionelle Prozeß- und Produktdokumentation Entwurfserfahrung in *wiederverwendbarer* Form?

---

4 http://www.ti.et-inf.uni-siegen.de/ECBS/leitbilder.htm

5 http://www.ti.et-inf.uni-siegen.de/courses/oos/oos.html

6 http://www-lifia.info.unlp.edu.ar/ppp/

Was sind die Kräfte, an deren Kompensation eine Lösung zu bewerten ist?

Ökonomie

- Lern- und Anwendungsökonomie des Transfermediums
  Effizienz des Zugriffs? Steile Lernkurve? Nachhaltigkeit des erworbenen Wissens? Aktualisierbarkeit des Wissens?

Ergonomie

- Benutzerakzeptanz des Transfermediums
  Einfach zu erlernen? Leserfreundlich? Gleichermaßen anwendbar vom Anfänger und Experten? Verläßlichkeit? Verbreitung?

Der Prüfstein für die Kompensation dieser Kräfte heißt *Verfügbarkeit* und *Wiederverwendbarkeit* von Expertenwissen in allen drei Arten: Methoden- und Faktenwissen einerseits, Erfahrungswissen andererseits.

Lösung

Die Lösung des fachdidaktischen Problems – wie lehre ich Erfahrungswissen? – liegt in der Anwendung eines neuen Lehrvehikels: der *Musterform.* Sie vermittelt Erfahrungen kurz und bündig, so daß ein unerfahrener Entwerfer schnell produktiv wird. Entwurfsmuster und ihre Verknüpfung zu *Mustersprachen* verdichten das Expertenwissen eines Fachgebiets.

Die Lösung des softwaretechnischen Problems – wie entwerfe und dokumentiere ich komplexe Komponenten? – liegt in der methodischen Verzahnung beider Handlungen: „Documenting by Designing". Die Verzahnung erreichen wir durch eine *Hypertext*-Dokumentationsmethode, die sich an Entwurfsmustern orientiert. Indem wir Form und Inhalt der Muster wechselseitig anwenden, werden unsere Entwürfe lesbarer und verständlicher; wir entwerfen und dokumentieren zugleich und schöpfen so aus der *dualen* Natur der Muster: sie sind sowohl *generativ*, die Lösung erzeugend, als auch *deskriptiv*, die Lösung beschreibend.

Die Lösungsstrukturen, ihre Anwendbarkeit und Folgerungen werde ich in dieser Arbeit zeigen und Praxisbeispiele geben.

Inhalt

Überblick

Überblick

Das aktuelle Schlagwort: Entwurfsmuster [1]

Zur Aktualität

Der Architekt Christopher Alexander hält die Gastrede auf der OOPSLA 96 – der bedeutendsten Konferenz über die objektorientierte Softwaretechnik. Sein Musterbegriff, entwickelt in den 70er Jahren für die Gebäude-Architektur und Städteplanung [Alexander et al., 1977], hat das Schlagwort geprägt. Es war wohl die Suche nach der Konzeption eines *Architektur-Handbuchs* für den Software-Entwurf (OOPSLA 92), die zur alexandrinischen Musterform führte. 1995 hieß der Bestseller der Informatik „Design Patterns: Elements of Reusable Object-Oriented Software“ [Gamma et al., 1995]. Der Musterbegriff hat eine Bewegung ausgelöst, die ihresgleichen sucht; zwei internationale Konferenzen finden jährlich statt: „Pattern Languages of Programming“ PLoP 94 …, EuroPLoP 96 …[2]

Begriffsbestimmung

Alltagssprachlich verstehen wir unter einem Muster dreierlei: eine *Vorlage*, nach der wir etwas herstellen, ein beispielhaftes *Vorbild* oder eine regelmäßige, sich wiederholende *Struktur*.[3] In allen drei Bedeutungen wird der Muster-

---

1 Beruht auf einem Beitrag für die GI-Zeitschrift „Informatik-Spektrum“ [Quibeldey-Cirkel, 1996b].

2 http://hillside.net/patterns/conferences/

3 Interdisziplinäre Diskussionen zum Musterbegriff finden sich in [Coad, 1992; Hombach, 1995; Riehle, 1995].

begriff in der objektorientierten Softwaretechnik angewandt: konstruktiv als Vorlage (generative Entwurfsmuster), deskriptiv als Vorbild für die Dokumentation von Entscheidungen und strukturell als Orientierung in einem komplexen Entwurf. Muster sind erprobte Lösungsstrukturen für wiederkehrende Probleme; im Gegensatz zum Halbfabrikat Klassenbibliothek werden Entwürfe *uncodiert* wiederverwendbar. Die handlungsbezogene Musterform macht das Erfahrungswissen des Experten zugänglich; zur Disposition des Entwerfers stehen nicht nur Einzelklassen, sondern Klassenkonfigurationen – *Mikro-Architekturen.*

Beispiel

Mustergestützter GUI-Entwurf

Der Entwurf einer grafischen Benutzerschnittstelle (GUI) wäre ohne Erfahrung mühsam, ad hoc und fehleranfällig. Ein mustergestützter Entwurf könnte nun folgendermaßen verlaufen: Wir definieren zunächst unser Problem, zum Beispiel die Entkopplung unterschiedlicher, aber konsistenter Visualisierungen eines Datenbestands, und suchen dann in einem „Musterbuch" nach geeigneten Vorlagen. Wir finden ein *strategisches* Muster namens MODEL-VIEW-CONTROLLER (MVC, Bild 1) und erfahren, daß es sich in interaktiven Grafikanwendungen bewährt hat. Wenige Seiten beschreiben das immer wiederkehrende Entwurfsproblem, den Anwendungskontext und eine Lösungsstruktur.

Bild 1: Illustration zum Strategiemuster MVC

[Gamma et al., 1995, S. 293]

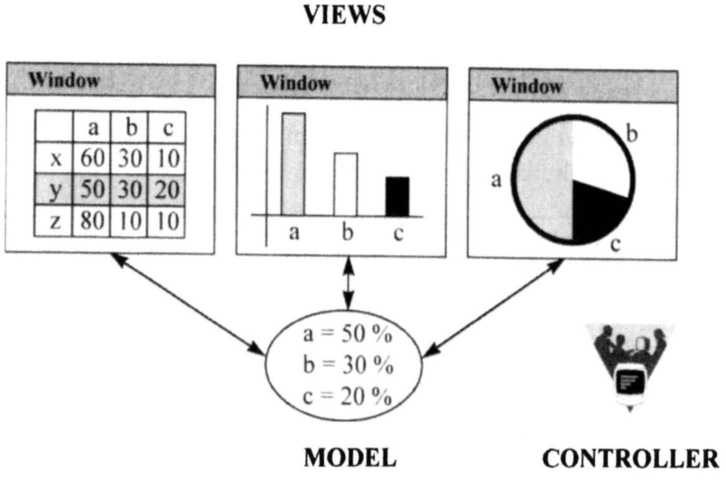

Musterform

Grafik und Text sind anschaulich und intuitiv; wir erfahren, wie die MVC-Dreiteilung[4] die ehernen Prinzipien der Softwaretechnik umsetzt: „schwache Kopplung zwischen und starke Kohäsion in den Modulen" von Herbert A. Simon und „Information hiding" von David Parnas [Simon, 1962; Parnas, 1972]. Wir werden auf feinkörnige *taktische* Muster verwiesen, sie haben dieselbe Ordnung: Mustername und Synonyme, Einordnung, Zweck und Einsatzmotive, Anwendungs-Szenarien, allgemeine Lösungsstruktur, beteiligte Klassen und deren Zusammenspiel, Vor- und Nachteile, Beispiele, Nachweise über den erfolgreichen Praxiseinsatz, Querverweise und Abgrenzungen zu ähnlichen Mustern.

Objekt-Entkopplung: PUBLISHER-SUBSCRIBER

Ein solches Taktikmuster heißt PUBLISHER-SUBSCRIBER (Klassendiagramm in Bild 2). Es beschreibt die Korrelation zwischen dem zentralen Datenbestand (MODEL) und den verschiedenen Sichten (VIEWS). Das PUBLISHER-Objekt unterrichtet alle SUBSCRIBER-Objekte über Zustandsänderungen (NotifySubscribers()), indem es deren Aktualisierung veranlaßt (Update()). Dabei sind die SUBSCRIBER-Objekte untereinander *entkoppelt* und somit austauschbar – dynamisch zur Programmlaufzeit. Das Muster beschreibt also eine *1-zu-n*-Abhängigkeit zwischen Objekten. Auf diese Weise läßt sich zum Beispiel ein Datenbestand (in der PUBLISHER-Rolle) auf verteilten Rechnern oder in mehreren Fenstern eines Rechners unterschiedlich darstellen: als Tabelle oder Diagramm (SUBSCRIBER-Rollen).

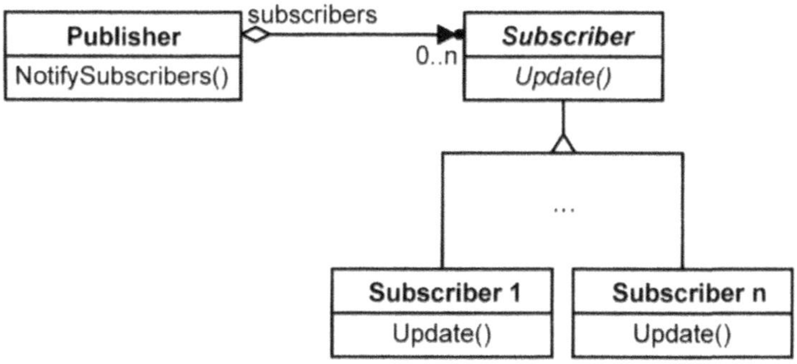

Bild 2: Lösungsstruktur des Taktikmusters PUBLISHER-SUBSCRIBER

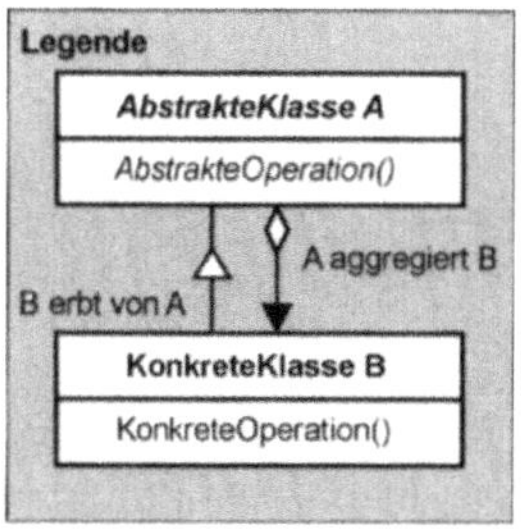

4 Der CONTROLLER für die Abfrage und Steuerung der Benutzeraktionen ist für unser Beispiel nicht wichtig.

Muster und Frameworks

Viele Muster wie PUBLISHER-SUBSCRIBER stammen aus GUI-Frameworks: ET++, UniDraw und InterViews [Lewis (Hrsg.), 1995]; es waren erfahrene Framework-Entwickler [Gamma, Helm, Johnson, Vlissides, 1995], die die Musterform favorisierten. Muster zur Framework-Dokumentation legen das Erfahrungswissen der Entwickler offen und verringern so den Lern- und Einarbeitungsaufwand für den Framework-Anwender.

Softwaremuster sind allgemein kein akademisches Thema, vielmehr gehen sie aus der industriellen Praxis hervor: Immer mehr Softwarehäuser versuchen, ihren Erfahrungsfundus in hausinternen Musterbüchern zu dokumentieren. Publizierte Musterbücher unterscheiden sich hauptsächlich in ihrem Abstraktionsgrad; so gibt es Muster für die Systemanalyse [Fowler, 1997], für den Programmentwurf [Gamma et al., 1995] und für die Codierung [Coplien, 1991].

Das Spektrum der Entwurfsmuster erfordert eine Bestandsaufnahme in komprimierter Form:

ETHOS [5]

E wie „Economic“

Bekanntlich liegt das Potential der Objektorientierung in der Wiederverwendbarkeit: Die Kapselung von Daten und Operationen erlaubt die systematische Wiederverwendung von Struktur und Verhalten in *einer* Komponente, der Klasse. Entwurfsmuster erweitern nun die Wiederverwendung auf *kommunizierende Gruppen* von Klassen; Wiederverwendung findet im großen statt, das heißt auf einer architektonischen Ebene, ähnlich der eines Frameworks. Im Gegensatz dazu sind Entwurfsmuster aber abstrakt (kein Code!) und somit anwendungsunabhängig; sie sind deshalb gut geeignet, ein Framework zu dokumentieren.

T wie „Technical“

Die Form eines Softwaremusters wird noch diskutiert: Der alexandrinische Vierteiler *Problem-Kontext-Kräfte-Lösung* ist erzählend, von epischer Art; *Port-*

5 Zum Kürzel ETHOS (ein didaktisches Muster) mehr im Anhang zu Kapitel 2.

land-Muster halten diese Form weitgehendst ein;[6] *Gamma*-Muster sind schematischer, sie werden nach dreizehn Gliederungspunkten beschrieben. Im Hinblick auf die Granularität der Lösungsstruktur lassen sich zwei Musterkategorien unterscheiden: Sprachspezifische Codierungs-Muster stellen die kleinste Kategorie, Idiome aus syntaktischen Strukturen [Coplien, 1991]; Gamma-Muster dagegen sind grobkörnige Strukturen aus drei bis vier Klassen, sie unterstützen den Programmentwurf.

Das zweckmäßige Medium für Entwurfsmuster ist *Hypertext*, da ein Muster nicht isoliert auftritt, sondern stets assoziativ im Verbund, und erst das Navigieren im Informationsraum eine effiziente Verwendung erlaubt. Alexander spricht hier von „Mustersprachen" und betont damit die Vernetzung. Ihre Gutenberg-Form werden Musterbücher bald überwinden: proprietäre Entwurfsmuster, also solche, die firmenspezifisches Know-how widerspiegeln, werden in Intranetzen verfügbar gehalten, nichtproprietäre im Internet.

H wie „Human"

Muster sind lernpsychologisch Problem-Lösungs-Paare gleicher Struktur; sie unterstützen den Erwerb von Fertigkeiten. In der industriellen Schulung und der akademischen Lehre werden sie bereits *didaktisch* eingesetzt.[7] Motivationspsychologisch steigern Entwurfsmuster das Selbstwertgefühl des Programmierers: Orientiert er sich an den Mustern eines Experten, dokumentiert er damit die Qualität seines Programms und distanziert sich zugleich vom Hackertum.

O wie „Organizational"

Derzeit sind Bemühungen im Gange, die bewährten Prinzipien und Strategien der Projektführung und der Teamorganisation in Musterform zu beschreiben.[8] Das Wissen über gute Organisationsformen entbehrt bisher der pragmatischen Vermittlung, Organisationsmuster versprechen hier Abhilfe.

S wie „Social"

Entwurfsmuster schaffen ein gemeinsames *Vokabular;* es vereinfacht die Teamkommunikation und erleichtert so die Diskussion über komplexe Zusammenhänge. Originalton aus einem Projekt-Meeting: „Nehmen wir an dieser Stelle das PUBLISHER-SUBSCRIBER-Muster, um die Komponenten zu entkoppeln." Für Sprachkundige, die das Mustervokabular beherrschen, ist damit alles gesagt!

---

6 http://c2.com/ppr/

7 http://www-lifia.info.unlp.edu.ar/ppp/

8 http://www.bell-labs.com/people/cope/Patterns/Process/index.html

Gesamtbewertung

Erfahrungstransfer

Die Gattung Musterbuch kann auf eine lange Tradition verweisen; sie hat ihre Anfänge nicht erst bei Christopher Alexander. Für die Entwicklung des Handwerks und der Industrie im 19. Jahrhundert waren Musterbücher von grundlegender Bedeutung: sie stellten ein Kompendium praktischen Wissens dar. Die Berufserfahrung aus vergangenen Jahrhunderten schlug sich hier nieder.

Die heutigen Handwerke wandeln sich mit der Technik – so der Software-Entwurf. Er wurde schon immer als *Handwerkskunst* verstanden, im guten Sinne als Kunsthandwerk: „Computer Programming as an Art" [Knuth, 1974], im schlechten Sinne als Spezialistentum: kryptische Programme, die nur der „Künstler" warten kann. Mit Hilfe von Musterbüchern à la Erich Gamma et al. können wir fortan die Kunst des Softwarehandwerks beschreiben und vor allem *lehren* …

Kapitelvorschau

1 Symmetrie und Software: Die Suche nach Entwurfsmustern

Im ersten Entwurfsmuster-Seminar betreute ich eine Querschnittsbefragung zum Musterbegriff, befragt wurden die Dozenten aller Fachbereiche unserer Universität [Hombach, 1995, auf CD-ROM im Anhang]. Die Quintessenz der Antworten ist eindeutig: Muster sind entweder ein etabliertes oder ein aktuelles Thema in Forschung und Lehre. Damals rief die Siegener Hochschulzeitschrift „Diagonal" dazu auf, fachübergreifende Beiträge zum Symmetriebegriff einzureichen. Dies ermutigte mich zu einem ungewöhnlichen Einstieg: Ich schrieb ein Essay über „Symmetrie und Software"; mein Ziel ist es, die Suche nach Entwurfsmustern *interdisziplinär* zu motivieren.

Eine Parallele zum Essay zeigt sich in der Altersprosa von Christopher Alexander – dem Spiritus rector der Musterbewegung. In seinem mehrbändigen Werk „The Nature of Order“ [Alexander, 1999] beschreibt er den Weg jenseits der Muster: *Geometrie* und *Ästhetik* sind hier die Leitmotive; beide vereint der Symmetriebegriff.

2 Erfahrung vermitteln: eine neue Schreibkultur

Entwurfsmuster tradieren eine andere Qualität des Wissens: nicht das methodische oder faktische Wissen steht im Vordergrund – vielmehr soll das *Erfahrungswissen* der Experten übermittelt werden. Ich widme mich also fachdidaktischen Betrachtungen zum *Skill*-Erwerb, das heißt zu Transfer und Wiederverwendung von Erfahrungswissen im allgemeinen und in der Softwaretechnik im besonderen. Ich formuliere hier diese Qualität des Wissens; sie ist vornehmlich darauf ausgerichtet, die Zeitspanne zu verkürzen, bis ein Informatikabsolvent für die einstellende Firma produktiv wird.

Der *Stand der Kunst* softwaretechnischer Entwurfsmuster ist kaum systematisiert; das ist durchaus verständlich, denn die Musterbewegung in der Informatik nahm erst Anfang der 90er ihren Lauf (mit der Dissertation von Erich Gamma und dem ersten Architektur-Workshop auf der OOPSLA 91). Ich sortiere in diesem Kapitel die Literatur (meist Webseiten[9]) und führe eine Mustersystematik ein. Die Fachgemeinschaft, die sich der Erfahrungsvermittlung per Musterform verschrieben hat, pflegt eine neue Schreibkultur; wie sich diese äußert und wodurch sie sich von der traditionellen Schreibkultur unterscheidet, ist der zweite Gegenstand des Kapitels.

3 Entwerfen und Dokumentieren mit Mustern

Dienten die vorigen Kapitel dazu, die Gesamtperspektive auf die Musterbewegung zu erfassen und das Gesichtete zu sammeln und zu ordnen, so ist

---

9 http://www.cetus-links.org/oo_patterns.html

das letzte Kapitel einem aktuellen Forschungsthema gewidmet – dem mustergestützten Entwerfen und Dokumentieren. Mein Ansatz geht zurück auf die Arbeiten von Donald E. Knuth zu „Literate Programming“ und erweitert diese um die Belange des Entwerfens zum *Literate Designing*. Die Ergebnisse wurden in Industrieprojekten gewonnen und als Erfahrungsbericht der Fachgemeinschaft auf der ECOOP 97 zur Diskussion gestellt. Auf der EuroPLoP 98 organisierte ich einen Expertenworkshop zum Thema „Pattern-Aided Software Documentation“; über den hier eruierten Stand der Technik berichte ich im Anhang. Dort findet sich auch eine Projektskizze; sie beschreibt, wie die Forschungsergebnisse zum verzahnten Entwerfen und Dokumentieren überführt werden in eine Werkzeugumgebung mit kommerziellen Komponenten.

Anhänge

Die Musterbewegung ist reich an Facetten, ihre Ideen und Methoden finden sich in Forschung und Lehre unterschiedlichster Entwurfsdisziplinen. Um dies zu dokumentieren, habe ich einige Projekt- und Erfahrungsberichte teilweise im Original (Englisch) und mit eigenen Literaturverzeichnissen an die Kapitel angehängt; sie sind in sich geschlossen und verdeutlichen die Konzepte und Methoden des jeweiligen Kapitels.

CD

Sie ist eine geordnete Materialsammlung zu den Themen der einzelnen Kapitel. Die Musterbewegung versteht sich primär als eine Internet-Bewegung; mit Ausnahme der Musterkataloge findet sie ihren Niederschlag nur selten in gebundener Form. Eine Arbeit, die den aktuellen Technikstand und seine Tendenzen behandelt, kann sich derzeit im wesentlichen nur auf Webquellen beziehen. Da diese bekanntermaßen flüchtig sind, habe ich die wichtigsten Webseiten auf die Buch-CD kopiert; sie lassen sich einfach per Mausklick im *Compuskript*, der Online-Version des Buches, aufrufen. Weiterhin findet der Leser einiges Beispielmaterial in Form von HTML-, PDF- und WinHelp©-Dateien auf der CD.

Kapitel 1

Kapitel

1

Symmetrie und Software: Die Suche nach Entwurfsmustern [1]

Symmetrische Software?

Ist es nicht vermessen, einen gehaltvollen griechischen Begriff einer angloamerikanischen Worthülse gegenüber zu stellen? „Symmetrisch“ bedeutet *ebenmäßig* und *schön* – Software ist *häßlich* und *kraus!* Den Gehalt von „Software“ beschreibt seit mehr als dreißig Jahren ein anderer griechischer Begriff: „Krisis“.[2] Das Dauerphänomen Softwarekrise deutet auf fehlende Symmetrie, denn Symmetrie bezeichnet ein universelles Erfolgsprinzip in Natur, Technik und Kunst. Wie entwirft man nun *symmetrische Software*, will heißen: ebenmäßige und schöne? Der folgende Beitrag skizziert eine neue Hoffnung in der Informatik: Entwurfsmuster; sie sind die lang gesuchten Kandidaten für eine Didaktik des guten Entwurfs.

---

1 Veröffentlicht in der Zeitschrift „Diagonal“; Abdruck mit freundlicher Genehmigung der Redaktion [Quibeldey-Cirkel, 1996].

2 Die Disziplinbezeichnung „Software-Engineering“ wurde 1967 von Friedrich L. Bauer geprägt und war ursprünglich *provokativ* gemeint: Die Softwarekrise geht gerade auf die mangelnde Ingenieurmäßigkeit (Engineering) im Software-Entwurf zurück, siehe [Naur & Randell (Hrsg.), 1969, S. 13].

Der Reihe nach: Was bedeutet Symmetrie eng und weit gefaßt? Warum ist Software kraus? Wie verhält sich die Symmetrie zum Schönen und Guten im Entwurf? Und wie sollte man den guten Software-Entwurf lehren?

1 Erscheinungsformen der Symmetrie

Spiegelgleichheit

Von der Flügelzeichnung eines Schmetterlings über Eisblumen und Schneeflocken bis zum Wechsel der Jahreszeiten: immer und überall erscheinen uns belebte und unbelebte Dinge *symmetrisch* – in Raum und Zeit. In der Umgangssprache assoziieren wir mit Symmetrie gewöhnlich die seitenumkehrende *Spiegelung*, die sogenannte *bilaterale* Symmetrie, von der Bild 1 ein Beispiel gibt. [3]

Bild 1:
Frühe Prägung
durch bilaterale Symmetrie:
„C'est la dissymétrie,
qui crée le phénomène." [4]

Symmetrie versus Asymmetrie

Das Beispiel zeigt weit mehr: Der ästhetische Reiz der Symmetrie liegt nicht allein in ihr selbst, sondern entsteht erst im Verbund mit ihrem Widerpart, der *Asymmetrie*. Perfektes Ebenmaß wirkt langweilig und monoton (Plattenbau); der Turm von Pisa ist im Volksmund gerade wegen seiner Asymmetrie zur Umgebung bekannt. Die bilaterale Symmetrie ist deshalb so prägend, weil sie unsere erste Begegnung mit der Welt ist: Sie manifestiert sich im Gesicht der Mutter. Bilateral steht für das ausgewogene Paar *rechts-links*, und es ist kein Zufall der Evolution, wenn mehr als 95 % aller Tiere und wir selbst

---

3 Abdruck mit freundlicher Genehmigung unserer vierjährigen Laura

4 Pierre Curie, zitiert nach [Brandmüller, 1985, S. 221]

im wesentlichen eine Rechts-Links-Symmetrie besitzen. Die Schwerkraft diktiert *oben* und *unten*, der Fortbewegungstrieb *vorne* und *hinten* (hin zur Nahrung, weg von den Freßfeinden), aber rechts und links sind in der Fortbewegung gleichwertig. Hier erhalten wir auch einen ersten Hinweis auf die Zweckgebundenheit der Symmetrie. So viel zur alltagssprachlichen Einengung auf die „Spiegelgleichheit". Der Begriff hat aber längst eine viel größere Bedeutung erfahren.

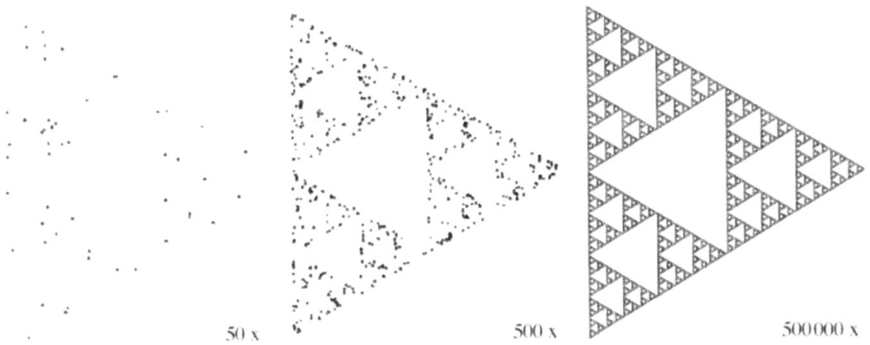

Bild 2:
Symmetrisches Fraktal nach Wroclaw Sierpiński:[5] „Plus ça change, plus c'est la même chose."

Beharrende Form

Der Gruppentheoretiker argumentiert folgendermaßen: Das *Nichts* ist reine Symmetrie, das *Chaos* nicht viel weniger, und schließlich hat jedes Objekt zumindest eine, die *triviale* Symmetrie. Symmetrie ist auch nicht Gestalt, sondern *Bewegung:* Gewisse Eigenschaften eines (geometrischen) Objekts bleiben invariant bezogen auf gewisse Transformationen. Jeder Symmetrie ist eigen, daß eine bestimmte Form trotz Änderungen erhalten bleibt. Also: Das Nichts genügt allen Symmetrietransformationen in Raum und Zeit; es bleibt, was es ist – trotz Spiegelungen, Translationen, Drehungen und Kombinatio-

---

5 Der polnische Mathematiker Wroclaw Sierpiński veröffentlichte 1915 eine regelmäßige Figur, die aus einem *Zufallsprozeß* hervorgeht: Zeichne in einem gleichseitigen Dreieck einen beliebigen inneren Punkt. Wähle nun eine der drei Ecken *zufällig* aus und bewege den inneren Punkt zur Streckenmitte in Richtung dieser Ecke. Wiederhole den Zufallsprozeß mit dem neuen Punkt ad infinitum (im Bild ist die Zahl der Iterationen angegeben). Nach einem vorübergehenden Verhalten entsteht immer das Sierpiński-Dreieck; jedes der drei inneren Dreiecke besteht wiederum aus drei verkleinerten Kopien seiner selbst: sie sind alle *selbstähnlich* und unendlich reproduzierbar, siehe auch [Field & Golubitsky, 1993].

nen daraus. Das Chaos ist gar nicht so, wie es heißt, zumindest in der Mathematik birgt es in den symmetrischen Fraktalen eine phantastische Ordnung und einen ästhetischen Reiz: Bild 2. Und die triviale Symmetrie bezieht sich auf eine beliebige Transformation eines Objekts, wenn dieses seine Ursprungslage wieder einnimmt. Im Mittelpunkt unserer Aufmerksamkeit steht immer das, was sich bei Veränderungen nicht ändert – *die beharrende Form.*

Urbedeutung der Symmetrie

Lassen wir einen namhaften Vertreter des Symmetriegedankens den Begriff taxieren, den deutschen Mathematiker und theoretischen Physiker Hermann Weyl:

> „Symmetrie, ob man ihre Bedeutung weit oder eng faßt, ist eine Idee, vermöge derer der Mensch durch die Jahrtausende seiner Geschichte versucht hat, Ordnung, Schönheit und Vollkommenheit zu begreifen und zu schaffen."
>
> [Weyl, 1955, S. 13]

Das *Schaffen* von Ordnung und Schönheit setzt uns wieder in den Kontext von „Symmetrie und Software". Daß unser Schöpfer symmetrisch denkt, steht für viele Mathematiker, Biologen und Physiker außer Frage: Der interessierte Leser möge die umfangreiche Literatur betrachten, zum Beispiel [Golubitsky & Stewart, 1993]. Dort ist Platz für die Symmetriebeispiele in der belebten und unbelebten Natur. Zwei herausragende Wissenschaftler dürfen aber auch hier nicht fehlen: Albert Einstein und Eugene P. Wigner.

Physiker zum Symmetriebegriff

Der Physiker sucht die Antwort auf das *Warum* komplexer Phänomene im *Wie;* nicht: „Warum fällt der Apfel auf die Erde?", sondern: „Wie fällt er?" Dieses Wie verhalf Isaac Newton zu seinem Gravitationsgesetz. Albert Einstein fragte weiter: „Wie verhalten sich die Newtonschen Gesetze in Raum und Zeit, in ruhenden und bewegten Bezugssystemen?" Und Eugene P. Wigner faßte in seinem Nobelvortrag [Wigner, 1963] alles zusammen: Die naturwissenschaftliche Erkenntnis ist *hierarchisch:* auf der untersten Stufe die Naturgesetze, sie spiegeln die Ordnung der physikalischen Phänomene wider; auf einer höheren Stufe die Symmetriegesetze, in Form der Erhaltungssätze spiegeln sie die invarianten Naturgrößen wider, wie Energie, Impuls und Drehimpuls. Der Physiker bevorzugt einfache und schöne Modelle, um in der Flut der Phänomene *die beharrende Form* zu erkennen.

Symmetrie in Kunst & Technik

Wenn der Bauplan der Natur stets Symmetrieprinzipien genügt, wie sieht es dann mit uns irdischen Entwerfern aus? Entwerfen wir symmetrisch? Bedingt. Ein klares Ja, wenn es um Artefakte in der Architektur und der allgemeinen Technik geht (Fahr- und Flugzeuge, rotierende und translatorische Antriebe). Ein Ja-Nein, wenn es um Symmetrie in der Kunst geht (streng symmetrische Kompositionen wirken feierlich und lebensfremd, vielleicht mit Ausnahme der regelmäßigen Füllmuster in den Werken von M. C. Escher: Bild 3). Ein zögerndes Nein, wenn es um Artefakte aus Software geht – aber ein klares Ja im Fall der Hardware. Bekanntlich teilen die Informatiker die künstliche Welt in *soft* und *hard*. Der *technische* Informatiker (der Schreiber ist ein solcher) entwirft beides: entweder getrennt als hardware-nahe Software oder software-nahe Hardware oder aber gemeinsam als Hardware-Software-*Codesign*. Warum nun habe ich eingangs Software als *kraus* geschmäht? Fragen wir zunächst, warum Hardware so regelmäßig ist.

Bild 3: M. C. Escher: „regular division with fish"

[Escher, 1958, S. 234]

1.1 Ebenmäßige Hardware – Krause Software

Gibt es ein Moore-Gesetz des Software-Entwurfs?

Im Chipentwurf versucht der Hardware-Entwerfer, größere Strukturen durch Vervielfältigen kleinerer *additiv* aufzubauen. So kann er Mega-Bit-Speicherstrukturen aus feinstkörnigen Speicherelementen der Größe eines Bits *rapportierend* entwerfen. Gordon E. Moore, Mitbegründer der Firma Intel, stellte hierfür schon 1975 die Produktivitätsregel auf: Die Integrationsdichte der Halbleiterschaltungen verdoppelt sich alle zwei Jahre [Moore, 1975]. Seine Prognose hat sich bis zum neuesten Intel-Prozessor ausnahmslos bestätigt. Diese extreme Produktivitätssteigerung bei gleichzeitigem Preisverfall wurde jahrzehntelang den Software-Entwerfern vorgeführt, die dem nichts entgegensetzen konnten. Das hat seine Gründe in der Natur der „weichen

Ware", die sich gänzlich unterscheidet: Software kann *nicht* additiv entworfen werden; sie ist stets ein *Geflecht* aus Datenstrukturen, Algorithmen und Prozeduraufrufen. Es gibt keine Standardprobleme, die allein mit konfektionierten Bausteinen nach dem Lego-Prinzip gelöst werden könnten. Auch läßt sich kein Programm auf der Grundlage einer minimalen Strukturgröße und eines Satzes von Entwurfsregeln *skalieren.*

Bild 4: Erscheinungsformen der Hardware: Rhythmische Wiederholung ähnlicher Formen!

[Corbin & Snapp, 1988, S. 426]

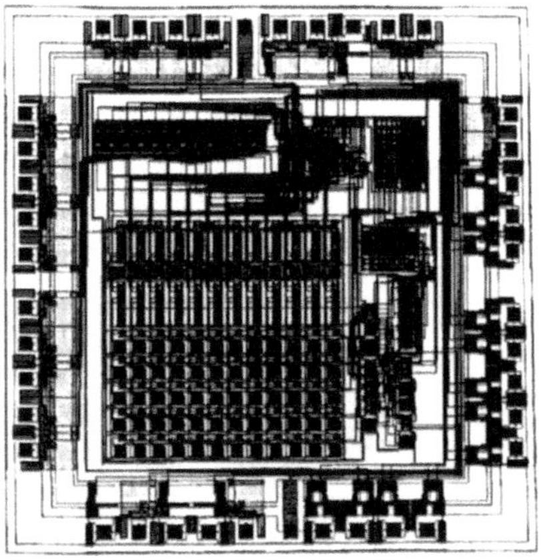

Symmetriebruch: *krause* Software

Verliert ein Objekt an Symmetrie, gewinnt es an Struktur; so die biologische Zelle, die mit jeder Differenzierung an Symmetrie verliert, was sie an individueller Struktur gewinnt. Ähnlich entwickelt sich Software aus einem bescheidenen Repertoire von Symmetrie-Elementen: *Sequenz*, *Iteration* und *Selektion.* Sie sind die elementaren Ablaufstrukturen in einem Von-Neumann-Rechner, wie Sie ihn auf dem Schreibtisch stehen haben. Die Sequenz meint die *Reihung* von Rechneranweisungen: erst a_1, dann a_2; Iteration die *Schleife:* Solange die Bedingung b erfüllt ist, rechne Prozeß p; und Selektion meint die *Auswahl:* falls b erfüllt ist, rechne p_1, sonst p_2.

Es gibt sicherlich weitere Strukturelemente in den Hunderten von Programmiersprachen, *sprachspezifische,* wie Zeichenketten in Snobol, Listen in Lisp, Felder in APL, Fakten und Regeln in Prolog oder Klassen in Smalltalk. Man könnte auch *artspezifisch* unterscheiden nach Funktionen in funktionalen Sprachen, Prädikaten in logischen oder Objekten in objektorientierten Sprachen. Setzt man aber Tausende und Abertausende von Programmzeilen aus diesen Sprachelementen zusammen, *bricht* die Symmetrie, und die Strukturphänomene brechen durch, was jedem Programmierer bestens vertraut ist:

Die Software wird kraus. Im Gegensatz zur Hardware (Bild 4) wiederholen sich keine grobkörnigen Strukturelemente – und vor allem nicht *rapportierend*, das heißt Muster und Motive bildend.

1.2 Erscheinungsformen der Software

Gibt es symmetrische Software-Formen?

Herbert A. Simon (der einzige, der neben der höchsten Informatik-Auszeichnung, dem *Turing-Award*, auch den Nobelpreis erhielt) formulierte beredt die „verborgene Einfachheit" in der Natur; sein Credo lautet: „Complexity evolves from simplicity" [Simon, 1962]. Komplexe *stabile* Formen – ob biologisch, sozial oder unbelebt – entwickeln sich stets aus *einfachen* stabilen Zwischenformen. Wie aber sehen die Zwischenformen im Software-Entwurf aus? Je tiefer wir in die Artefakte aus Software dringen, desto komplexer und verwirrender sind die gesichteten Dinge, und von Stabilität kann kaum die Rede sein.

Auf der untersten Ebene der Programmierung codieren einfachste Software-Formen die binäre Schaltungslogik: Je nach Vereinbarung steht die 1 für eine elektrisch leitende Verbindung und die 0 für eine Unterbrechung. Die Ausschnitte (a) und (b) in Bild 5 auf der nächsten Seite illustrieren dies in Grafik und Text. Die Schaltungslogik ist in den regelmäßig angeordneten Kästchen von (a) verborgen, deren innere und äußere Verbindungen sind *frei programmierbar;* der Text aus Einsen und Nullen in (b) bestimmt die aktuelle „Verdrahtung". Das ist relativ neu und beschreibt einen Trend in der Schaltungstechnik: weg von den starren Strukturen, hin zu den flexiblen – Hardware wird *weich!* Die Grenzen zwischen der Flexibilität der langsamen Software und der Geschwindigkeit der inflexiblen Hardware verschwimmen.

Die Ausschnitte (c) und (d) spiegeln die traditionellen „höheren" Formen der Maschinenbefehle wider. Die Assembler-Form in (c) codiert die Ursprache aller Rechner *mnemotechnisch:* So werden aus Wörtern des binären Alphabets {0, 1} sinnfällige Kürzel; und der Quelltext in (d) ist in einer Hochsprache der Moderne codiert.

Bild 5: Erscheinungsformen der Software: Rhythmische Wiederholung ähnlicher Formen?

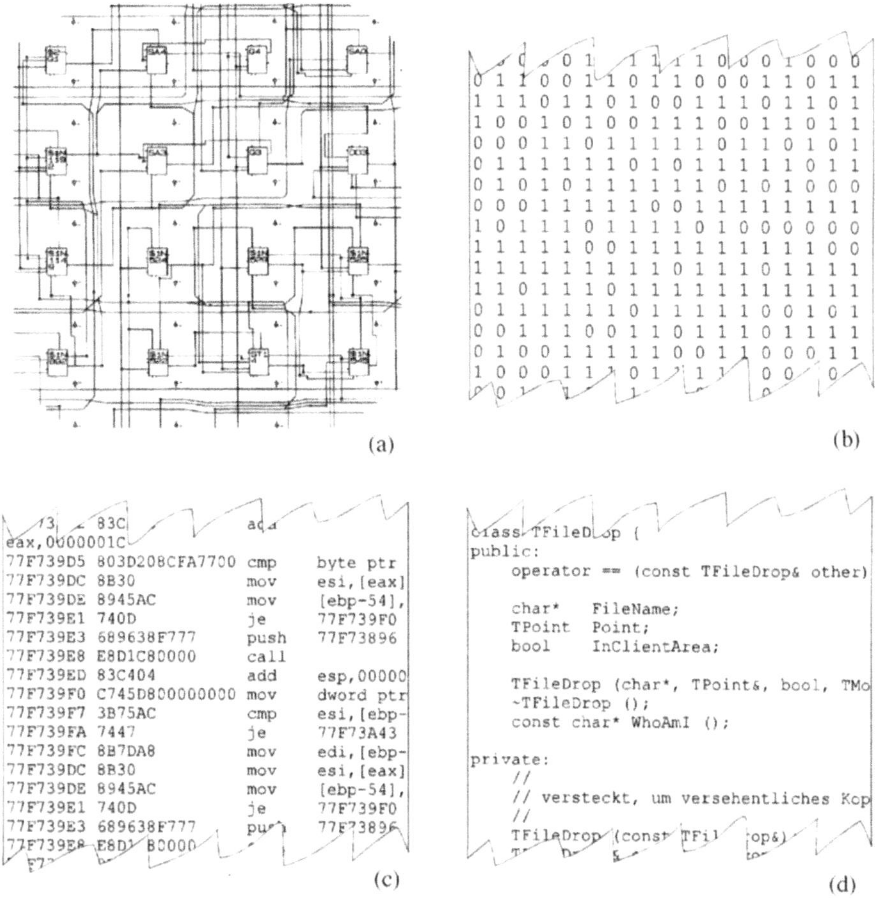

Gehen wir noch einen Schritt weiter und versuchen wir einmal, ein komplexes Programm als Ganzes zu visualisieren: Bild 6 zeigt als Beispiel das *Punktdiagramm*[6] eines 3.400zeiligen Programms aus der Telekommunikation [Church & Helfman, 1993]. Hier wird der Quelltext zeilenweise mit sich selbst verglichen und immer dann ein Punkt *(i, j)* gedruckt, wenn die Textzeile an der waagrechten Stelle *i* mit der Textzeile an der senkrechten Stelle *j* übereinstimmt. Die Legende zeigt anhand einfacher Buchstabenfolgen die Strukturen, die in einem Punktdiagramm prinzipiell auftauchen können. So entstehen Diagonale, Quadrate und Texturen, die auf ausgedehnte *selbstähn-*

6 Punktdiagramme *(dotplots)* sind eine bewährte Analysemethode in der Gentechnik, um gemeinsame Abschnitte in DNA-Folgen zu entdecken.

liche Strukturen deuten; „selbstähnlich“ meint hier aber nur einzelne Fragmente, nicht die Anordnung als Ganzes, wie wir es beim symmetrischen Fraktal von Sierpiński gesehen haben (siehe die Fußnote auf Seite 13).

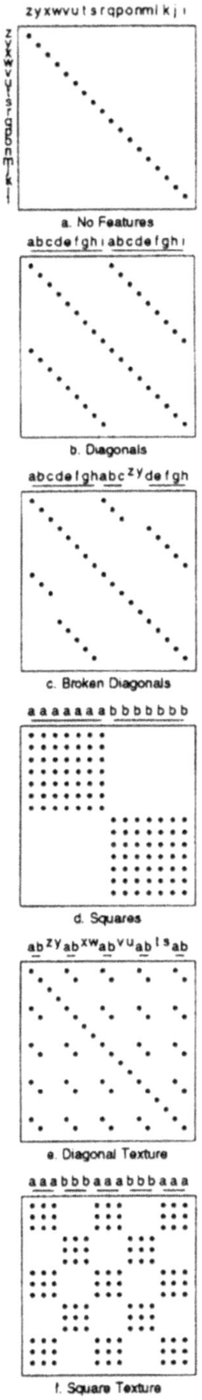

Bild 6:
„Selbstähnliche“
Software-Strukturen

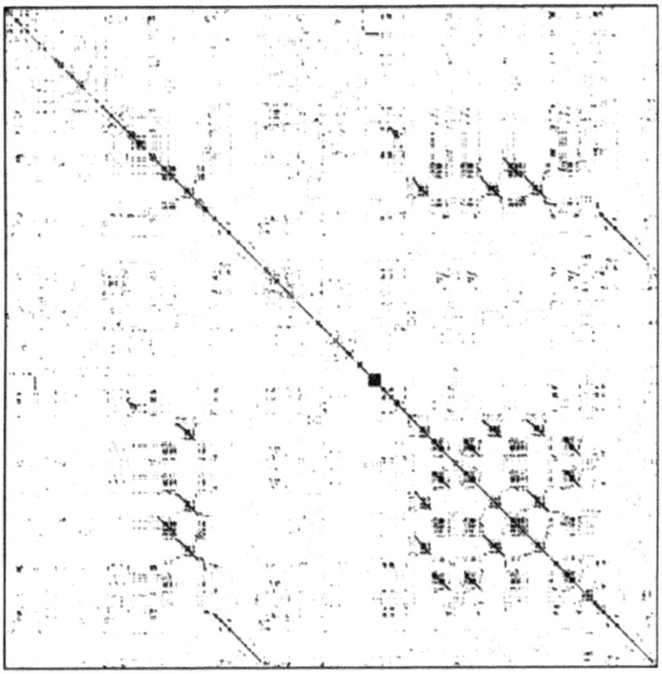

Auf all diesen Ebenen der Codierung werden wir den *symmetrischen* Anteil der Software – ihre *Proportionen* – schwerlich erkennen. Aber Software ist heute weitaus geordneter, als uns die Bilder suggerieren wollen. Wählen wir eine Strukturkörnigkeit, die heute üblich ist, nämlich das *Modul*, das eine Datenstruktur samt ihren Zugriffsoperationen kapselt, so treten anschaulichere Strukturphänomene auf: Bild 7 auf der nächsten Seite.

Wiederverwendbare Softwaremodule werden in *Bibliotheken* angeboten. Die Analogie zur Bücherverwaltung ist gewollt: Module können wie Bücher *recherchiert* werden, allerdings nicht nur über Signaturen, sondern auch und besonders über *Beziehungen*. Denn hier sind die Softwaremodule „Klassen“; sie beschreiben Objekte mit gemeinsamen Eigenschaften [Quibeldey-Cirkel, 1994b].

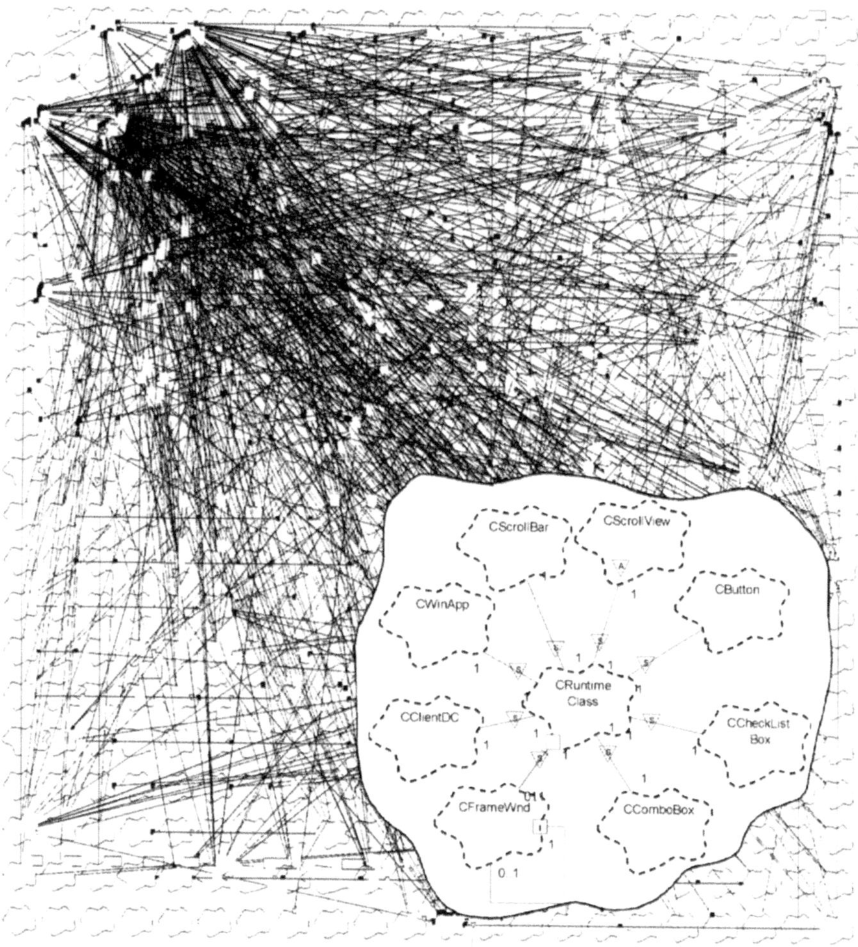

Bild 7: Organigramm einer Software-Bibliothek: Spuren von Symmetrie?

Für den Kenner: Zu „sehen" ist das Klassendiagramm der Microsoft-Bibliothek für grafische Benutzerschnittstellen (MFC-Framework: ca. 500 Klassen, symbolisiert durch „Wölkchen"). Es wurde mit einem Reverse-Engineering-Werkzeug der Firma Rational generiert. Die Notation stammt von Grady Booch [Booch, 1994].

Symmetrien auf Modulebene?

Wie in allen Klassifikationssystemen gibt es Klassen, die allgemeiner sind als andere (Oberklassen); Klassen, die andere umfassen (Container), und assoziierte Klassen, die andere kennen, sich ihnen anbieten oder von ihnen profitieren (Client- und Server-Klassen). Solche Klassenbeziehungen nennt man entsprechend *Generalisierung*, *Aggregation* und *Dienstleistung*. Der vergrößerte Ausschnitt in Bild 7 zeigt einige der Beziehungstypen in einer konkreten Ausprägung. Können wir nun auf dieser, von der Ursprache der Rechner weitgehendst abstrahierten Formebene Symmetrien ausmachen? Wohl kaum. Es verdichtet sich hier lediglich das Beziehungsgeflecht, wobei die Verdichtung mit der jeweiligen Anordnung der Klassen variiert. Wenn nun selbst auf der höchsten Organisationsstufe moderner Softwarekomponenten keine übergeordnete Symmetrie erkennbar ist, können wir dann überhaupt von „Invarianten" im Software-Entwurf sprechen, also von solchen anwendungsspezifischen Größen, die erhalten bleiben, auch wenn wir die Darstellungsform wechseln, wenn wir transformieren? Was ist denn invariant im Software-Entwurf, wenn es nicht einmal die *Vorstellung* vom zu gestaltenden Zweck ist? Bild 8 (ein zeitloses Klischee) erzählt hierzu „the same old story" der Software-Entwicklung.

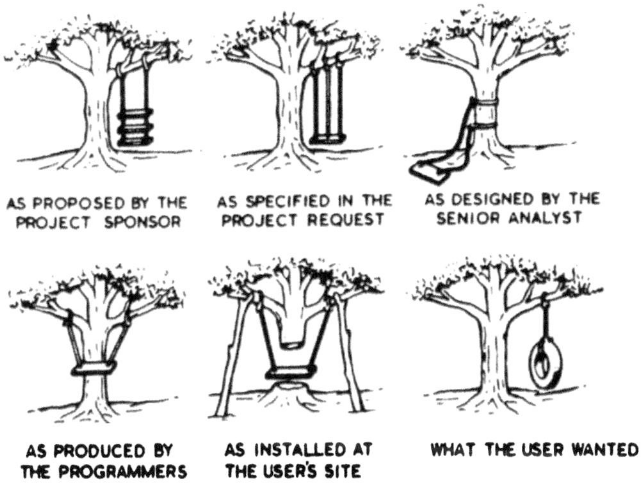

Bild 8:
Spiegelungen zwischen Wunsch und Wirklichkeit:
What the User Wanted

[Brittan, 1980]

Sozio-organisatorisches Muster:
CONWAY'S LAW

Dieser Beitrag wäre nicht geschrieben worden, gäbe es da nicht invariante Aspekte, die sich im Sinne der Symmetrie auf die *beharrende Form* beziehen. Sie sind allerdings nicht geometrisch anschaulich wie die Beispiele aus den anderen Entwurfsdisziplinen. Wir lösen uns im folgenden von der geometrischen Anschaulichkeit und übernehmen den Symmetriebegriff des Mathematikers: Ein Objekt ist symmetrisch, wenn bestimmte Eigenschaften gegenüber bestimmten Transformationen invariant sind. In diesem Sinne gibt es eine erstaunliche Symmetrie zwischen der Organisation einer Entwicklungsabteilung und den aus ihr hervorgehenden Entwurfsprodukten: Melvin E. Conway hat diesen Symmetrie-Aspekt schon vor dreißig Jahren beschrieben [Conway, 1968]. Der gegenwärtige Trend zu „flachen Hierarchien und schlanken Organisationen" folgt unmittelbar Conways Symmetrie-Erkenntnis: Nur schlanke und flexible Organisationen schaffen schlanke und flexible Produkte. Beispiel: Eine Softwarefirma mit acht Programmierern sollte

Übersetzer für die Sprachen Cobol und Algol entwickeln. Nach Abschätzung der Komplexität und des Zeitaufwandes wurden fünf Programmierer für den Bau des Cobol- und drei für den Bau des Algol-Übersetzers zugewiesen. Symmetrie-Ergebnis: Der Cobol-Übersetzer lief in fünf Phasen, der Algol-Übersetzer in drei. Diese *Homomorphie* zwischen Organisation und Produkt liefert den Stoff, aus dem die Erfolgsgeschichte manch innovativer Softwarefirma geschrieben wurde, die als Garagenfirma begann und zum Konzern wuchs, Apple Computer zum Beispiel [Young, 1988].

Spezifikation der Software-Invarianten

Ein zweiter Symmetrie-Aspekt, der kurz erwähnt werden soll, ist die sogenannte *Invarianten*-Programmierung. Sie gewährleistet in der Sprache Eiffel von Bertrand Meyer, daß gewünschte Eigenschaften über *jede algorithmische* Transformation hinweg erhalten bleiben [Meyer, 1997]. Meyer nennt dies das „Zusicherungskonzept": In seiner Programmiersprache können Modulinvarianten explizit formuliert werden. Das sind formal-logische Aussagen über die Werte einer Datenstruktur, die stets wahr oder falsch sein sollen, egal welche Manipulationen (Rechenschritte) angewandt werden. Klassisches Lehrbeispiel: Das Gehalt des Abteilungsleiters soll stets höher sein als das Gehalt seines Mitarbeiters. Auch die Invarianten der Ein- und Ausgaben einer Prozedur können explizit formuliert werden: durch *Vor*- und *Nachbedingungen*. Die Prozedur wird nur ausgeführt, wenn die Vorbedingung erfüllt ist, sie löst eine Fehlerbehandlung aus, wenn sie die Nachbedingung verletzt. Die Invarianten eines Softwaremoduls werden zwischen Entwerfer und Anwender *vertraglich* vereinbart: „programming by contract".

Vom „guten Entwurf"

Es gibt sie also, die technischen Mittel, um Invarianz in der Software zu beschreiben (Eiffel avanciert wohl auch deswegen zur Lehrsprache der modernen Programmierung). Was aber sagt dem Software-Entwerfer, welche Eigenschaften er unbedingt invariant halten soll gegenüber allen algorithmischen Transformationen und in allen Phasen der Entwicklung – von der Analyse des Kundenwunsches über das Design der Software-Interna bis zur Laufzeit auf dem Rechner? Hier kommt der Begriff des „guten Entwurfs" ins Spiel. Der Kybernetiker Hans Sachsse lehrt uns den Zusammenhang zwischen Symmetrie und Ästhetik – Ästhetik, verstanden als die Wahrnehmung des Schönen und Guten [Sachsse, 1985].

2 Symmetrie und Ästhetik

Techno-philosophische Betrachtung zur Zweckgebundenheit der Symmetrie

Der griechische Begriff Ästhetik meint ursprünglich „Wahrnehmung". Wenn wir heute die Lehre vom *Schönen* mit diesem Begriff bezeichnen, sollten wir uns fragen, wie sich unsere Wahrnehmung zum Schönen, das heißt zur Symmetrie verhält. Um nicht zu sehr ins Philosophieren abzugleiten, beschränke ich mich auf den biologischen Ansatz: Die Wahrnehmungsorgane haben sich parallel zur Mobilität entwickelt, denn gemeinsam erlauben Mobilität und Wahrnehmung die ortsungebundene *Orientierung* nach besseren Umweltbedingungen. Die Wahrnehmung ist dabei stets selektiv; ihr Zweck ist nicht die Abbildung der Umwelt, sondern desjenigen Ausschnitts, der für die Befriedigung arterhaltender Bedürfnisse notwendig ist, wie Nahrung, Schutz und Fortpflanzung. Hans Sachsse nennt dies die „Prägnanzleistung" der Sinneserfahrung:

> „Die Abschirmung von dem Überflüssigen ist für das Wachstum und die Entwicklung der Individuen ebenso wichtig wie der Kontakt mit dem Notwendigen. Es gibt Tiere, die nach vollzogenem Geschlechtsakt den Partner nicht mehr wahrnehmen."
>
> [Sachsse, 1985, S. 7]

Aufgrund der Zweckgebundenheit unserer Wahrnehmung empfinden wir alles *Anziehende* als schön, alles *Abstoßende* als häßlich. Dem biologischen Ansatz zufolge

> „ist das Schöne das mit den äußeren Sinnen wahrnehmbare Merkmal des Guten; es zeigt den Weg, der zum Guten führt."

Warum ist die Symmetrie ein Merkmal des Schönen und somit ein „Merkmal des Guten"?

> „Weil das Regelmäßige, Maßhaltige, sich Wiederholende das Mittel für jede Orientierung ist. Ob unbewußt und rein instinktiv oder bewußt überlegt, immer benutzt die Orientierung diesen Schluß von der Vergangenheit auf die Zukunft, die durchhaltenden, konstanten Strukturen, die Invarianten. Die gesamte evolutionäre Entwicklung, diese aktive Anpassung durch Ausnutzung von Nischen, beruht auf

Bedürfnisbefriedigung durch Einpassung in bestehende Ordnungen. Daher erleben wir das Regelmäßige, das die Erwartungen bestätigt, als erwünscht, vertraut und beruhigend und das Unregelmäßige als Verwirrung, die sich bis zum Schrecken und zur Panik steigern kann."

Ich zitiere hier Hans Sachsse ausführlich, weil er sich zeitlebens der Technikphilosophie verschrieben hat und daher für den technischen Entwerfer besonders glaubwürdig ist und weil er die Zweckgebundenheit der Symmetrie wie kaum ein anderer herausstellt. Zweckgebunden ist auch der allgemeine technische Entwurf, worauf schon der Architekt Christopher Alexander hingewiesen hat: Die „Synthese der Form" ist ökonomisch, wenn sie aus einer „Symmetrie der Form" hervorgeht. Symmetrie bedeutet für den technischen Entwurf in erster Linie *Ökonomie* – die Wiederverwendung von *Orientierungswissen.* Bild 9 zeigt symbolisch die Zweckgebundenheit zwischen Synthese und Symmetrie.[7]

Bild 9: Symmetrie als Orientierung: „Fitting Form & Context"

Alexander umschreibt das Gemeinsame aller Syntheseprobleme mit den Worten „to achieve fitness between two entities: the form in question and its context" [Alexander, 1964]. Der *Kontext* definiert das Entwurfsproblem; die Lösung wird durch die *Form* repräsentiert. Entwerfen ist folglich ein *adaptiver* Vorgang, der dann ökonomisch ist, wenn er sich an Symmetriemerkmalen orientiert: „We want to put the context and the form into effortless contact or frictionless coexistence." [Alexander, 1964, S. 19].

Erstes Fazit

Fassen wir zusammen: Symmetrie ist zweckgebunden; wie der Zweck des Schönen in unserer Wahrnehmung zeigt sie uns den Weg zum Guten, ihre

7 Die Analogie zum Formenspiel geht auf eine Anregung unserer zweijährigen Linda zurück. Sie half ihrer nulljährigen Schwester Lotta bei den ersten entwurfstechnischen Gehversuchen.

zugrundeliegende Ordnung schafft Orientierung. Als Entwerfer widmen wir uns primär der Zweckgestaltung. Um in der Vielfalt der zweckvollen Formen den Überblick zu bewahren, sollten wir uns möglichst an Symmetrien orientieren. Was aber sind die Orientierungssymmetrien im Entwurf?

2.1 Die Invarianten des guten Entwurfs

Entwerfen = Suchen

Zunächst müssen wir uns im klaren sein, daß es den *optimalen* Entwurf im allgemeinen nicht geben kann; Entwerfen ist primär ein Suchproblem und kein Optimierungsprozeß. Gäbe es eine globale Zielfunktion, läge kein Entwurfsproblem, sondern eine *algorithmisch* lösbare Aufgabe vor. Einzelne Entwurfsschritte im globalen Suchraum können dagegen sehr wohl eine Aufgabe der Optimierung sein. Insgesamt aber bedeutet Entwerfen das *exploratorische* Suchen nach einer *zufriedenstellenden* Lösung, die der Menge von selbst- und fremdbestimmten Entwurfskriterien genügt. Die gefundene Lösung erhebt keinen Anspruch, „perfekt" oder „optimal" zu sein; Herbert A. Simon nennt ihre Eigenschaft „satisficing" – für die Suchprobleme der KI (Künstliche Intelligenz) ein bezeichnendes Kunstwort: „satisfice = satisfy + suffice".

gut = zufriedenstellend

Die Suche im Entwurfslabyrinth, der Menge aller theoretisch denkbaren Lösungsschritte, kann allein schon wegen der begrenzten Ressourcen nicht erschöpfend sein. Zum einen sind unsere *kognitiven* Möglichkeiten begrenzt: Einen exponentiellen Zustandsraum gedanklich aufzuspannen und systematisch sämtliche Lösungspfade abzuschreiten, übersteigt unsere Verarbeitungskapazität, siehe George Millers „Magische Zahl 7 ± 2" [Miller, 1956, auch auf der Buch-CD]. Zum anderen sind das Projektbudget und die Rechenleistung harte Randbedingungen; sie diktieren den Kompromiß nach dem Kosten-Nutzen-Verhältnis. Anstelle einer kombinatorisch erschöpfenden Suchstrategie leiten *Intuition* und *Heuristik* den Entwerfer: In der Entwurfstechnik nennt man diese Vorgehensweise „Versuch und Irrtum", in der Denkpsychologie „Schema und Korrektur" und in der Wissenschaftsphilosophie „Vermutungen und Widerlegungen" (Karl Popper). Stets gibt sich der Entwerfer mit einer Lösung zufrieden, die den vorgegebenen Beschränkungen – Suchraum, Suchzeit und Suchmittel – *genügt*. Im folgenden setze ich also „gut" mit „zufriedenstellend" gleich.

Streben nach „Wiedergabetreue“

Will man die Invarianten des guten Entwurfs finden, muß man deutlich zwischen *Essenz* und *Akzidens* unterscheiden. Frederick P. Brooks tat dies eloquent für die Softwaretechnik und prägte ein geflügeltes Wort der Informatik: „No Silver Bullet“ [Brooks, 1987]. Die Essenz umfaßt die im Wesen der Software liegenden, unveränderlichen Eigenschaften, das Akzidens lediglich die mit der Software-Entwicklung einhergehenden, zufälligen und veränderlichen Eigenschaften. Diese können im Projektverlauf zu einem *Monster* mutieren, gegen das es kein Mittel zu geben scheint.[8] Suchen wir die Invarianten des guten Entwurfs, sollten wir uns natürlich auf die Software-Essenz beschränken, um fündig zu werden.

Ontologie?

Die Essenz eines Sachverhalts beschreibt man wissenschaftlich objektiv und formal mit *ontologischen* Begriffen [Bunge, 1979]; sie sind unabhängig von der technischen Anwendung. Da *Informationssysteme* (mit deren Entwurf beschäftigt sich die Informatik hauptsächlich) *reale* Anwendungen modellieren sollen, so wie der Anwender sie *wahrnimmt*, ist die Ontologie prädestiniert für die Suche nach Invarianten; denn Ontologie ist die Wissenschaftsphilosophie von der Begriffs- und Ordnungsbestimmung der Dinge in der realen Welt. Um nun die interessierenden Merkmale eines Weltausschnitts einzufangen, bedarf es eines Maßes für *Wiedergabetreue:* Das Informationssystem (das ist Software!) soll die Essenz des wahrgenommenen Weltausschnitts *getreu* wiedergeben. Ein wiedergabegetreues Informationssystem, wenn es seinem Anspruch genügt, repräsentiert die Invarianten unabhängig von der angewandten Entwurfsmethode und unabhängig von der technischen Realisierung.

Ontologische Betrachtung zur Wiedergabetreue

Yair Wand bezeichnet den Aspekt der essenztragenden Entwurfsinvarianten als „Tiefenstruktur“ und den implementierungsbedingten akzidenstragenden Aspekt als „Oberflächenstruktur“ [Wand, 1989]. Mit Hilfe der ontologischen Begriffe „Zustand“, „Gesetz“ und „Ereignis“ können wir die Invarianten der Tiefenstruktur formal beschreiben: Hierzu notieren wir das Schema eines beliebigen Systems als Tripel $\langle Z, G, E \rangle$. Z steht für die Menge der Zustände, die das System und seine Teilsysteme einnehmen können. Ein Zustand wird durch die *aktuellen* Werte der Systemeigenschaften beschrieben. G steht für die Menge der Systemgesetze; sie umfassen zwei Arten der Information: eine *Bedingung*, ob ein Zustand stabil ist, und eine *Regel*, wie das Sy-

8 Über Illusionen und Ernüchterungen in der Softwaretechnik siehe „The Mythical Man-Month“ [Brooks, 1975]. Ein Bonmot daraus: „Adding man power to a late project makes it later.“

stem aus einem instabilen Zustand in einen stabilen wechselt. „Stabil" heißen Zustände $z \in Z$, wenn sie Fixpunkte eines Gesetzes sind $G(z) = z$; für „instabile" Zustände gilt: $G(z) \neq z$. Und E steht für die Menge der bedeutsamen externen Ereignisse. Das Adjektiv „bedeutsam" schränkt die Menge der möglichen Ereignisse so weit ein, daß die instabilen Zustände, hervorgerufen durch externe Ereignisse, mit wenigen Systemgesetzen in stabile Zustände überführt werden können. Ein Ereignis $e \in E$ löst einen Zustandswechsel aus: $\langle z_1, z_2 \rangle$ mit $z_i \in Z$, wobei z_1 den Zustand vor dem Wechsel bezeichnet und z_2 den Zustand danach. Mit diesen ontologischen Grundbegriffen können wir vier notwendige und hinreichende Bedingungen für Wiedergabetreue definieren:

1. Es existiert eine Abbildung a zwischen dem Zustandsraum Z_R des realen Systems und dem Zustandsraum Z_I des Informationssystems: $a: Z_R \to Z_I$. Mapping

2. Für jeden Zustand des realen Systems $z_R \in Z_R$ gilt: $a(G_R(z_R)) = G_I(a(z_R))$. Die beiden ersten Bedingungen implizieren eine Strukturähnlichkeit zwischen den Zustandsräumen Z_R und Z_I. Mit anderen Worten: Das Informationssystem „weiß", wie es die Struktur des realen Systems nachbilden soll. Es weiß allerdings noch nicht, wie es dessen *Verhalten*, das heißt die Zustandsfolgen aufgrund externer Ereignisse, wiedergeben soll. Dazu müssen zwei weitere Bedingungen erfüllt sein: Tracking

3. Sei $e_R \in E_R$ ein externes Ereignis des realen Systems: $e_R = \langle z_R, \tilde{z}_R \rangle$. Der Zustand $z_I \in Z_I$ des Informationssystems sei $z_I = a(z_R)$. Das reale System wird ein externes Ereignis $e_I \in E_I$ für das Informationssystem erzeugen, so daß gilt: $e_I = \langle z_I, \tilde{z}_I \rangle = \langle a(z_R), a(\tilde{z}_R) \rangle$. In diesem Fall spiegelt das externe Ereignis im Informationssystem das externe Ereignis im realen System wider. Mit der dritten Bedingung ist noch nicht sicher, daß das Informationssystem *zeitgleich* dem realen System folgt; die vierte Bedingung spezifiziert den Zeitbezug: Reporting

4. Seien $\{e_{R_i}\}$ die Menge der Ereignisse im realen System und $\{e_{I_i}\}$ die Menge der zugeordneten Ereignisse im Informationssystem, dann müssen die Folgen $e_{R_1},\ldots,e_{R_n}$ und $e_{I_1},\ldots,e_{I_n}$ elementweise übereinstimmen. Sequencing

Nehmen wir nun an, alle vier Bedingungen seien erfüllt. Das Informationssystem sei zurückgesetzt, um mit dem Anfangszustand des realen Systems übereinzustimmen *(Mapping)*, bevor dieses beginnt, die Ereignisse im Informationssystem zu beeinflussen. Wenn nun Ereignisse im realen System auftreten, wird es Ereignisse für das Informationssystem erzeugen *(Reporting)*. Diese Ereignisse werden in der gleichen Folge auftreten wie die ursprünglichen Ereignisse im realen System *(Sequencing)*. Die Natur dieser Ereignisse ist derart, daß aufgrund der *Tracking*-Bedingung das Informationssystem eine Zustandsmenge durchqueren wird, die der Zustandsmenge entspricht, die auch das reale System durchquert. Damit garantieren die vier genannten Bedingungen die Wiedergabetreue im Zustandsverhalten und damit die invariante Transformation der Tiefenstruktur aus der realen Anwendung in das Informationssystem.

Zweites Fazit

Mapping, Tracking, Reporting und *Sequencing* sind also Mechanismen, die das Laufzeitverhalten des Informationssystems *kongruent* mit dem gewünschten Verhalten der Anwendung halten: „What the user wanted" (Bild 8 auf Seite 21). Sie sind somit die gesuchten *Symmetrietransformationen* des guten Entwurfs. Wie manifestieren sich die Invarianten des guten Entwurfs – die Tiefenstruktur aus Zuständen, Gesetzen und Ereignissen – in der Praxis? Letztlich beruht alles auf *Erfahrungen*, auf Entwurfsentscheidungen, die sich über die Anwendungen hinweg als erfolgreich und wiederverwendbar erwiesen haben. Wir kommen zur Kernfrage:

2.2 Wie entwirft man gute Software?

Blick zurück

Der Software-Entwurf wurde schon immer als *Handwerkskunst* verstanden – im guten Sinne als Kunsthandwerk: „Die Kunst des Programmierens" [Knuth, 1974], im schlechten Sinne als Spezialistentum: ausgeklügelte Spaghetti-Programme, die kein anderer als der „Künstler" selbst warten kann. Wie dokumentiert sich nun die *gute* Kunst des Handwerks?

Neuer

Schauplatz der Künste
und Handwerke.

Mit
Berücksichtigung der neuesten Erfindungen.

Herausgegeben
von
einer Gesellschaft von Künstlern, Technologen und Professionisten.

Mit vielen Abbildungen.

Unter diesem Titel erschienen im Verlag Bernh. Friedr. Voigt, Weimar, von 1817 bis zum Ersten Weltkrieg über 300 Bände mit mehr als 600 Auflagen. Für die Entwicklung des Handwerks und der Industrie in Deutschland waren diese Werke von grundlegender Bedeutung; sie stellten ein Kompendium handwerklichen Wissens dar (meist *Hand-* oder *Musterbücher* genannt). In ihnen wurden die über die Jahrhunderte entwickelten und gesammelten Erfahrungen aus vielen Handwerksberufen festgeschrieben: „Man spürt, daß hier nicht Theorien verkauft wurden, sondern ein Praktiker seine Erfahrungen bekannt machte, und zwar so bekannt machte, daß sie wiederum leicht in die Praxis umzusetzen waren", kommentiert Manfred Gerner einen Band aus dem Jahr 1833, dessen Umschlagseite Bild 10 auf der nächsten Seite zeigt.

Historie der Musterbücher

Die literarische Gattung Musterbuch kann auf eine lange Tradition verweisen; sie hat ihre Anfänge in der Antike als technisches Traktat und im Mittelalter als annotiertes Bilderbuch. Musterbücher sind Sammlungen von Vorlagen, die dem bildenden Künstler des Mittelalters als *Exemplum* für seine eigenen Werke dienten. Ein Musterbuch enthält typisierte Einzelformen und Motive, die in einen beliebigen neuen Zusammenhang gebracht werden können. Das berühmteste Musterbuch schrieb der französische Baumeister Villard de Honnecourt um 1240: das *Bauhüttenbuch* (siehe Meyers Enzyklopädisches Lexikon). Es enthält Federzeichnungen von bedeutenden Kathedralen und kirchlichen Einrichtungsgegenständen, wie typisierten Figuren und Ornamenten, zusammen mit technischen Erläuterungen und Entwurfsnotizen.

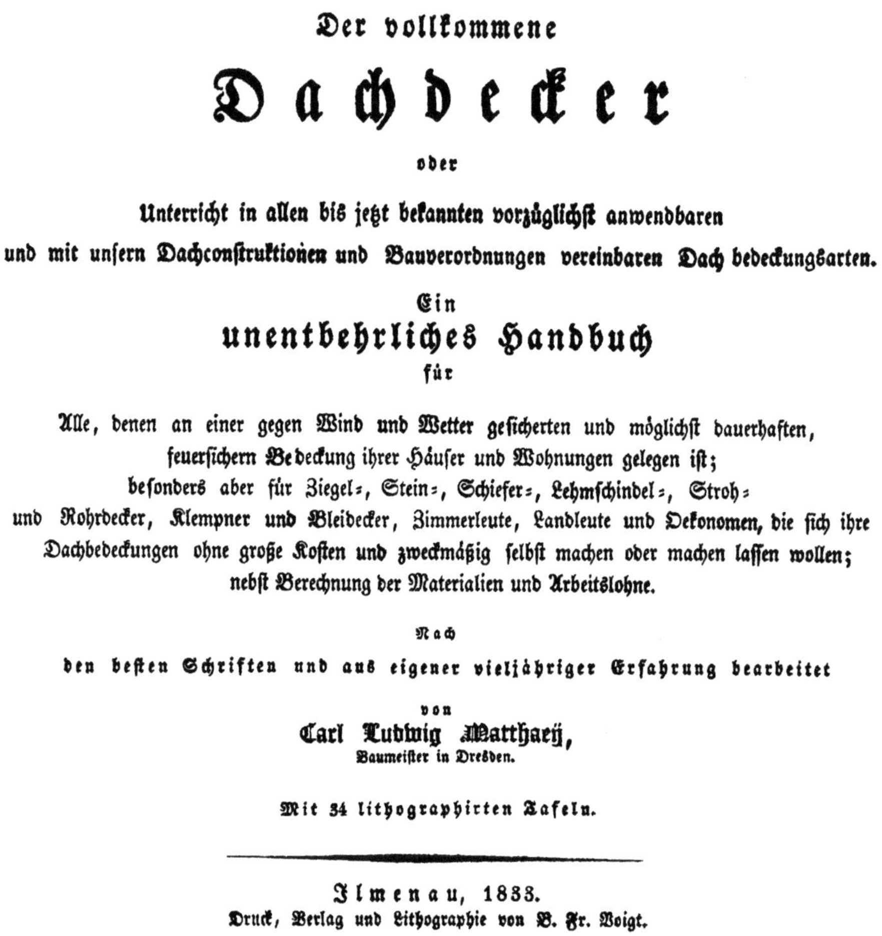

Der vollkommene

Dachdecker

oder

Unterricht in allen bis jetzt bekannten vorzüglichst anwendbaren und mit unsern Dachconstruktionen und Bauverordnungen vereinbaren Dach bedeckungsarten.

Ein

unentbehrliches Handbuch

für

Alle, denen an einer gegen Wind und Wetter gesicherten und möglichst dauerhaften, feuersichern Bedeckung ihrer Häuser und Wohnungen gelegen ist; besonders aber für Ziegel-, Stein-, Schiefer-, Lehmschindel-, Stroh- und Rohrdecker, Klempner und Bleidecker, Zimmerleute, Landleute und Oekonomen, die sich ihre Dachbedeckungen ohne große Kosten und zweckmäßig selbst machen oder machen lassen wollen; nebst Berechnung der Materialien und Arbeitslohne.

Nach

den besten Schriften und aus eigener vieljähriger Erfahrung bearbeitet

von

Carl Ludwig Matthaeÿ,

Baumeister in Dresden.

Mit 34 lithographirten Tafeln.

Ilmenau, 1833.

Druck, Verlag und Lithographie von B. Fr. Voigt.

Bild 10: Umschlagseite eines Musterbuchs aus dem 19. Jahrhundert

Auch die Gegenwart kennt Musterbücher, zum Beispiel das Buch von Maria Heller-Seitz: „Musterbuch für Seidenmalerei, Batik und Stoffdruck“ von 1986. Die Superlative im Bild 10 sind der Pragmatik gewichen: nicht der „vollkommene“, „vorzüglichst anwendbare“, sondern der *gute* Entwurf ist das Ziel. Auf der Suche nach dem guten Entwurf von Software hat nun ein Musterbuchschreiber der zeitgenössischen Architektur(!) den Software-Entwerfern die Richtung gewiesen: Christopher Alexander. Seine Werke „The Timeless Way of Building“ [Alexander, 1979] und „A Pattern Language“ [Alexander et al., 1977] werden derzeit von weitaus mehr Informatikern gelesen als Architekten. Die *Pattern-Bewegung* in der Informatik ist ein Phänomen in ihrer Disziplin: Musterbücher für den Software-Entwurf werden zu

Bestsellern; so gut wie jede Fachkonferenz der objektorientierten Softwaretechnik ist mit diesem Thema besetzt. Die Fachgemeinschaft, die Design Pattern als Terminus technicus benutzt, kommuniziert via Internet; Brennpunkt ist die *Patterns Home Page* der Hillside Group.[9]

2.3 Was nun sind Entwurfsmuster?

Muster für den Software-Entwurf

Blättern wir zurück auf die Seite 20: Bild 7 zeigt uns das Software-Inventar für eine grafische Benutzerschnittstelle (GUI). Zugegeben, die Darstellung ist verzerrt, nur der vergrößerte Ausschnitt gibt einige Modulbeziehungen lesbar wieder. Wie man mit Hilfe eines Musterbuches den Einstieg in den GUI-Entwurf schafft, habe ich im Überblicksteil auf den Seiten 2 und 3 skizziert. An dieser Stelle möchte ich den Gedankengang des ersten Kapitels – vom Symmetriebegriff zu den *Invarianten* des guten Entwurfs – am GUI-Entwurf verdeutlichen. Ich greife hierzu auf das Beispiel in [Gamma et al., 1995] zurück, wo der Entwurf eines Dokumenteneditors ausführlich erläutert wird. Die folgende Tabelle nennt einige Probleme und das jeweilige Lösungskonzept, das sich *invariant* über Generationen von GUI-Entwürfen bewährt hat. Das Entwurfsmuster in der Tabelle rechts fängt die Struktur des Lösungskonzeptes ein. Dem Musternamen kommt hierbei eine assoziative Funktion zu; er wird zur Vokabel, die, wenn sorgfältig bestimmt, die Diskussion im Team über komplexe Entscheidungen vereinfacht.

Beispiel: Invarianten des guten GUI-Entwurfs

Zu gestaltender Zweck: What the User Wanted	**Invariantes Lösungskonzept**	**Entwurfsmuster**
Semantische und syntaktische Repräsentation des Dokuments	Rekursive Komposition	KOMPOSITUM-Muster
Ergonomie der Oberfläche: unterschiedliches *Look-and-Feel*	Durchsichtige Umhüllung	DEKORIERER-Muster
Variable Formatierungsstile	Kapselung gleichartiger Algorithmen	STRATEGIE-Muster
...		

9 http://hillside.net/

Invariante:
Rekursive Komposition

Die Festlegung der internen Repräsentation eines Dokuments wirkt sich auf fast jeden Aspekt des Gesamtentwurfs aus, denn Schreiben, Formatieren, Anzeigen und die Textanalyse, wie Rechtschreibung und Silbentrennung, erfordern die Traversierung der Repräsentation. Der Benutzer möchte sowohl logisch als auch textuell sein Dokument strukturieren: logisch in Kapiteln, Abschnitten, Absätzen und Sätzen; textuell in Zeilen, Spalten, Abbildungen und Tabellen. Die solchermaßen semantische und syntaktische Strukturierung ist *hierarchisch*: unter- und nebenordnend. Die rekursive Komposition, das heißt die Schachtel in der Schachtel, erlaubt beliebig geschachtelte Teil-Ganzes-Hierarchien. Wichtig ist, daß Programmodule, die auf Teile der Repräsentation zugreifen wollen, nicht wissen müssen, ob es sich um ein einzelnes Objekt oder um eine Zusammensetzung mehrerer Objekte handelt. Das KOMPOSITUM-Muster leistet genau dies.

Invariante:
Durchsichtige Umhüllung

Die Gestaltung der Oberfläche richtet sich nach Industriestandards – Stilrichtlinien, die das *Look-and-Feel* unterschiedlicher Anwendungen vereinheitlichen sollen. Der Technikstand und neue software-ergonomische Erkenntnisse halten die Standards im Fluß; der GUI-Entwerfer muß also auf Änderungen eingestellt sein. Das Maximum an Flexibilität wird verlangt, wenn der Benutzer zur Programmlaufzeit das Look-and-Feel wechseln möchte. Entwirft man alle Stilvarianten individuell und in kausaler Nachbarschaft zu den funktionalen Programmodulen, kommt es schnell zu Code-Auswüchsen, die eine Erweiterung des Programms erschweren und verteuern. Das Konzept der „Durchsichtigen Umhüllung" hat sich hier bewährt: sie verhindert, daß die Gestaltung der Oberfläche – ihre Ausschmückung – Einfluß nimmt auf den Anwendungscode. Das DEKORIERER-Muster leistet genau dies.

Invariante:
Kapselung gleichartiger Algorithmen

Als letztes: Das Aussehen eines Dokuments, seine Formatierung, ist meistens ein Kompromiß zwischen Güte und Geschwindigkeit. Je höher der ästhetische Anspruch des Benutzers, desto rechenintensiver und damit langsamer ist die Formatierung. So erlaubt beispielsweise der TeX-Formatierungsalgorithmus [Knuth, 1992], die „Farbe" eines Absatzes zu optimieren, soll heißen, TeX berechnet die Abstände zwischen den Wörtern und die Silbentrennung so, daß Text und Zwischenräume möglichst gleichmäßig über alle Zeilen eines Absatzes verteilt werden. Will man in der Wahl des Formatierungsalgorithmus flexibel bleiben (austauschbar zur Laufzeit), sollte man die Algorithmen vom restlichen Programmcode isolieren, sie als Objekte kapseln. Das STRATEGIE-Muster beschreibt genau diese Lösungsstruktur mit ihren Schnittstellen.

Das Beispiel macht deutlich, daß ein Entwurfsmuster die Invarianz eines Lösungskonzeptes einfängt und zugleich die Varianz der dynamischen Entwurfsaspekte kapselt: das KOMPOSITUM kapselt dynamisch bestimmte Objektstrukturen, der DEKORIERER dynamisch bestimmte Ausschmückungen und die STRATEGIE unterschiedliche Formatierungsalgorithmen. Schließlich zeigt Bild 11, welche Muster für den allgemeinen Programmentwurf im verwendeten Musterbuch verfügbar sind und wie sich diese aufeinander beziehen.

Invarianz vs. Varianz

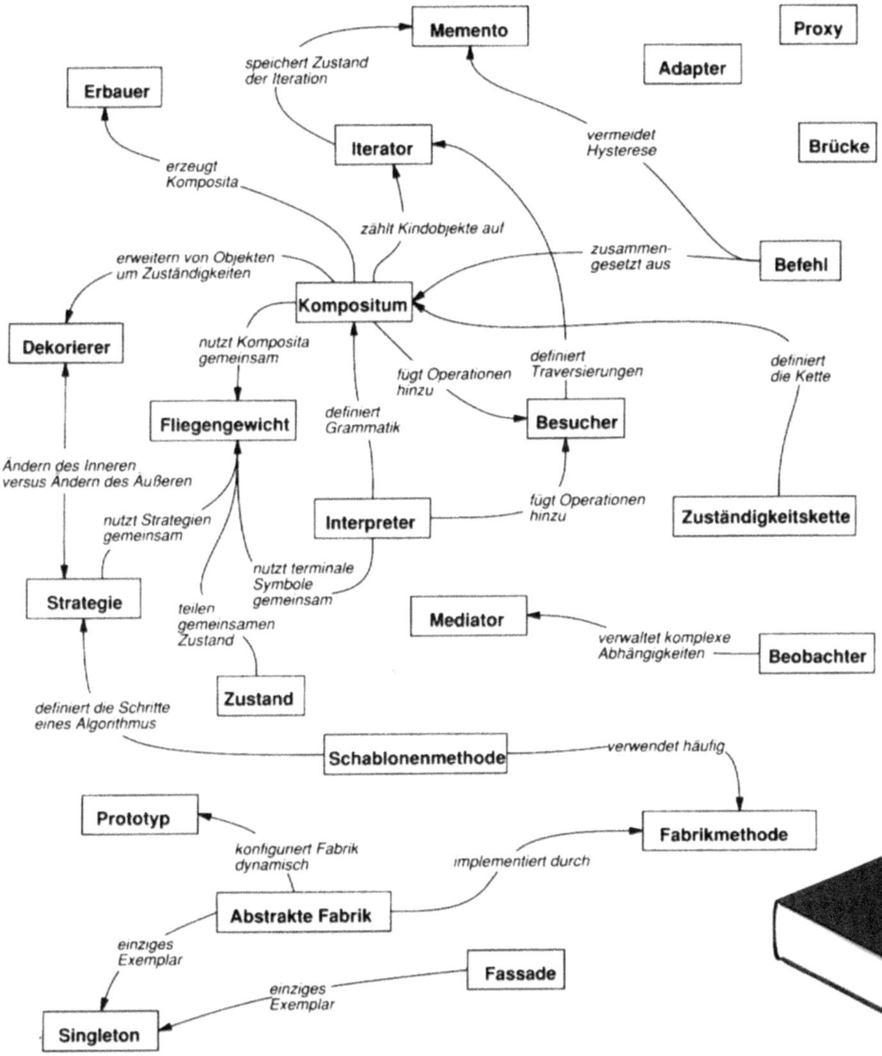

Bild 11:
Pattern Map
eines Musterbuches

[Gamma et al., 1996, Umschlagseite]

Epilog: Wie lehren wir gutes Entwerfen?

Entwurfsmuster tradieren Erfahrungswissen

Entwurfsmuster dokumentieren den Erfahrungsfundus einer Entwurfsdisziplin. Im Sinne des Symmetriebegriffs halten Muster die *guten* Praktiken über die unterschiedlichsten Anwendungen hinweg *invariant:* „nach den besten Schriften und aus eigener vieljähriger Erfahrung" (Bild 10 auf Seite 30). Entwurfsmuster sind Kopien ihrer selbst; sie manifestieren sich erst nach ungezählten Entwurfszyklen. Die Punkte im Sierpiński-Fraktal (Bild 2 auf Seite 13) stehen metaphorisch für die revidierten Fehlschläge; erst nach zahlreichen Redesigns entsteht das zeitlose Muster. Entwurfsmuster sind „kristallisiertes Wissen" aus langjähriger Tätigkeit: sie werden nicht erfunden, sondern *entdeckt* – von den Besten eines Faches.

Das Phänomen des „außergewöhnlichen Entwerfers" – *great designer* nach Frederick P. Brooks, *super programmer* nach Peter Molzberger [Brooks, 1987; Molzberger, 1984] – ist in der Mustererkennung angesiedelt. Der Experte entwirft musterorientiert: kreativ und zugleich effizient. Sein Fundus an Mustern bestimmt, wann der Entwurf in sich stimmig ist. Muster als *kognitive Skripte* sind ein Thema der Kreativitäts- und Gedächtnisforschung [Newell & Simon, 1972]. Softwaremuster dagegen sind ursprünglich kein akademisches Thema, vielmehr geht die Pattern-Bewegung von der Industrie aus: AT&T Bell Labs, IBM und Siemens [Beck et al., 1996]. Ziel ist die rationelle Vermittlung von Erfahrungswissen aus der industriellen Praxis. Novizen sollen – Zeit raffend – auf das Entwurfsniveau der Experten gebracht werden. Das ist natürlich das Ideal einer jeden Ausbildung, besonders der akademischen, womit ich zur Eingangsfrage zurückkomme: Wie lehrt man den guten Software-Entwurf?

Vokabular des Entwerfens

Schaffen wir in erster Linie Vertrauen – Vertrauen durch Orientierung! Symmetrie gibt Orientierung, sie zeigt das Konstante am Veränderlichen. Wir entwerfen das Neue in ständiger Differenzierung des Alten; orientieren wir uns daher an den Erfahrungen der Senior-Entwerfer. Wenn wir allgemein akzeptierte Entwurfsmuster in der Lehre verwenden, muß ein Jungingenieur nicht erst alt werden, bis er über die Erfahrung verfügt, um gut zu entwerfen. Schaffen wir ein beständiges *Vokabular* des Entwerfens, wie es beispielsweise Bild 11 auf Seite 33 zeigt, und lehren wir dieses Vokabular in Übungen und Seminaren.[10]

Muster vs. Kreativität

Das Dilemma des guten Entwerfers beschreibt treffend ein Bonmot von Gerard de Nerval: „Ni tout à fait la même. Ni tout à fait une autre." [Meyer, 1987, S. 38]. Die Entwurfssituation ist nie ganz gleich: In jedem neuen Softwareprojekt trägt der asymmetrische Anteil die *Innovation.* Die Situation ist auch nie ganz anders: Die symmetrische Übernahme aus alten Projekten bewahrt die *Ökonomie* des neuen Projekts. Software-Symmetrie – weit gefaßt – meint die unverändert überlieferten Formen. Entwurfsmuster sind unverändert überliefertes Erfahrungswissen; sie dienen der raschen Orientierung, lassen aber genügend Spielraum für die Kreativität. Der Entwerfer „lebt im Zustand der Spannung, er liebt die Ordnung, weil sie Voraussicht ermöglicht und Sicherheit verspricht, *aber er liebt auch die Unordnung, weil sie Veränderung und Lebendigkeit bedeutet*", Hans Sachsse mit seinen Hervorhebungen [Sachsse, 1985, S. 17].

Faszination Entwurfsmuster[11]

Das Randbild bündelt die Assoziationen, die mit der Suche nach Entwurfsmustern verknüpft sind. Die Symbolik ist vielfältig: so wie Software wirkt der unverhüllte Reichstag – mit Verlaub – *häßlich*, wenn auch nicht *kraus.* Die Verhüllung à la Christo & Jeanne-Claude ist ein Symbol für die im Detail verborgenen Strukturen, die sich erst durch eine ungewöhnliche Abstraktion als Muster offenbaren.[12] Daß hier ein Artefakt der Architektur verhüllt wurde, erinnert uns an den Ursprung der Musterbewegung in den Arbeiten des Gebäude-Architekten Christopher Alexander; und daß die Verhüllung einen künstlerischen Anspruch erhebt, steht wiederum für den Anspruch der Entwurfsmuster, den *Stand der Kunst* in der Softwaretechnik zu verdichten. Ein letztes: So wie der Zustrom auf das Reichstagsgebäude faszinieren Muster die Gemeinschaft der Software-Entwerfer.

---

10 Die Fachgruppe Technische Informatik der Universität Siegen veranstaltet regelmäßig das Seminar „Entwurfsmuster".

11 Die visuelle Analogie lag nahe: Meine Arbeitskreis-Initiative „Entwurfsmuster" im Rahmen der GI-Fachgruppe „Objektorientierte Systementwicklung" begann in Berlin im Jahre 1 nach Christos Reichstags-Verhüllung.

12 Siehe die Verhüllung und Enthüllung des Reichstags in stündlichen Bildern: http://www.zlb.de/projekte/kulturbox-archiv/archiv/

„Qualität ohne Namen"

Das Schlußwort gehört dem ersten Streiter für die Musterbewegung, Christopher Alexander. Was er als die Suche nach der „quality without a name" im Entwurf moderner Architekturen umschreibt, steht auch für die Suche nach der *verborgenen Symmetrie:*

> „There is a central quality which is the root criterion of life and spirit in a man, a town, a building, or a wilderness. This quality is objective and precise, but it cannot be named."
>
> [Alexander, 1979, S. ix]

Zwischen den Kapiteln

Christopher Alexander nutzte zahlreiche Chancen, um seine Mustersprache auszuprobieren – im großen: ein Klinikzentrum in Kalifornien, wie im kleinen: einzelne Bauten. Er beobachtete, wie andere seine Theorie in die Praxis umsetzten, und das Ergebnis? Seine Mustersprache scheiterte! Samt und sonders wirken die Bauten „funky".[13]

In der Softwaretechnik hat die Geschichte der Muster erst begonnen; und schon mehren sich die Erfolgsmeldungen: [Beck et al., 1996; Brown, 1996; Budinsky et al., 1996; Schmidt, 1995; Schmidt & Stephenson, 1995; CACM 39 (Okt. 1996), S. 36-82]. Der praktische Wert der Softwaremuster scheint außer Frage zu stehen, wenn auch empirische Studien zum Produktivitätsgewinn noch ausstehen.[14] Kritisch bleiben Mittel und Verfahren, also Text und Textproduktion, – wahrlich ein nichttechnisches Thema. Das nächste Kapitel handelt davon.

---

13 Richard P. Gabriel – ein Software-Architekt – geht auf diesen Punkt ausführlich ein: „Critic-at-Large: The Failure of Pattern Languages" [Gabriel, 1994].

14 Mit einer Ausnahme bisher: „Methodik und Ergebnisse einer Experimentreihe über Entwurfsmuster" [Prechelt & Unger, 1999]. Eine englische Version liegt unter: http://wwwipd.ira.uka.de/~prechelt/Biblio/patseries_st98.ps.gz.

Kapitel 2

Schreiben als Dienstleistung

Erfahrungswissen

Wiederverwendung

Autoren-Werkstatt

Kapitel

2

Erfahrung vermitteln: eine neue Schreibkultur

Der Autor als Dienstleister

Wissenschaftliches Schreiben zielt auf die Dokumentation neuen Wissens – eines Erkenntnisgewinns, einer neuen Methode oder Technik. Das Augenmerk des Fachkollegiums liegt folglich mehr auf dem Inhalt als auf der Form der Dokumentation. Die Mustergemeinschaft dagegen ist weniger interessiert am technisch Neuen oder der wissenschaftlichen Erkenntnis. Der *Vermittlung* von Praxislösungen gilt ihr Interesse: Wie schreibt man Erfahrungswissen auf, so daß es andere wiederverwenden können? Die Antwort finden wir in einer Schreibkultur, die sich als Dienstleistung für den Leser versteht und dabei Erkenntnisse der Lernpsychologie anwendet [Bräuer, 1996].

PLoP-Konferenz

Von dieser neuen Schreibkultur in der Informatik soll hier die Rede sein. Sie wurde initiiert durch die erste PLoP-Konferenz 1994, Pattern Languages of Programming:

> „PLoP was founded to create a new literature. That implies that the founders were somehow dissatisfied with the existing literature, which is true. The founders, a handful of notables in the object-oriented programming community, had come to realize that the advance of their discipline was limited by a bias in its literature. The bias, a product of the traditions of scientific publication, was to favor the new, the recent invention or discovery over the ordinary, no matter how useful. The founders' interest in the ordinary may have

come from their studies of software reuse. Or it may have come from their observations that projects fail despite the latest technology for lack of ordinary solutions. What matters is that all the founders agreed to focus their attention on the dissemination of solutions. The PLoP conference is one result."

Ward Cunningham & Ralph Johnson [PLoPD 1, 1995, S. ix]

Prämissen zur Schreibkultur

Bevor ich auf die Wesensmerkmale der neuen Schreibkultur eingehe, erläutere ich die Themen, die sie motiviert haben:

1. Was heißt und bedeutet Wiederverwendung in der Informatik?

2. Was heißt und bedeutet Erfahrungswissen?
   Wie kann man Erfahrungswissen systematisieren?
   Oder: wenn Entwurfsmuster Erfahrungswissen vermitteln, wie sieht eine Mustersystematik aus?

Widmen wir uns zunächst der Wiederverwendung.

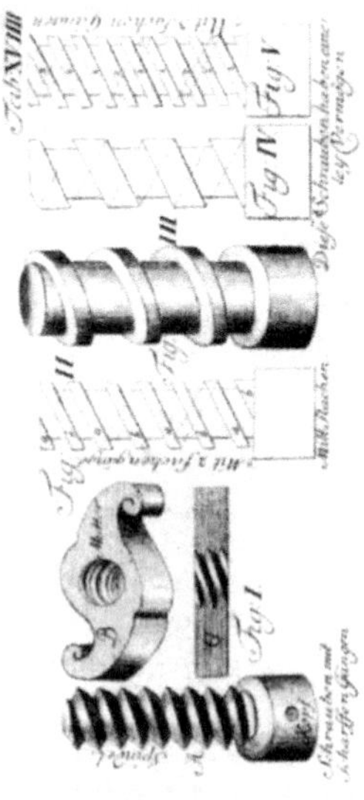

Bild 1: [Treue, 1989]

1 Die Schraube, Vilfredo Pareto und die Wiederverwendung

Die Maxime des ökonomischen Entwerfens heißt *Entworfenes wiederverwenden.* Teile eines Entwurfs lassen sich aber nur dann wiederverwenden, wenn man sie zerstörungsfrei lösen kann – „lösbare Verbindungen" sind eine Assoziation zum Maschinenbau, dort nährt die Softwaretechnik ihre Visionen. Analog zur „Kulturgeschichte der Schraube" [Kellermann & Treue, 1962] liegt das Ziel in einer komponentenbasierten *Industrialisierung.*[1] So wie der Fortschritt von der handgefeilten Schraube zum Schraubenautomaten, sucht die Softwaretechnik ihren Weg zu konfektionierten Komponenten.

---

1 Die Forderung nach einer Software-Industrialisierung geht auf Doug McIlroy zurück und wurde bereits auf der ersten Softwaretechnik-Konferenz gestellt: „Mass-Produced Software Components" [McIlroy, 1968].

Erfahrung rationalisieren

Die Analogie impliziert weiteres: erst die Austauschbarkeit durch Standardisierung schafft die Voraussetzung für eine industrielle Produktion über Firmengrenzen hinweg. Also eifern die Softwaretechniker auch hier den Maschinenbauern nach und erstreben eine Normierung ihrer *Schnittstellen* à la Joseph Whitworths Gewindeskala und ihrer *Komponenten* à la George Westinghouse' Bremsanlagen. Aktueller Ausdruck dieser Vision ist der CORBA-Standard der OMG (Object Management Group) für verteilte Softwarekomponenten.[2] Entwurfsmuster liegen im Trend; sie setzen die Maxime der Wiederverwendung auf eine höhere Stufe der Rationalisierung: Erfahrung wird rationell vermittelbar.

Zwei Beobachtungen vorweg:

- 80 Prozent der Hardware-Entwürfe sind nicht essentiell neu [Girczyc & Carlson, 1993],
- 85 Prozent der Software-Entwürfe sind nicht essentiell neu [Jones, 1984].

Vilfredo Pareto und die 80-zu-20-Regel

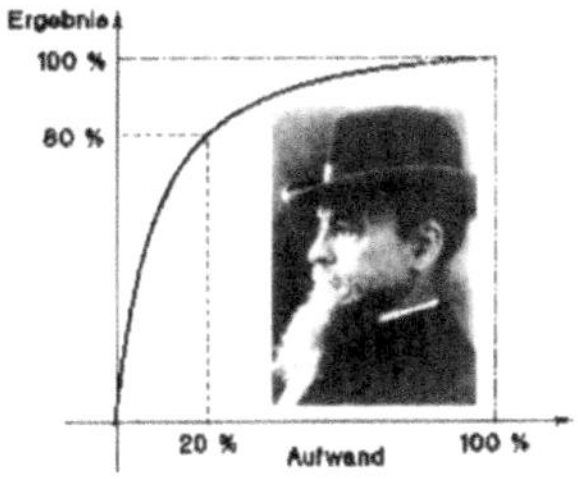

Mit anderen Worten: neue Informatikprodukte entstehen großenteils aus ihren Vorläufern. Die Versionierung von Anwendungssoftware, wie Text- und Grafikprogrammen, ist hierfür ein auffälliges Beispiel. Das beobachtete Verhältnis alt zu neu erinnert an das Pareto-Prinzip, auch bekannt als 80-zu-20-Regel. Der Ökonom Vilfredo Pareto[3] (1848-1923) konstatierte, daß man mit nur 20 Prozent Aufwand (für die Wirkungsfaktoren) 80 Prozent des Gewinns erzielen kann. Auf den ökonomischen Entwurf übertragen, läßt sich schließen, daß der *komponentenbasierte* Entwurf dem Pareto-Prinzip folgt: Mit wenig Aufwand wird der überwiegende Teil des Ergebnisses erzielt. Entwurfsmuster, verstanden als die Essenz *wiederverwendbarer* Komponenten, steuern 80 Prozent am Gesamtentwurf bei; lediglich 20 Prozent der Gesamtimplementierung muß der Entwerfer für ihre Ausprägung aufbringen. Ergo kann er das Gros der Entwicklungszeit für den innovativen Anteil am Entwurf nutzen.

Was heißt und bedeutet nun Wiederverwendung in der Informatik?

2 http://www.omg.com/

3 http://www.unil.ch/cwp/docs/Phome.html

Während das Anglo-Amerikanische nur das Wort *re-use* zur Verfügung stellt, unterscheidet das Deutsche feiner: Je nachdem, welchen Wert man aus einer Ressource schöpft – Energie, Information oder Materie –, differenziere ich zwischen Wiedergewinnung, Wiederverwendung und Wiederverwertung. Bild 2 verdeutlicht die Unterschiede:

Bild 2:
Was heißt
Wiederverwendung?

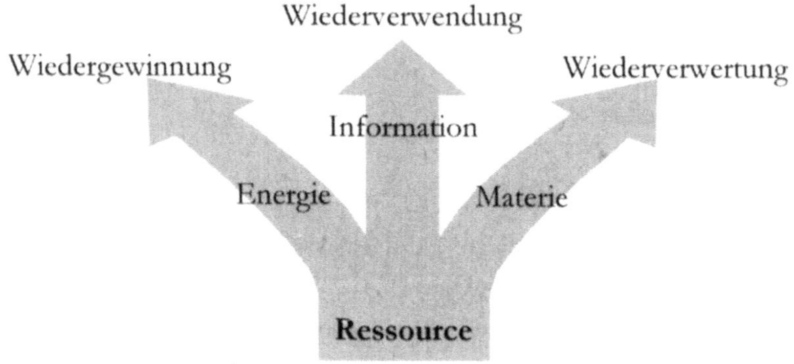

Wiederverwendung heißt demnach *Wertschöpfung* aus Information. Da in unserem Kontext die Ressource ein Entwurfsprodukt ist, ein Artefakt, basiert die Information auf Entwurfserfahrung und manifestiert sich in der Architektur des Artefakts. Wenn dieses als Ganzes wiederverwendet wird, als komplexe Komponente in einem neuen Entwurf, so nennt man die wiederverwendete Information auch IP: *Intellectual Property*, besonders in der Hardwaretechnik. Ein Beispiel für die Wiederverwendung geistigen Eigentums sind RAM-Generatoren für den Chipentwurf. Früher nannte man IP-Komponenten schlicht Makros oder Megazellen.

Definition zur
IP-Komponente

> „Intellectual property is an object or intangible item – sound, picture, combination of bits – whose major value comes from the skill or artistry of its producer, and not from the tangible medium of its delivery, such as paper, CD, or bitstream … The effort and skill that goes into their creation is of two basic types: architectural/algorithmic design, and physical design and optimization."
>
> Jeff Lewis [4]

---

4 Aus dem Online-Artikel zum Thema „Intellectual Property (IP) Components" von Jeff Lewis, Artisan Components, Inc.: http://www.artisan.com/ip.html

Pro- & Kontra-Beispiele zur Wiederverwendung

Was heißt Wiederverwenden nicht? Wenn Ressourcen *nach* Abschluß einer Entwicklung eingesetzt werden, zum Beispiel das stereotype Anwenden oder Kopieren eines Programms. Ausgeschlossen auch das Portieren auf andere Rechner oder Betriebssysteme *ohne* Quelltextänderung; eingeschlossen die Wartung, wenn sie der Weiterentwicklung der aktuellen Version dient, und das Reverse-Engineering, verstanden als Nachbessern oder Nachdokumentieren alter Entwürfe.

Wiederverwendet werden nicht nur Quelltexte, sondern auch andere Texte und Grafiken, wenn sie Erfahrungswissen repräsentieren. Dazu zählen Anforderungsanalysen, Machbarkeitsstudien, Lasten- und Pflichtenhefte, Diagramme, Dokumentation und Testfälle.

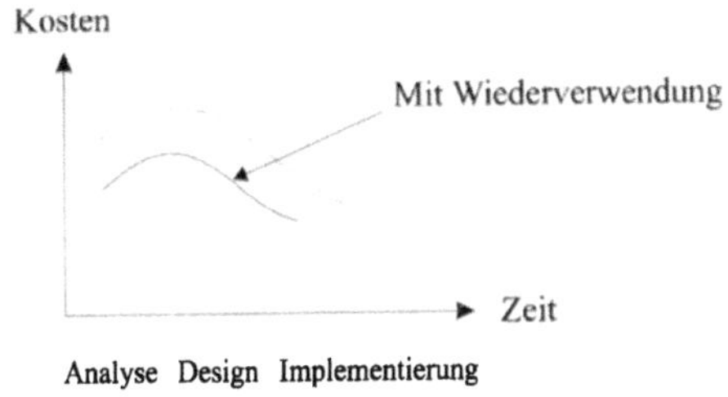

Bild 3: Kostenrelation

Warum wird wiederverwendet? Die Antwort ist simpel und illustriert nebenstehendes Bild. Zum einen reduziert das Wiederverwenden die Kosten der Entwicklung, der Qualitätssicherung und der Wartung; zum anderen verringert es das Projektrisiko, da vorgefertigte und getestete Komponenten Sicherheit in die Kostenkalkulation bringen und zugleich die Produktzuverlässigkeit steigern. Das Entwurfsprodukt kann schneller in den Markt eingeführt werden, was den Wettbewerbsvorsprung wahrt. Verwendet man produktübergreifend gleiche Bedienungskomponenten, erhöht dies die Gebrauchsgüte allgemein und sichert ohne organisatorischen Aufwand die Firmenidentität in der Produktpalette: *corporate identity*.

Formen der Wiederverwendung: *codiert* vs. *uncodiert*

Wie kann wiederverwendet werden? Wir können die Information eines Artefakts, sein inhärentes Erfahrungswissen, grundsätzlich in zwei Formen wiederverwenden: *codiert* oder *uncodiert*. Betrachten wir zunächst die Grundform uncodierter Wiederverwendung: das Entwurfsmuster. Hier wird die Lösungs*struktur* eines Problems wiederverwendet. Ein Entwerfer, der im Begriff ist, ein Muster „auszuprägen", hat zunächst das Schema des Musters vor Augen, eine kognitive Vorlage. Er transformiert dieses in ein anderes, seiner Anwendung angepaßtes Schema. Letztlich überführt er das kognitive Ausgangsschema des Musters in das Medium der Implementierung, in der Regel in den Quellcode, er codiert das Muster, er *prägt es aus*.

Nehmen wir zum Beispiel das uncodierte Muster SCHLEIFE: Bild 4. Wollen wir sein kognitives Schema als ZÄHLSCHLEIFE ausprägen, also codieren, können wir es auf das Sprachelement FOR transformieren; früher war dazu eine Sequenz von Assembleranweisungen nötig. Die Schematransformation in Richtung der Rechnerarchitektur geht mit einer Strukturänderung des Ausgangsschemas einher. Übernimmt diese Transformation ein Übersetzer, dann profitiert der Entwerfer von einer höheren Produktivität. Durch unbewußtes Wiederverwenden von Assemblermustern (deren codierte Form ist nur dem Übersetzer bekannt) nutzt der Programmierer das Erfahrungswissen des Assemblerexperten. Dies führt im allgemeinen zu einer 5fachen Produktivitätssteigerung laut [Krueger, 1992, S. 139]. Steht kein Übersetzer zur Verfügung, was oberhalb der Programmierebene die Regel sein dürfte, ist der Entwerfer in die Pflicht genommen. Dann heißt „ein Entwurfsmuster wiederverwenden" ein Problem-Lösungs-Paar in der Gesamtheit verstehen und ausprägen – im Kontext konkurrierender Kräfte der Implementierung.

Bild 4:
Beispiel zur
Musterausprägung

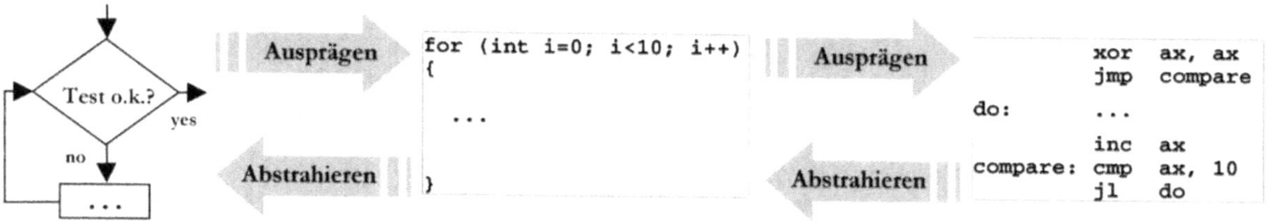

Anders bei *codiertem* Erfahrungswissen: Halbfabrikate, wie Frameworks und Bibliothekselemente (Funktionen, Klassen), werden ausschließlich an vorgegebenen Stellen angepaßt, entweder durch Parametrisierung (*Black-box*-Anpassung) oder durch Strukturänderung (*White-box*-Anpassung). In der Regel müssen nur wenige Strukturelemente zuvor bekannt und verstanden sein.

Beispiele für codierte Wiederverwendung

Expertensysteme zählen ebenfalls zur Kategorie „codierte Wiederverwendung von Erfahrungswissen": hier sind es die Fakten und Regeln des Experten, die codiert vorliegen. Im Hardware-Entwurf fällt diese Kategorie unter das bereits eingeführte Schlagwort IP: Intellectual Property. Frameworks in der Softwaretechnik stehen irgendwo dazwischen: sowohl Quellcode als auch uncodierte Strukturinformation werden wiederverwendet – also Entwurf *und* Programm, siehe die Beispiele in [Lewis (Hrsg.), 1995].

Warum wird *nicht* wiederverwendet? Welche Widerstände gibt es? Zum einen gibt es das Problem der *Verfügbarkeit:* Das Suchen, Verstehen, Vergleichen, Einsetzen und Anpassen einer wiederverwendbaren Komponente muß deutlich weniger Zeit kosten als deren Neuentwurf (30 %-Effizienzhürde). Zum anderen sind mit der Wiederverwendung, wenn sie im großen Stil betrieben werden soll, finanzielle und organisatorische *Kosten* verbunden: Investitionen in Bibliotheken und in ein Komponenten-Management. Sie amortisieren sich erst, wenn die Komponenten häufig eingesetzt werden, siehe die Marginalie. Weiterhin schrecken *juristische Fragen*: Wer übernimmt die Produkthaftung, wenn ein Programm Komponenten mehrerer Firmen verwendet, und zu welchen Teilen? Welche Komponenten müssen lizenziert werden? Für eine ausführliche Betrachtung der rechtlichen Fragen siehe zum Beispiel [Koch & Schnupp, 1991]. Mitunter scheitert die Wiederverwendung auch am NIH-Syndrom: *Not Invented Here.* Fremd-Entwicklungen werden skeptisch aufgenommen, wenn nicht sogar kategorisch abgelehnt, die Korrektheit und Effizienz fremder Entwürfe angezweifelt.

Gründe gegen das Wiederverwenden

$$K_W = \frac{K_G}{n} + K_A$$

Kosten mit Wiederverwendung: K_W
Kosten für die Generalisierung oder den Kauf der Komponenten: K_G
Kosten für die Anpassung der Komponenten: K_A
Häufigkeit der Wiederverwendung: n

[Endres, 1988]

Hardware-Ingenieure betreiben seit jeher codierte Wiederverwendung [Girczyc & Carlson, 1993]; hier wurde schon immer *ingenieurmäßig* vorgegangen: Modularisieren, Standardisieren, Konstruieren. Codierte Wiederverwendung im Software-Entwurf wird zwar seit der ersten Softwaretechnik-Konferenz von 1968 gefordert, aber bisher nur zögernd in der Industrie praktiziert [Krueger, 1992]. Das Erfahrungswissen der Software-Ingenieure liegt folglich kaum wiederverwendbar in codierter Form vor. Klassenbibliotheken sind eine Ausnahme, doch für eine entscheidende Produktivitätssteigerung zu feingranular. Anwendungs-Frameworks sind hier der bessere Ansatz, aber bisher wegen ihrer Komplexität und des damit verbundenen Lernaufwands wenig verbreitet. Softwaremuster sind derzeit der einzige erfolgversprechende Ansatz, um *uncodiertes* Erfahrungswissen zu vermitteln und wiederzuverwenden. Aber was heißt Erfahrungswissen eigentlich?

Hardware- vs. Software-Wiederverwendung

2 Erfahrungswissen

Das Lösen eines Problems setzt Fachwissen voraus, das heißt Fakten- und Methodenwissen. Während sich Faktenwissen auf das Produkt bezieht *(Was-Information: Knowing that),* steht beim Methodenwissen der Prozeß im Vor-

Anleihen aus der Denkpsychologie

dergrund *(Wie*-Information: *Knowing how)*. Für das Aufgabenlösen ist Fachwissen hinreichend, nicht aber für das Problemlösen; hier kommt eine andere Qualität ins Spiel. Bevor ich diese beschreibe, erläutere ich den Unterschied zwischen Aufgabe und Problem an einem Konzept aus der Denkpsychologie [Dörner, 1976]. Nebenstehendes Bild zeigt das Schema eines Problems: den unbefriedigenden Anfangszustand s_α, den erwünschten Zielzustand s_ω und die kognitive Barriere in der Überführung von s_α in s_ω. [5]

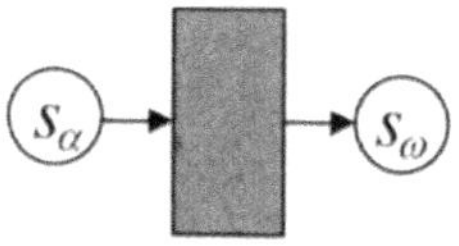

2.1 Aufgabe versus Problem

Aufgabe ≠ Problem

Eine Aufgabe unterscheidet sich von einem Problem durch das Fehlen der Barriere; für die Bewältigung der Aufgabe ist die Methode bekannt, nur reproduktives Denken gefordert. Ob es sich um ein Problem oder um eine Aufgabe handelt, hängt also vom *Vorwissen* des Entwerfers ab. Für den erfahrenen CAD-Konstrukteur zum Beispiel ist der 3D-Entwurf kein Problem, sondern eine Aufgabe – für den unerfahrenen Laien dagegen ein Problem. An der Art der Barriere können wir die Probleme und ihre Überwindung klassifizieren:

10^{120} Schachpartien [Simon, 1990]

$\frac{t!}{(t-v)!}$ Verteilungen von v Veranstaltungen über t Termine [Baumgart et al., 1997]

- Interpolationsprobleme: Man weiß, was man will, und kennt die Mittel, um den erwünschten Zustand zu erreichen. Das Problem liegt in der geeigneten *Kombination* der Mittel, in der Interpolation zwischen Anfangs- und Zielzustand. Die Anzahl der möglichen und jeweils zu überprüfenden Transformationen ist meist sehr groß. Beispiele: Schachspiel und Stundenplanung.

- Syntheseprobleme: Man weiß zu Beginn, oder vermutet nach vergeblichen Anstrengungen, daß die bekannten Mittel nicht reichen. Problem des Alchimisten: Wie gewinne ich Gold aus Blei? Anfangs- und Zielzustand sind bekannt, unbekannt oder unbewußt sind wichtige Einzeloperationen, kombiniert mit den bekannten. Das Problem liegt in der Zusammenstellung, der Synthese geeigneter Operatoren.

5 Die Abschnitte 2 und 2.1 basieren auf einem Vortrag, den ich auf der GI-Fachtagung „Informatik und Ausbildung 98" an der Universität Stuttgart gehalten habe: „Lehr-Erfahrung vermittelt durch Lehr-Muster: Ein Beitrag zur Didaktik der Informatik" [Quibeldey-Cirkel, 1998].

Gelernte Einstellungen und Denkgewohnheiten können ursächlich für Synthesebarrieren sein; Denksportübungen bergen in der Regel derartige Barrieren. Rechts sehen Sie ein Beispiel: Zwei Streichhölzer sollen so verschoben werden, daß drei gleich große Quadrate entstehen.[6]

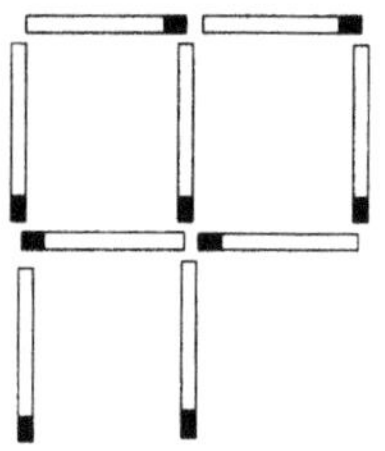

- Dialektische Probleme: Man weiß, daß der Anfangszustand verändert werden muß, kennt aber den Zielzustand bloß vage oder gar nicht, allenfalls sind globale Zielkriterien bekannt, Komparative wie „besser" oder „effizienter". Die Lösung kann nur *dialektisch* erreicht werden, das heißt, der Entwurf wird fortwährend auf Widersprüche geprüft. Je offener das Problem im Hinblick auf den Zielzustand ist, desto öfter muß man versuchen, durch Erzeugen und Überprüfen von Alternativen die Zielkriterien zu präzisieren. So überwinden wir in der Softwaretechnik dialektische Barrieren im *Dialog* mit dem Kunden (exploratorisches Prototyping).

Entwurfsmuster gegen Entwurfsbarrieren

Wie steht es mit der *Kreativität?* Das Lösen einer Aufgabe ist unschöpferisch, hier helfen Richtlinien, Regelwerke und Rezepte – normatives Methoden- und Faktenwissen. Dagegen ist das Lösen eines Problems a priori schöpferisch, denn wie man die Barriere überwinden kann, ist zunächst unbekannt. Hier helfen Entwurfsmuster; sie sind keine Einzellösungen, sondern Strategien und Taktiken, um das Problem zu bewältigen.

Entwurfsmuster: vom Problem zur Aufgabe

In der Praxis bedeutet Entwerfen das exploratorische Suchen nach einer *zufriedenstellenden* Lösung, die gewissen Kriterien genügt, selbstbestimmten, wie Ratio und Intuition, und fremdbestimmten, wie Technik und Budget. Entwerfen folgt also einer *modalen* Logik: erlaubt, verboten, geboten. Entwurfsmuster beschreiben die gebotene Logik des Entwerfens, die sich rechtfertigt aus der Erfahrung eines Experten. Muster schränken die kombinatorische Vielfalt auf die praxiserprobten Wege ein, also auf bewährte Entscheidungskriterien und ökonomische Präferenzen. Indem sie Erfahrungswissen vermitteln, reduzieren sie Entwurfsprobleme zu Aufgaben.

---

6 Tip für Verzweifelte: Die Barriere liegt hier in der mentalen Voreinstellung, nur überlappungsfreie Quadrate bilden zu wollen.

heureka!

Kern aller Entwurfsmuster sind *Heuristiken* (Findeverfahren), deren Grundprinzip kennt viele Synonyme: „Kybernetisches Prinzip" nach Norbert Wiener, „Vermutungen und Widerlegungen" nach Karl Popper, „Schema und Korrektur" nach Ernst Gombrich oder in den Ingenieurwissenschaften „Versuch und Irrtum". Die Denkpsychologie bezeichnet das Handlungsmuster einer jeden Heuristik mit dem Akronym TOTE: Test-Operate-Test-Exit [Miller et al., 1960]. Bild 5 macht die Barriere transparent:

Bild 5:
TOTE-Schleife
als Kern
eines Entwurfsmusters

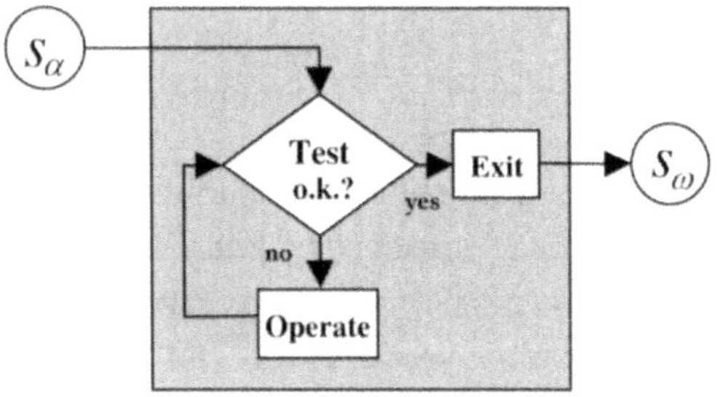

Kompetenz =
verfügbarer Mustervorrat

Die simple Heuristik für das Einschlagen eines Nagels folgt der TOTE-Schleife: Test: Nagel tief genug? Wenn nein, Operate: Hammerschlag und Test. Wenn ja, Exit: Nachbehandeln und Aufräumen. Erfahrungswissen gewinnen wir durch iteratives Handeln nach der TOTE-Leitlinie – und Kompetenz erlangen wir, wenn wir auf diese Weise einen Vorrat an *erfolgreichen* Mustern erwerben.

Ich komme zur Pragmatik: Wie ordnen wir in Mustern erfaßtes Erfahrungswissen? Oder anders gefragt: Wie sieht eine Mustersystematik aus?

2.2 Erfahrungswissen ordnen: eine Mustersystematik

„Having an indexing
problem is a healthy sign
for the pattern culture."
[Gamma, 1996]

Im folgenden klassifiziere ich den *Stand der Kunst* zum Thema Entwurfsmuster. Wirft man einen Blick auf die Web-Archive zum Thema, zum Beispiel auf die Cetus-Webseiten von Manfred Schneider, so sucht man vergeblich nach einheitlichen Prinzipien der Klassifizierung.[7]

---

7 http://www.cetus-links.org/oo_patterns.html

Erste Ansätze

Ein früher Versuch, den Musterbestand zu ordnen, stammt von Regine Meunier und Frank Buschmann: Die Autoren nennen ihr Ordnungsschema „Mustersystem“; Bild 6 gibt es wieder. Während die z-Achse im Diagramm meine Zustimmung hat – sie steht für die *Musterkörnung* –, halte ich die anderen Dimensionen, Strukturprinzipien und Funktionalität, für wenig geeignet, einen Ordnungsraum aufzuspannen. Achsen in einem kartesischen Diagramm suggerieren stets ein zu- oder abnehmendes Kontinuum. Strukturprinzipien und Funktionalität aber besitzen keine Verlaufseigenschaft; als Spaltentitel in einer tabellarischen Darstellung wären sie besser placiert. Dagegen klassifiziert Dirk Riehle eindimensional nach Projektphasen: „Interpretations- und Gestaltungsmuster“ in der Anforderungsphase, „Entwurfsmuster“ in der Konstruktionsphase und „Programmiermuster“ in der Codierungsphase [Riehle, 1995]. Andere Klassifikationsansätze beschränken sich auf die Gamma-Muster, entweder auf deren Beziehungen untereinander: *A benutzt B*, *A ist ähnlich zu B* [Zimmer, 1997] oder auf deren Abstraktion für den Framework-Entwurf: *Meta*-Muster nach [Pree, 1994].

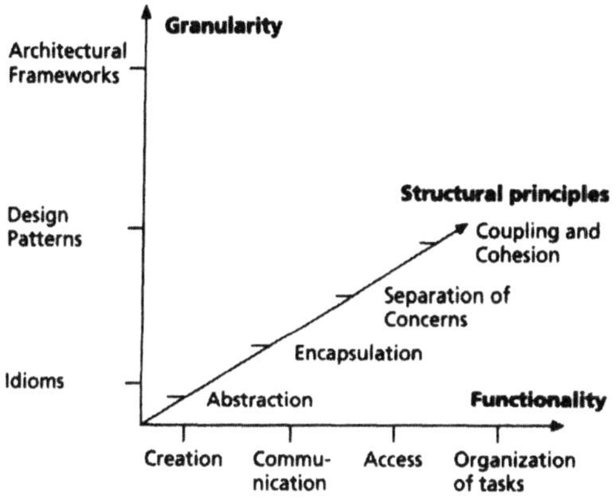

Bild 6: Ordnungsschema nach Frank Buschmann und Regine Meunier [PLoPD 1, 1995, S. 332]

Ich systematisiere Muster nach vier Ordnungskriterien, und zwar:

1. *Musterart:* Zu welcher Disziplin oder Fachgruppe gehört das Muster?
2. *Musterkörnung:* Wie umfassend ist es? Welche Wirkung hat es?
3. *Musterform:* Wie ist sein Erscheinungsbild? Grafisch oder textuell, erzählend oder schematisch?
4. *Musterorganisation:* Wie wird das Muster verwaltet? Wie stark ist die Bindung zwischen den Mustern? Wie ist der Zugriff organisiert?

Erste Systematik: Musterart

Gegenstand eines Musters

Der ursprüngliche Gegenstand der Musterbewegung – die Gebäude-Architektur – erfährt ständig neue Erweiterungen. Zunächst war es die Architektur-*Analogie:* Sie äußert sich zum einen im Selbstverständnis heutiger Software-Ingenieure, die sich als Architekten ihrer Software verstehen; und zum anderen in der Informatikausbildung, dort dient der Architekturbegriff als Leitbild, siehe zum Beispiel Herbert Simons Curriculum einer Wissenschaft des Entwerfens [Simon, 1990] oder Heinz Zemaneks Ausbildungsideale einer verallgemeinerten Entwurfslehre [Zemanek, 1992]. Mittlerweile überträgt man das Musterkonzept auch auf andere Entwurfsaspekte, wie Teamorganisation und Didaktik. Welche Gegenstände aktuell diskutiert werden und welche Musterarten bereits auf eigene Monographien, das heißt Musterbücher, verweisen können, zeigen die beiden folgenden Tabellen:

Mailing-Listen [8] der Mustergemeinschaft, Stand Mai 1999

Mailing-Liste	**Gegenstand**
patterns-discussion@cs.uiuc.edu	is for discussion of patterns in general.
patterns@cs.uiuc.edu	is for presenting and describing software patterns.
gang-of-4-patterns@cs.uiuc.edu	is about the design patterns in the Gang of Four's book.
siemens-patterns@cs.uiuc.edu	is about the patterns described by the Siemens guys.
business-patterns@cs.uiuc.edu	is for presenting and describing business patterns.
ipc-patterns@cs.uiuc.edu	concerns patterns on concurrency, distribution, and IPCs.
organization-patterns@cs.uiuc.edu	is for discussing patterns involving organizations.
e-patterns@cbr.dit.csiro.au	concerns patterns and the Eiffel language.
corba-patterns@cs.uiuc.edu	is about patterns described in CORBA Design Patterns and related patterns.
pb-patterns@cs.uiuc.edu	is for discussion of Power Builder patterns.
scm-patterns@cs.uiuc.edu	is about patterns for software configuration management.
dacm-patterns@cs.uiuc.edu	is about decoupling & complexity management.
antipatterns@cs.uiuc.edu	concerns antipattern refactoring and the book AntiPatterns.

8 http://hillside.net/patterns/Lists.html

Musterart	Musterbuch	
Projektorganisation	[Cockburn, 1997]	
Systemanalyse	[Fowler, 1997]	
Geschäftsmodellierung	[Hay, 1995]	
Design (allgemein)	[PLoPD 1, 1995; PLoPD 2, 1996; PLoPD 3, 1997; Buschmann et al., 1996]	
Design (vorwiegend GUI)	[Gamma et al., 1995; Riehle, 1997]	
Framework-Design	[Pree, 1994],	
Programmierung	C++:	[Coplien, 1991; Soukup, 1994]
	Smalltalk:	[Beck, 1997; Alpert et al., 1997]
	Java:	[Felleisen & Friedman, 1997; Lea, 1996]
Didaktik der Informatik (siehe auch Anhang zum Kapitel)	[Manns et al. (Hrsg.); 1999]	
Anti-Muster	[Brown et al., 1998]	

Monographien [9]
der Mustergemeinschaft
Stand Mai 1999

Anmerkungen zu Musterarten

Ein paar Anmerkungen zu den Bezeichnungen *Gamma-Muster* und *Anti-Muster:* In der Musterliteratur ist die Verkürzung auf Gamma-Muster als Bezeichnung für alle Entwurfsmuster der vier Autoren von [Gamma et al., 1995] weit verbreitet. Ich selbst verwende in diesem Buch die populäre Verkürzung aus zwei Gründen: zum einen war es Erich Gamma, der in seiner Dissertation das Musterthema wissenschaftlich ausarbeitete [Gamma, 1992], und zum anderen stammt ein gutes Dutzend der 23 GoF-Muster aus seiner Feder. Die Bezeichnung Anti-Muster und deren Anspruch, Muster zu sein, ist in der Mustergemeinschaft umstritten. Die Autoren der Anti-Muster verneinen nicht das Musterkonzept, sondern invertieren den Erfahrungswert: Negativ-Erfahrung wird durch Anti-Muster, Positiv-Erfahrung durch Muster vermittelt. Man vermittelt also *Irrtümer* der Softwarepraxis in der Absicht, daß der Leser daraus lerne.

Zweite Systematik: Musterkörnung

Nach Umfang und Wirkung unterscheide ich zwischen *strategischen, taktischen* und *idiomatischen* Mustern. In dieser Reihenfolge erläutere ich die Begriffe an Beispielen; voraus schicke ich jeweils eine Duden-Definition, zumal die Begriffe, obwohl für das Maß der Körnung sehr hilfreich, im akademischen Diskurs abgegriffen wirken.

9 http://hillside.net/patterns/books/

„Strategie" laut Duden

„ … genauer Plan des eigenen Vorgehens, der dazu dient, ein militärisches, politisches, psychologisches oder ähnliches Ziel zu erreichen, und in dem man diejenigen Faktoren, die in die eigene Aktion hineinspielen könnten, von vornherein einzukalkulieren versucht."

Softwarekontext

Ein Strategiemuster legt die Über-alles-Architektur (Makro-Architektur) fest, also das, was über der Zeitachse der Versionierung eines Softwareprodukts konstant bleibt. Meine Interpretation deckt sich mit dem Architekturbegriff von Grady Booch [Booch, 1994]. Es folgt ein ausführliches Beispiel, das ich für einen Focus-Group-Workshop auf der EuroPLoP 98 schrieb (deshalb in Englisch): [10]

Beispiel für ein Strategiemuster

Name

THE OBJECT'S TRINITY

Problem

A modern software engineer has to be both an architect and a coder: he or she has to develop a product vision into executable code; see also Jim Coplien's pattern ARCHITECT ALSO IMPLEMENTS[11]. Under economic and ecological constraints on the one hand and technological constraints on the other, will he or she shape the vision into a product. High-level constraints in terms of budget, milestones, and human resources, and low-level constraints in terms of runtime, memory requirements, or gate counts, dominate the design process. How can the software engineer make sure that all constraints are finally satisfied by the end product?

---

10 Zwei weitere Beispiele für Strategiemuster befinden sich im Anhang: ETHOS für die Grundstrukturierung einer Lehrveranstaltung und BOUNDARY SCAN für den Test integrierter Schaltungen und Leiterplatten.

11 http://www.bell-labs.com/people/cope/Patterns/Process/section16.html

Context

All requirements concerning the product under design are to be fulfilled. In principle, this is a classic *constraint satisfaction problem* (well known from the field of Artificial Intelligence). Such problems are hard to formalize and to describe. The constraints are stated somewhere or nowhere and it is likely to lose sight of them.

Forces

Stating the constraints in separate places is the practice and the problem. If you keep them separate from the design and implementation documents, you will probably ignore some of them. If you place them as attachments to design and implementation items, they might be redundant or inconsistent with other constraints stated elsewhere.

Solution

Recall that a constraint is both a *software engineering* and an *ontological* concept. In ontology, an object's properties are always conceived under restrictions. In other words, to your mind an object only exists if its structure and behavior are well constrained according to the conceptual image you hold of it. Constraints are also a software engineering concept and construct: a class in object-oriented programming is the implementation of an *abstract data type* (ADT). This is taken as granted but never really understood. Have a look at the ADT definition in any encyclopaedia. You will find the following scheme: sorts and functions followed by axioms or laws that constrain them. It is well known that sorts and functions correspond to an object's attributes and operations respectively; but where have the axioms or laws gone in a class's declaration? They have been ignored.

Therefore:

Consider any object – may it be complex (the product under design) or simple (the instantiation of a class) – as a *trinity* of attributes, operations, *and* constraints! Thus you get a conceptually and technologically consistent vehicle of design and documentation.

Known Uses

Object-oriented constraint solvers are currently available as class libraries from companies like Ilog or Cosytec, France. They help to incorporate THE OBJECT'S TRINITY in everyday OO programming. Eiffel's *pre* and *post conditions* or *class invariants* are yet another example [Meyer, 1997]. And in most upper CASE notations you can annotate constraints to class relationships [Booch, 1994].

Nach dem Maß der Körnung ist das nächstkleinere Muster *taktischer* Art.

„Taktik" laut Duden

> „ ... Kunst der Anordnung und Aufstellung ... auf genauen Überlegungen basierende, von bestimmten Erwägungen bestimmte Art und Weise des Vorgehens, berechnendes, zweckbestimmtes Verhalten."

Softwarekontext

Auf der taktischen Entwurfsebene gibt es im allgemeinen mehrere Optionen, eine Strategie zu unterstützen. Die Wirkung eines Taktikmusters ist lokalisierbar und begrenzt auf eine Mikro-Architektur; dies deckt sich im wesentlichen mit dem Mechanismus-Begriff von Grady Booch.

Motiv für das Beispiel

Bleiben wir im Kontext des Strategiemusters von eben: THE OBJECT'S TRINITY betont den dritten Objektaspekt, die Beschränkung oder als Terminus technicus den *Constraint*. Wie wir gesehen haben, eignen sich nun Muster primär für die Vermittlung heuristisch gewonnenen Erfahrungswissens. Heuristiken spielen die zentrale Rolle bei *Constraint-Erfüllungsproblemen;* mittels Heuristiken kann das Laufzeitverhalten des Constraint-Algorithmus um Größenordnungen verbessert werden. Ergo fällt meine Wahl für ein Taktikmuster auf die Musterart Constraint-Erfüllungsprobleme. Auf einem Spezialgebiet hiervon – der Stundenplanung an Universitäten – habe ich in mehreren Studienprojekten viel Erfahrung sammeln können [Baumgart et al., 1997; Berten, 1997b]. Das Problem der Stundenplanung ist seit mehr als dreißig Jahren ein Dauerthema der Forschung.[12]

---

12 http://tawny.cs.nott.ac.uk/ASAP/ttg/resources.html

Eins von zahlreichen Taktikmustern der Constraint-Technik heißt:

Name

Beispiel
für ein Taktikmuster

SCHEITERE ZUERST!

Problem

Wie mache ich die Constraint-Propagierung für meine Anwendung laufzeiteffizient?

Kontext

Die Topographie eines Constraint-Netzes ist vorgegeben, symbolisiert in der Marginalie: Gegeben sind eine Menge von Variablen v_i, jede hat eine endliche Menge möglicher Werte (ihren Wertebereich), und eine Menge von Constraints c_i. Jeder Constraint beeinflußt eine Untermenge der Variablen und beschränkt die Werte, die jene Variablen *gleichzeitig* annehmen können. Eine Lösung des Problems ist erreicht, wenn jeder Variablen ein Wert zugewiesen wurde, so daß alle Constraints erfüllt sind.

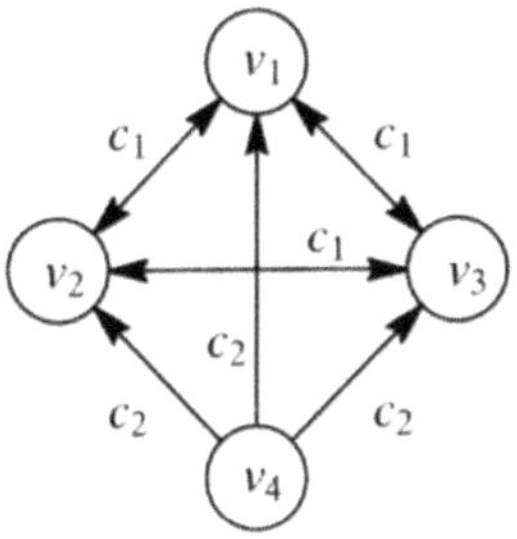

Kräfte

Als Anwender habe ich kaum Einfluß auf die Wahl und Implementierung des Constraint-Algorithmus (Backtracking, Forward Checking etc.). Ein Allzweck-Constraint-Solver ist in der Regel suboptimal für meine konkrete Anwendung; passe ich den Constraint-Solver an, was technisches Spezialwissen voraussetzt, verliert er für andere Anwendungen an Allgemeingültigkeit. Wie kann ich dennoch ohne Quelltextänderungen das Laufzeitverhalten des Constraint-Algorithmus im Einzelfall verbessern?

Lösung

Ordne die Variablen so, daß der Constraint-Solver versucht, zuerst die härtesten Constraints zu erfüllen. Das heißt, wähle als nächste Variable diejenige mit dem kleinsten verbleibenden Wertebereich. Die Intention ist, den Suchbaum der Constraint-Propagierung zu minimieren und sicherzustellen, daß jeder Zweig, der zu keiner Lösung führt, so früh wie möglich gekappt wird. Mit anderen Worten: Um Erfolg zu haben, beginne dort, wo Du wahrscheinlich scheitern wirst!

Beispiele

In der universitären Stundenplanung werden zuerst die Lehrveranstaltungen mit den härtesten Randbedingungen verplant, zum Beispiel solche mit einer ungewöhnlichen Anforderung an die Hörsaalausstattung: Die Breitband-Standleitung für eine multimediale Veranstaltung wäre eine solche Randbedingung. Weitere Erfahrungen mit dem Taktikmuster SCHEITERE ZUERST! werden in [Smith, , 1997] beschrieben.[13]

Das kleinste Maß der Musterkörnung ist das *Idiom:*

„Idiom“ und „idiomatisch“ laut Duden

> „ ... lexikalisierte feste Wortverbindung, Redewendung (zum Beispiel die Schwarze Kunst, ins Gras beißen) ... deren Gesamtbedeutung nicht aus der Bedeutung der Einzelwörter erschlossen werden kann.“

Softwarekontext

Auf der idiomatischen Programmierebene nutzt der Entwerfer festgefügte Strukturen seiner Programmiersprache. Jim Coplien hat die geläufigsten Idiome für die Sprache C++ zusammengestellt, Kent Beck für Smalltalk [Coplien, 1991; Beck, 1997]. Ein C++-Idiom ist nach Coplien beispielsweise die KANONISCHE KLASSENFORM für den Fall statisch deklarierter Variablen:

- Standard-Konstruktor
- Zuweisungsoperator und Kopier-Konstruktor
- Destruktor

---

13 Prinzipiell lassen sich die meisten Heuristiken zur Constraint-Propagierung durch eine dedizierte Ordnung der Variablen und ihrer Werte implementieren.

Das Idiom vermeidet eine typische Sprachtücke: Wird der Standard-Konstruktor nicht explizit in der Klasse aufgeführt, so initialisiert der Übersetzer zwar die statischen Elemente eines Objekts, bei dynamischen Objekten (über Zeiger) geschieht dies aber nicht. Und ohne die explizite Angabe eines Destruktors beschränkt sich die Freigabe auf den statischen Speicher (Stack), was mit der Zeit zu einer Anhäufung nicht mehr referenzierter Daten und somit zur Reduktion des freien Speichers führt.

„C++ is a language monster that requires coding patterns to tame its monstrosity." [Pree, 1994]

Ein anderes, extremes Beispiel zeigte bereits Bild 4 auf Seite 44; blättern wir zurück: In der Assemblersequenz für die ZÄHLSCHLEIFE besorgt ein idiomatisches Muster kleinster Körnung das Löschen des Registers: XOR AX, AX – also durch Exklusiv-Oder-Verknüpfen des Registerinhalts AX mit sich selbst. [14]

Dritte Systematik: Musterform

Sie ist wichtig für die Textproduktion und Textverständlichkeit; ich werde diesen Punkt ausführlich im Abschnitt 3 erörtern. Da Entwurfsmuster *uncodiertes* Erfahrungswissen vermitteln, ist ihre Beschreibung folglich auch uncodiert, das heißt ungebundene Prosa. Die mathematisch formale Beschreibung als *Contracts* [Helm et al., 1990] widerspricht dem primären Anliegen der Mustergemeinschaft, Erfahrung *verständlich* zu vermitteln. Ich habe sie deshalb aus der folgenden Übersicht herausgenommen.

Synonyme: Musterstil, Musterschema

Die Prosa der geläufigsten Musterbeschreibungen unterscheidet sich vor allem stilistisch: Zum einen pflegen Musterautoren den *erzählenden* (narrativen) Stil, auch als strukturiertes Essay bezeichnet, meist ohne epische Breite (höchstens ein Dutzend Textseiten je Muster); und zum anderen ist auch die *schematisierte* Prosa verbreitet, die mehr einem Formular gleicht und technische Diagramme und sprachspezifische Beispiele umfaßt. Im Gegensatz zum narrativen Stil ist der schematische in der Regel spezifisch für den Gegenstand des Musters, das heißt, die Musterart bestimmt das Schema, wobei stets die alexandrinische Urform Problem-Kontext-Kräfte-Lösung die Vorlage bildet.

Prosastile: *narrativ* vs. *schematisch*

---

14 Ein Exklusiv-Oder-Gatter prüft die antivalente Belegung seiner Eingänge. Haben alle Eingänge gleiche Werte, ist der Ausgang logisch Null.

Unspezifische Musterformen

Musterform: narrative Prosa		
nach Christopher Alexander	**nach Jim Coplien**	**Portland-Form**[15]
(siehe auch Bild 7 gegenüber) „For convenience and clarity, each pattern has the same format. First, there is a picture, which shows an archetypal example of that pattern. Second, after the picture, each pattern has an introductory paragraph, which sets the context for the pattern, by explaining how it helps to complete certain larger patterns. Then … There are two essential purposes behind this format. First, to present each pattern connected to other patterns, so that you can grasp the collection of all 253 patterns as a whole, within which you can create an infinite variety of combinations. Second, to present the problem and solution of each pattern in such a way that you can judge it for yourself, and modify it, without losing the essence that is central to it." [Alexander et al., 1977, S. x]	The Pattern Name The Problem The Context The Forces The Solution A Rationale Resulting Context [Coplien, 1996, S.14]	„The total paragraph structure ends up looking like: - Having done so and so you now face this problem … - Here is why the problem exists and what forces must be resolved … *Therefore:* - Make something along the following lines. I'll give you the help I can … - Now you are ready to move on to one of the following problems …"

Spezifische Musterformen

Musterart	**Musterform: schematisierte Prosa**	
Gamma-Muster (siehe auch Bild 11 auf Seite 33)	- Pattern Name and Classification - Intent - Also Known as - Motivation - Applicability - Structure	- Participants - Collaborations - Consequences - Implementation - Sample Code - Known Uses - Related Patterns
Lehrmuster	siehe Anhang	
Hardwaremuster	siehe Anhang	

15 http://c2.com/ppr/about/portland.html

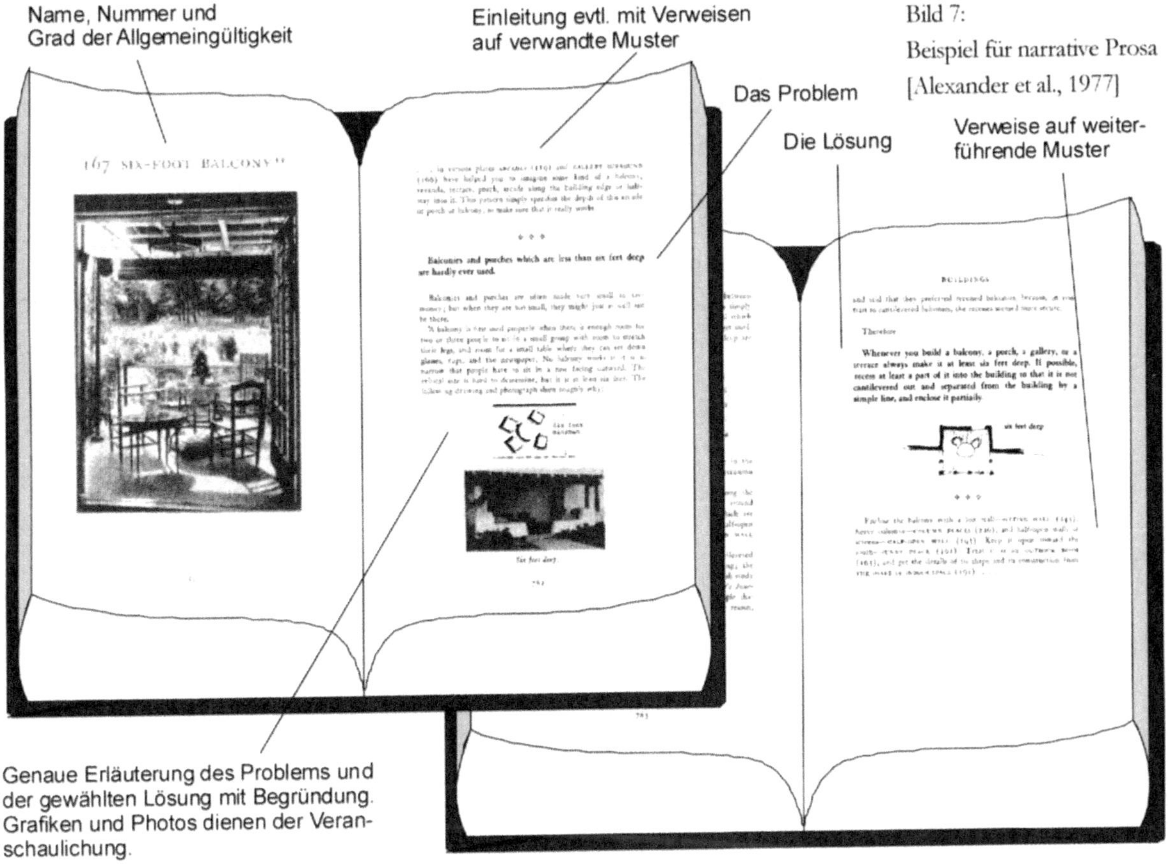

Bild 7:
Beispiel für narrative Prosa
[Alexander et al., 1977]

Sonderfall:
Hardwaremuster

Im Falle der Hardwaremuster gibt es eine technische Besonderheit: das Y-Diagramm in Bild 8 auf der nächsten Seite. Die Urheber Gajski und Kuhn verfolgten mit dem Y-Diagramm das Ziel, die unterschiedlichen Strömungen des Hardware-Entwurfs übersichtlich in einem Modell zu vereinen [Gajski (Hrsg.), 1988]. Ich benutze das Y-Diagramm navigationstechnisch, um Hardwaremuster im Verlauf ihrer Ausprägung anschaulich zu beschreiben. Ein Hardwaremuster hat seinen Ursprung oder Einstiegspunkt auf möglichst hoher Abstraktionsebene. Durch weitere Synthese- und Analyseschritte kann es aus verschiedenen *Sichten* – Verhalten, Struktur, Geometrie – und auf verschiedenen *Abstraktionsebenen* betrachtet werden – Architektur, Algorithmen, Funktionen, Logik, Schaltkreis.

Um die Akzeptanz der hypertextbasierten Musterform zu evaluieren, wurde eine Online-Version geschaffen und Studenten der Technischen Informatik als Lernvehikel empfohlen. Die Resonanz war zustimmend.[16] Bild 9 zeigt einen Screenshot der Hypertext-Musterform. Das Y-Diagramm visualisiert den Weg zu einem ersten Verständnis der Musterimplementierung; gleichzeitig verdeutlicht es, welche Abstraktionen und Sichten in der Musterbeschreibung erfaßt sind, das heißt, welche Hypertext-Dokumente durch Anklicken der Schnittpunkte im Y-Diagramm folgen. Alle Schnittpunkte und deren Bezeichnungen sind Verknüpfungen (Links), die zu Implementierungsdetails führen. Welche Betrachtung der Leser gerade gewählt hat, zeigen ihm die Fensterüberschrift, die farbigen Markierungen im Y-Diagramm und die Navigationstabelle. Alle Implementierungsfenster besitzen diese Navigations- und Orientierungshilfen.

Bild 8:
Hardware-Entwurfsraum
als Y-Diagramm

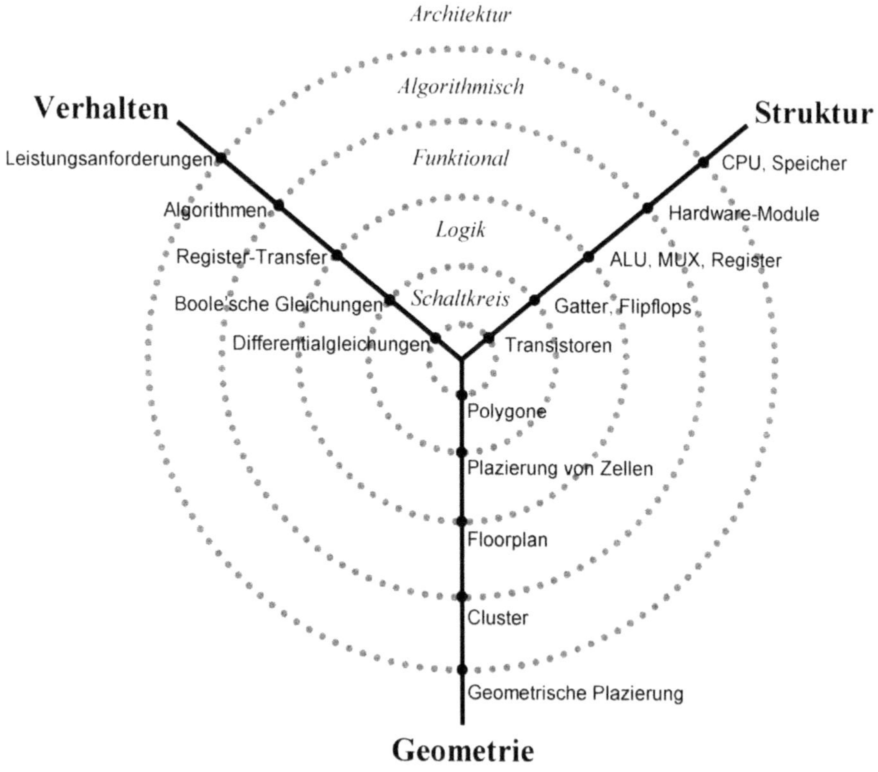

16 http://www.ti.et-inf.uni-siegen.de/Diplom/NHombach/nh_pages/nh_dipde.htm

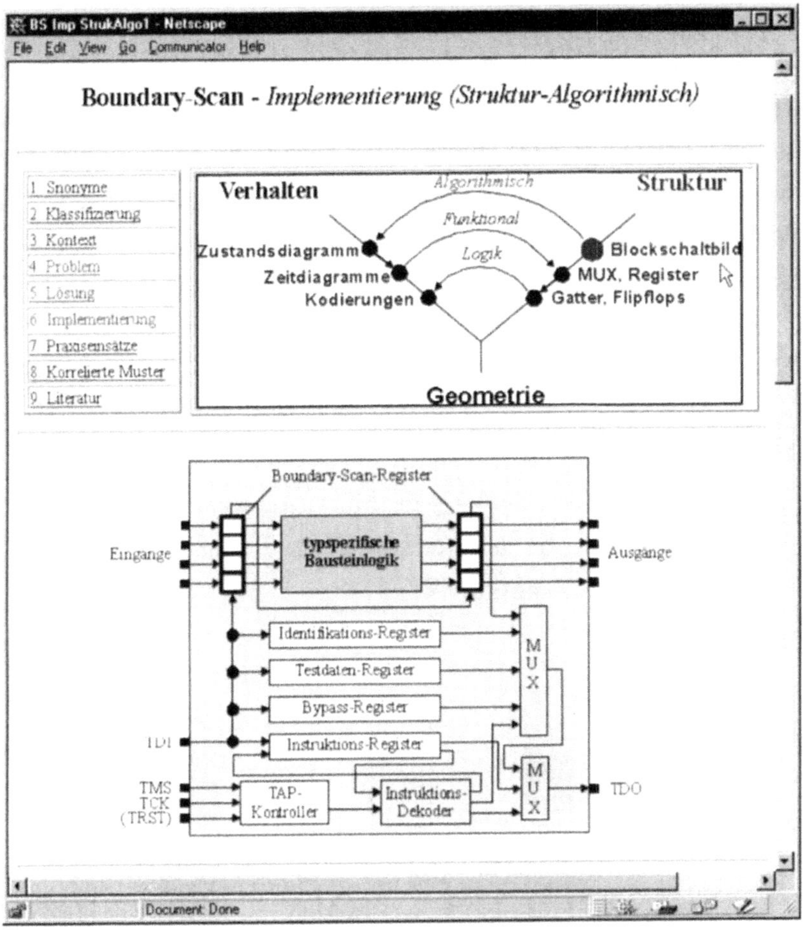

Bild 9:
Navigieren durch die Beschreibung eines Hardwaremusters: Das Y-Diagramm zeigt die verfügbaren Hypertexte zum 6. Punkt der Musterform, der Implementierung.

Der Leser sieht aktuell die Struktur des Musters auf der algorithmischen Ebene, also das Blockschaltbild. [17]

Vierte Systematik: Musterorganisation

Kopplung und Zugriff

In welcher Organisationsform werden Entwurfsmuster verwaltet und wie ist ihr Zugriff strukturiert? Ich unterscheide hier nach dem Grad der Kopplung, *Musterkatalog* vs. *Mustersprache*, und zwischen sequentiellem und nichtsequentiellem Zugriff, *Papier* vs. *Hypertext*. Zunächst erläutere ich den Verwaltungsaspekt.

---

17 http://www.ti.et-inf.uni-siegen.de/Diplom/NHombach/bs_pages/bs_start.htm

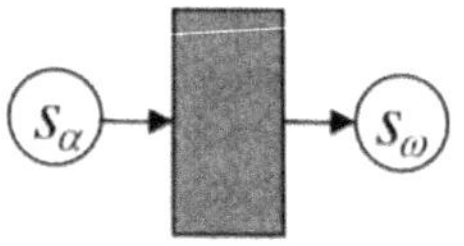

Am Anfang dieses Abschnitts haben wir das links stehende Schema eines Problems im Musterkontext erläutert; hier verwende ich es nun als Mustersymbol. Durch Lösen der Kräfte in einem Problemkontext s_α entsteht der Lösungskontext s_ω. Ein Muster i beschreibt die notwendigen Überführungsschritte und die resultierenden Strukturänderungen: $s_\alpha^i \xrightarrow[\text{Muster}\, i]{} s_\omega^i$. Mit dieser Definition können wir uns den Grad der Musterkopplung veranschaulichen: *Lose* gekoppelte Muster werden in *Katalogen* gesammelt, siehe Bild 10. Gibt es überlappende Kontexte: $s_\omega^{i-1} \cong s_\alpha^i$, und bilden n Muster eine geschlossene Kontextkette: $s_\alpha^1 \xrightarrow[\text{Muster}\, 1]{} s_\omega^1 \cong s_\alpha^2 \xrightarrow[\text{Muster}\, 2]{} s_\omega^2 \cong \cdots \cong s_\alpha^n \xrightarrow[\text{Muster}\, n]{} s_\omega^n$, so spricht man von einer *Mustersprache* [18], einer *starken* Musterkopplung, Bild 11. Die Überlappungen stehen für den gemeinsamen Entwurfskontext der Muster. Zahlreiche Beispiele für Mustersprachen findet der Leser in der Software-Patterns-Reihe des Addison-Wesley-Verlags [PLoPD 1, 2, 3] oder im Portland Pattern Repository [19].

Bild 10:
Musterkatalog:
lose gekoppelte Muster

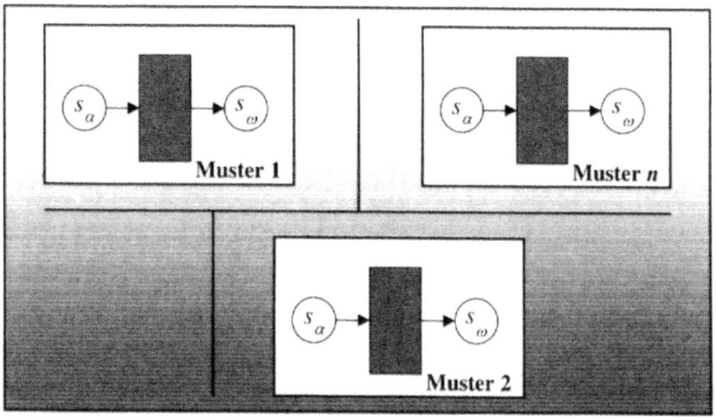

18 Der Begriff wurde vom Gebäude-Architekten Christopher Alexander geprägt und unkritisch in die Softwaretechnik übertragen, wo er natürlich mit dem dortigen formalen Sprachen-Begriff kollidiert. Treffender wären Bezeichnungen wie „Mustersequenz“ oder „Mustergruppe“, siehe auch die Diskussion in [Riehle, 1995]. *Pattern Language* hat sich indes durch die geläufigen Akronyme, wie PLoP und PLoPD, etabliert.

19 http://c2.com/ppr/titles.html

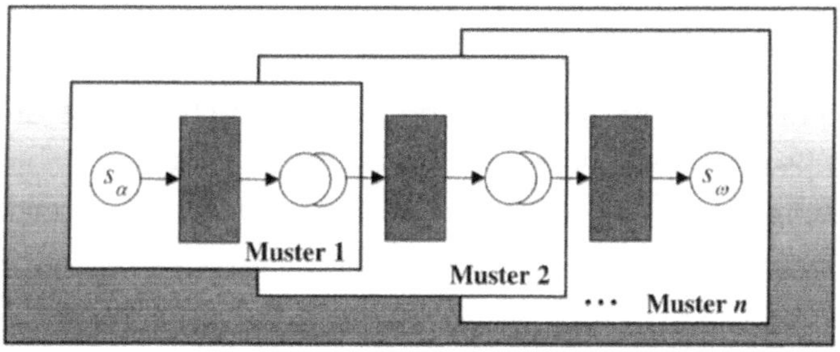

Bild 11:
Mustersprache:
überlappende Muster

Zugriff via Hypertext

Schließlich die Frage: Wie greift man auf die Muster zu? Die Buchform ist auch in der Mustergemeinschaft verbreitet; das belegt die Tabelle der Monographien auf Seite 51. In der Regel sind die Muster aber zugleich als nichtlinearer Hypertext verfügbar, entweder frei im Internet oder geschützt für den Gebrauch im firmeneigenen Intranetz. Der Begriff Hypertext taucht in vielen Veröffentlichungen über Entwurfsmuster auf, zum Beispiel [Johnson, 1992; Pree, 1994; Gamma et al., 1995]. Muster stehen selten für sich allein; auch wenn sie nicht in einer Mustersprache gebunden sind, so verweisen sie doch in der Regel auf verwandte Muster (siehe Bild 11 auf Seite 33). Die Musterautoren favorisieren daher dieses Mittel als adäquate Lesetechnik. Ich werde im Kapitel 3 einen weiteren technischen Aspekt zu Hypertext aufgreifen und vertiefen, nämlich die mustergestützte Softwaredokumentation. Dort skizziere ich auch eine Werkzeug-Infrastruktur, die auf der Hypertext-Seitenbeschreibungssprache HTML basiert.

Wir kommen zum Kern des Kapitels – den Wesensmerkmalen der neuen Schreibkultur. Hinter uns liegen die Antworten auf die vorbereitenden Fragen: Was heißt und bedeutet Wiederverwendung? Was heißt und bedeutet Erfahrungswissen? Wie sieht eine Mustersystematik aus?

3 Schreiben als Dienstleistung

Anspruch:
Autor als Dienstleister

Seit der ersten PLoP-Konferenz 1994 und der ersten EuroPLoP 1996 dient der *Writers' Workshop* als literarisches Forum der Musterbewegung. Entwurfsmuster verbreiten Expertenwissen nur dann in der industriellen Praxis, wenn sie nach Inhalt *und* Form ein Höchstmaß an Qualität haben. Was die Form betrifft, so wird das Schreiben als *Dienstleistung* für den Leser verstanden (und dient nicht der bloßen Verlängerung der Publikationsliste). Hier bricht die Mustergemeinschaft mit der akademischen Schreibkultur, die eine komplizierte Schriftsprache pflegt und sich so von „populärer" – will heißen leserfreundlicher – Literatur abgrenzt. Zur Kritik am akademischen Schreiben siehe zum Beispiel [Schneider, 1988] oder [Wagner, 1992].

Wurzeln

Der literaturwissenschaftliche Ursprung des Writers' Workshops liegt in der nordamerikanischen Schreib- und Rezensionskultur [Bräuer, 1996]. Das Ziel ist die Verbesserung des individuellen Schreibprozesses durch eine kollektive Begutachtung literarischer Texte, wie Essays und Kurzgeschichten. Unerfahrene Autoren lernen die Kunst des Schreibens und hören, wie erfahrene Autoren ihren Text aufnehmen.

Praxis

Will man Erfahrung effizient vermitteln, und jede nachhaltige Vermittlung geschieht durch Text, muß man sich mit der Produktion und Rezeption von Text auseinandersetzen. Musterbeschreibungen etablieren sich als Textsorte in der industriellen Informatik. Ein Indiz hierfür ist die Verbreitung des Writers' Workshops (übertragen: der Autoren-Werkstatt) als ein Standardverfahren für die firmeninterne Begutachtung von Entwurfsmustern, so in den Bell Laboratories und bei Siemens. Die Musterbücher der professionellen Softwaretechnik haben in der Regel mehrere Writers' Workshops passiert, bevor sie publiziert wurden. In diesem Abschnitt werde ich auf das für Autoren technischer Werke fremde Verfahren der Autoren-Werkstatt näher eingehen und seine Vor- und Nachteile mit dem konventionellen Rezensionsverfahren vergleichen.

Werdegang einer Entwurfsmusterbeschreibung

Entwurfsmuster werden nicht erfunden, sondern in der Entwurfsroutine entdeckt. Die kreative Leistung des Entdeckers liegt in der *Beschreibung* des Musters. Gefordert sind also *schriftstellerische* Fähigkeiten, und da diese nicht zur Grundausbildung eines Ingenieurs zählen, ist der Prozeß zur verständlichen Musterbeschreibung in der Regel mühsam und langwierig.[20] Folgende Phasen im Werdegang eines Musters haben sich in den letzten fünf Jahren entwickelt:

1. Musterentdeckung — Pattern Mining

   Der Entwerfer reflektiert das Problem, das er in der Praxis mehrmals gelöst hat, im Medium seiner Lösung, das heißt im Quelltext oder in den Entwicklungsdokumenten der Software. Er versucht, die Essenz der immer wiederkehrenden Lösung zu charakterisieren und in Text zu fassen.

2. Musterbeschreibung — Pattern Writing

   Der Entwerfer wählt eine geeignete Musterform und füllt sie mit der Essenz der immer wiederkehrenden Problemlösung. Während der Textproduktion leiten ihn die Fragen: In welcher Entwurfssituation tritt das Problem auf? Welchen Kräften genügt die gefundene Lösung?

3. Musterbetreuung — Shepherding

   Eine weitere Person kommt ins Spiel: In der Rolle eines Hirten bespricht sie gemeinsam mit dem Autor die Musterbeschreibung inhaltlich und formal. Mehrere Revisionen sind in der Regel nötig. Am Ende steht die Empfehlung des Hirten für oder gegen die Rezension der Musterbeschreibung in einer Autoren-Werkstatt.

4. Autoren-Werkstatt — Writers' Workshop

   Eine Gruppe gleichrangiger Autoren bespricht den Text. Die Gruppenmitglieder heben die guten Textelemente hervor und üben erst danach konstruktive Kritik an der Form und der schriftstellerischen Leistung.

---

20 Was „Textverständlichkeit" ausmacht und wie man verständlich schreibt, siehe [Langer et al., 1987; Schneider, 1988, 1994] oder den Online-Artikel von Markus Nickl: http://www.thesis.de/thesis/vschreib.htm und auf der Buch-CD.

Author Review 5. Revision durch den Autor

Der Autor kehrt zurück an seinen Arbeitsplatz mit der Chance, seine Musterbeschreibung gemäß den gehörten Vorschlägen zu revidieren. Er kann die Überarbeitung dann entweder in einem weiteren Writers' Workshop begutachten lassen oder sie zur Publikation einreichen.

Pattern Repository 7. Auswahl durch einen Herausgeber

Die in Writers' Workshops begutachteten Muster werden von einschlägigen Verlagen in Online-Archiven gehalten. Aus diesen stellen Herausgeber zukünftiger Musterbücher themenbezogen eine Auswahl zusammen.

Anonymous Peer Review 8. Anonyme Begutachtung

Die letzte Revision eines Entwurfsmusters ist klassischer Art: anonym und fokussiert auf den technischen Inhalt.

Pattern Book Publication 9. Publikation in einem Musterbuch

Für die Softwaretechnik ist das die PLoPD-Reihe: Pattern Languages of Program Design [PLoPD, seit 1995]. Andere Anwendungsbereiche für Muster, wie Anforderungsanalyse, Projektmanagement oder Didaktik, werden durch monographische Musterbücher adressiert.

Im folgenden gehe ich auf die Rezensionsphasen – Shepherding und Writers' Workshop – näher ein. In der Art der Rezension unterscheidet sich die neue Schreibkultur signifikant von der akademischen Tradition.

3.1 Autoren-Werkstatt

Die Musterbewegung lebt ihre Ideale und hat folgerichtig *Mustersprachen* für ihre Charakteristik entwickelt: zum einen für das Schreiben von Entwurfsmustern [Meszaros & Doble, 1997] und zum anderen für das Begutachten von Musterbeschreibungen in Writers' Workshops [Coplien, 1997]. Ich werde reichlich aus der Mustersprache von Jim Coplien schöpfen, der sich maßgeblich für die neue Rezensionskultur in der Softwaretechnik eingesetzt hat.[21]

Zunächst eine kurze Interpretation der unterschiedlichen Schreibweisen in der anglo-amerikanischen Literatur:

„Writer's Workshop"

Die Singularform des Genitivs setzt das Werk eines einzelnen Autors in den Mittelpunkt (kein korrektes Englisch, aber weit verbreitet).

Writers' Workshop

Die Pluralform des Genitivs betont die Zusammensetzung des Workshops, übertragen: *Autoren-Werkstatt.* Diese Schreibweise unterstreicht die Bedeutung der Textrezeption und der Textrezension durch *gleichrangige* Teilnehmer (Peer Review).

Writing Workshop

Diese Schreibweise bezeichnet einen Workshop, in dem der kreative Prozeß des Schreibens – die Textproduktion – im Vordergrund steht, übertragen: *Schreibwerkstatt.* Schreibwerkstätten wurden auf der EuroPLoP 98 zum ersten Mal angeboten. Schreiberfahrene Musterautoren betreuten die Teilnehmer und ermöglichten es den meisten, ihre Musterbeschreibung soweit zu verbessern, daß die Überarbeitung noch für eine Autoren-Werkstatt akzeptiert wurde.

Die zweite Schreibweise scheint sich durchzusetzen und kommt auch der Struktur des literarischen Forums am nächsten: Ich werde also Writers' Workshop und Autoren-Werkstatt gleichbedeutend verwenden.

Struktur einer Autoren-Werkstatt

Folgende Rollen lassen sich unterscheiden:

- Hauptmoderator

  Er wird vom Programmvorsitzenden im voraus aus der Reihe der Workshop-Teilnehmer gewählt, die bereits Erfahrung mit dem Verfahren einer Autoren-Werkstatt gesammelt haben. Er ist für die Logistik-Einführungssitzung verantwortlich (etwa ½ Stunde). Hier legen die Teilnehmer die Reihenfolge der Beiträge fest und entschei-

21 Inspiriert wurde die Rezensionskultur von Richard P. Gabriel, siehe Vorwort zu [PLoPD 1, 1995].

den, inwieweit Nichtautoren an den Sitzungen teilnehmen sollen. Der Hauptmoderator achtet auf die Einhaltung der Workshop-Konventionen, moderiert die erste Sitzung und unterstützt unerfahrene Sitzungsmoderatoren.

- Sitzungsmoderator

  Er leitet die Sitzung und achtet darauf, daß sich die Teilnehmer an die Spielregeln halten, zum Beispiel keine negative Kritik während der Feedback-Runde, kein verbaler Angriff auf die Person des Autors, Wahrung seiner Würde. Der Moderator hält den Zeitplan im Auge, damit besonders die letzte Runde nicht zu kurz kommt: Dort erhält der Autor Gelegenheit, mißverständliche Kommentare klären zu lassen.

- Autor
- Gutachter (alle anderen Autoren ohne den Sitzungsmoderator)
- Zuhörer (Nichtautoren)

Sitzordnung

Die genannten Rollen verlangen eine andere Raum- und Mobiliarnutzung: Verzicht auf Tische, nur einen Stuhlkreis in der Mitte des Raumes. Wenn es der Raum zuläßt, sollte der Stuhlkreis gestaffelt werden in einen inneren und einen äußeren: Im inneren Kreis sitzen die Autoren (was optisch ihre Leistung unterstreicht; es sind ihre Beiträge, die diese Werkstatt erst ermöglicht haben). Die Autorenzahl sollte auf fünf bis sieben begrenzt sein. Im äußeren Kreis, der Galerie, sitzen die Nichtautoren.

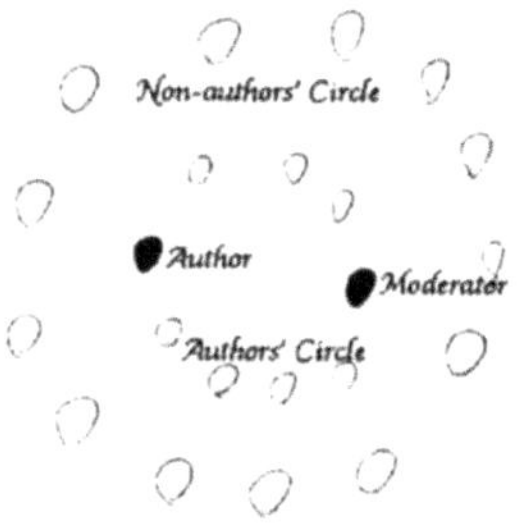

Die Skizze von Jim Coplien macht es anschaulich, und das Foto zeigt eine Autoren-Werkstatt auf der EuroPLoP 98.

Foto: Udo Borkowski

Ein ungewöhnliches Bild: Software-Ingenieure in einer Autoren-Werkstatt

Ablauf einer Autoren-Werkstatt

Sie dauert etwa eine Stunde je Muster und Sitzung. Alle Teilnehmer haben die zur Diskussion stehende Beschreibung vor Beginn der Sitzung gelesen. Im Gegensatz zu *Design Reviews* oder *Code Walk-throughs* darf der Autor in einem Writers' Workshop nur zu bestimmten Zeiten sprechen. Die meiste Zeit muß er sich passiv verhalten und ist zum Schweigen verpflichtet. Neben anderen Vorteilen, die ich weiter unten zusammenfassen werde, verhindert die passive Rolle des Autors langwierige Rechtfertigungs- und Erklärungsmonologe.

1. Der Sitzungsmoderator stellt den Autor und den Titel seiner Arbeit vor. — Begrüßung

2. Der Autor erhält die Gelegenheit, einen Abschnitt aus seiner Musterbeschreibung vorzulesen, und zwar das, was er als besonders wichtig erachtet. Durch sein Auftreten und seine Stimme erhalten die Teilnehmer einen Eindruck von der Persönlichkeit des Autors. — Lesung ≈ 3 min

„Fly on the wall" 3. Jetzt zieht sich der Autor aus dem Stuhlkreis zurück. Die Runde diskutiert fortan so, als wäre der Autor abwesend: kein Blickkontakt, keine Ansprache, nur indirekt in der dritten Person: „der Autor", „er/sie". Der Autor *hört*, was die Runde zu seiner Musterbeschreibung zu sagen hat, erwidert aber nichts, macht sich nur Notizen.

Zusammenfassung ≈ 5 min 4. Ein Teilnehmer (nicht der Sitzungsmoderator) faßt die Arbeit zusammen. Was ist die Botschaft des Musters und was leistet es? Bei Bedarf kann ein zweiter Teilnehmer eine ergänzende oder abweichende Zusammenfassung geben. Nichts wird kommentiert! Dies ist ein wichtiger Moment für den Autor, denn er erfährt, ob die Aussage seines Musters – so wie er es beschrieben hat – überhaupt den Leser erreicht, ob sein Muster verstanden wurde.

Positives Feedback ≈ 15 min 5. Die Teilnehmer sagen, was ihnen an der Arbeit gefallen hat. Es geht um die Be-*gut*-achtung des Beitrags; die inhaltlichen und stilistischen Elemente, die der Autor in der Folgeversion unbedingt beibehalten sollte, werden lokalisiert. Indem die Gutachter das Positive der Arbeit zuerst nennen, ist die Aufnahmebereitschaft des Autors für die folgenden Kommentare viel größer als umgekehrt.

Konstruktive Kritik ≈ 25 min 6. Die Teilnehmer schlagen nun vor, an *welchen* Stellen sie die Arbeit *wie* verbessern würden. Kommentare werden von den anderen Gutachtern nicht kritisiert, lediglich Zustimmung oder Ablehnung kann signalisiert werden. Der Sitzungsmoderator achtet darauf, daß möglichst jede Kritik mit einem konstruktiven Vorschlag einhergeht. Niemand übernimmt die Rolle des Autors und erwidert Kritikpunkte. Die Arbeit steht für sich. Geringfügige Verbesserungen werden in der Textvorlage notiert, besonders was die Rechtschreibung betrifft (nicht jeder ist Muttersprachler seines Textes). Auf Wunsch erhält der Autor nach dem Workshop die kommentierten Texte.

Sandwich ≈ 5 min 7. Die Teilnehmer formulieren noch einmal den positiven Gesamteindruck der Arbeit. Der erste und der letzte Eindruck sind psychologisch besonders prägend, deshalb kommt die Gutachterrunde zurück zum Anfang ihrer Begutachtung. Wie das Weißbrot eines Sandwich vor dem direkten Kontakt mit dem, was auch immer dazwischen ist, schützt, so wird der Tadel psychologisch gebettet in Lob.[22]

Rückfragen
≈ 10 min

8. Der Autor kehrt in den Stuhlkreis zurück und kann um Klärung einzelner Kommentare bitten. Er darf das Entbinden von der „Schweigepflicht“ nicht dazu mißbrauchen, um sich zu rechtfertigen oder kritische Textpassagen zu erklären. Auch sollte sich der Autor für nichts entschuldigen. Nach der Auffassung der Gruppe ist der Autor der alleinige Experte seines Musters und es liegt bei ihm, die Konsequenzen aus den Vorschlägen zu ziehen.

Danksagung

9. Alle Teilnehmer bedanken sich beim Autor für den eingereichten Beitrag (Standing Ovations). Der letzte Eindruck des Autors von *seinem* Workshop sollte unbedingt positiv sein – bei aller Kritik bleibt die Würde des Autors gewahrt.

Sitzungswechsel

10. Ein Teilnehmer erzählt etwas Belangloses, eine Anekdote, einen Witz oder ein Rätsel (Clearing the Palate). Die Autoren-Werkstatt ist *kreative* Arbeit für alle Beteiligten. Um den Kopf frei zu bekommen für die nächste Runde, ist jede Zerstreuung recht. Kreatives Schreiben und Rezensieren verlangen eine andere Art der Erholung.[23]

Foto: Udo Borkowski

5m high mushroom (still growing)

Nach dem Workshop revidiert der Autor seinen Text unter dem Eindruck des Feedbacks. Er ist nicht gehalten, alle Vorschläge in die Folgeversion aufzunehmen. Es ist sein Werk, und es ist akzeptiert, daß er der Experte seines Werkes ist. Auch können die geäußerten Kommentare widersprüchlich sein. In diesem Fall signalisieren sie dem Autor, welche Textstellen mehrere Deutungen zulassen und schon deshalb einer Überarbeitung bedürfen.

---

22 Die Sandwich-Runde wurde von Alistair Cockburn auf der EuroPLoP 98 als Erweiterung des Workshop-Procederes vorgeschlagen. Nach einer langen Phase der Textkritik empfand ich sie als besonders aufbauend.

23 Siehe die Fotosammlung von Udo Borkowski auf der beiliegenden CD-ROM.

Nach der Revision durch den Autor kann die Arbeit erneut in einer Autoren-Werkstatt rezensiert oder öffentlich in einer themenbezogenen Mailing-Liste[24] diskutiert werden. Laut dem Konsens der Musterbewegung (expressis verbis durch die Hillside Group[25]), setzt die Publikation in einem Musterbuch die Begutachtung in einer Autoren-Werkstatt auf einer PLoP- oder EuroPLoP-Konferenz voraus. Die Arbeit wird nicht unmittelbar danach publiziert, sondern in Online-Archiven der Verlage gehalten, so zum Beispiel bei Addison Wesley Longman.[26] Dort können Herausgeber zukünftiger Musterbücher themenbezogen Muster zusammenstellen und einem konventionellen *anonymen* Gutachterverfahren unterziehen. Hier werden dann schwerpunktmäßig die technischen Aspekte des Entwurfsmusters bewertet.

Bevor ich auf die Vor- und Nachteile dieser Schreib- und Rezensionskultur eingehe, erläutere ich das zweite Kriterium einer PLoP-Konferenz (mittlerweile auch für OOPSLA-Konferenzen angewandt).

Shepherding

Konferenzvorbetreuung

Shepherding ist die einschneidende Phase im Werdegang der Musterbeschreibung.[27] Der Programmvorsitzende einer PLoP-Konferenz bestellt für jede eingereichte Musterbeschreibung einen Hirten für die *Vorbetreuung* bis zur Konferenz. Hierfür wird ein Zeitfenster von sechs bis acht Wochen eingeräumt, in dem via E-Mail-Korrespondenz eine Schreibwerkstatt praktiziert wird.

---

24 http://hillside.net/patterns/Lists.html

25 http://c2.com/cgi/wiki?HillsideGroup

26 http://www2.awl.com/patterns/

27 Die deutsche Übertragung ist weniger belastet: *Patenschaft* für einen eingereichten Beitrag. Die Allegorie „Hirte" führt im Umkehrschluß in die Irre: Hirte und Schaf sind natürlich keine austauschbaren Rollen; in der Mustergemeinschaft übernimmt aber früher oder später jeder einmal die eine oder andere Rolle, ist einmal Hirte oder Schaf.

Hirtenrolle

Jeder Beitrag, soweit er die Mindestkriterien[28] erfüllt, wird betreut. Der Hirte ist ein erfahrener Musterschreiber und hat bereits mehrere Autoren-Werkstätten selbst passiert. Er begleitet den Autor in seinem Schreibprozeß mit dem Ziel, daß die Arbeit die erforderliche Reife erreicht, um in einem Writers' Workshop begutachtet zu werden. Dabei arbeitet er fachlich eng mit einem Mitglied des Programmkomitees zusammen. Beide schreiben am Ende des Shepherding ein Gutachten mit einer Empfehlung an den Programmvorsitzenden, die Arbeit anzunehmen oder abzulehnen.[29]

Ich zitiere hier die „Shepherding Hints" von Neil B. Harrison (er hat sie auf der EuroPLoP 98 als Handout verteilt) aus zweierlei Gründen im Original: zum einen ist Englisch üblich in der Mustergemeinschaft, zum anderen geben die Hinweise ein Gefühl für den Gemeinschaftssinn – den *Spirit* – der beteiligten Personen.

Shepherding Hints by Neil B. Harrison

- „First and foremost, give feedback early! You never know how much time you will need.
- Point out the good stuff. You want the author to keep it, and you want the shepherding process to be positive.
- Prioritize feedback. Start with the things that make the biggest impact. There are two considerations here. If a suggested change is strong in *either* of these, bring it up early.

  Will this cause major changes in the paper?

  Is this a fundamental problem?
- Form is important, but is the vehicle for the substance. Remember that form can help the author with the substance. For example, if the author is missing some critical background information, you can draw it out by asking about context and forces.

---

28 Unzulängliche Musterbeschreibungen kann der Hirte sofort ablehnen.

29 Mangelnde Kooperation des Autors wäre zum Beispiel ein Ablehnungsgrund.

- Focus on basic principles. Is this really a pattern? (More often: What is the pattern in here that is struggling to get out?)
- Don't force perfection. After all, there is a Writers' Workshop coming up.
- Always remember that you are only one person. So your view will be biased. Therefore, avoid doing too much. Also, avoid being too dogmatic. It's not your work.
- Avoid two shepherds of the same paper. It just doesn't work well. (I've been there!)
- Ask questions. Helpful questions are:

  So what problem is this pattern solving? (Biggie! I use it a lot.)

  Who is the audience?

  How do you do this (the solution)?

  So what? (Used judiciously, this can be powerful.)

  Why is this important? (Use with any sentence in the pattern that seems irrelevant. Especially useful with forces and context.)

  What makes this a hard problem? (You are digging for forces, especially contradictory ones.)
- Inline comments work well, if possible."

Aufwandsbetrachtung

Umfrage

Die folgenden Zitate von namhaften Musterautoren mögen ein Gefühl dafür geben, wie aufwendig das Schreiben und Rezensieren mitunter ist. Natürlich haben unterschiedliche Muster auch unterschiedliche Werdegänge; das hängt vom Umfang der Musterbeschreibung und der Schreiberfahrung seines Autors ab. Auf meine Frage, wie oft ein Muster einen Writers' Workshop (WW) durchlaufen habe, gänzlich verworfen oder neu formuliert wurde, bevor es schließlich publiziert wurde, antworteten:

✍ Erich Gamma:

Koautor von [Gamma et al., 1995]

„Writers' Workshops wurden von Richard Gabriel populär gemacht, als das GoF-Musterbuch bereits publiziert war. Wir sind aber auch durch einen ‚public' Review-Prozeß gegangen. Die Patterns des Buches waren via ftp verfügbar, und diverse Leser haben uns Feedback gegeben.

Ich glaube, wir haben für jedes Pattern mindestens 4 Iterationen gemacht (eine pro Autor). Alle Iterationen fanden per E-Mail statt, wir haben uns nur einmal für einen Tag in einem Hotelzimmer getroffen. Einige Muster haben es aus Qualitätsgründen nicht in das Buch geschafft. Eine Zahl, die mir hier in den Sinn kommt, sind 2.300 Mail Messages ..."

✍ Frank Buschmann:

Koautor von [Buschmann et al., 1996]

„5 Autoren, 17 Muster, insgesamt über 4 Jahre, davon ca. 1,5 intensiv. Das Manuskript und somit auch die Patterns wurden 3mal geschrieben, das heißt, 2 vollständige Manuskripte wurden komplett verworfen. Für die Muster des letzten Manuskripts gab es dann folgendes Procedere:

- Alpha-Version durch den Hauptautor des Musters
- Beta-Version durch den Hauptautor mit Hilfe eines Shepherds aus dem Autorenteam
- Interner 1. WW über das Pattern
- Integration der Kommentare durch den Autor
- Interner 2. WW über das Pattern
- Integration der Kommentare durch den Autor
- Veröffentlichung des Patterns auf einer Konferenz oder in unserer Mailing-Liste (externer WW)
- Integration der Kommentare
- Copyediting
- Integration der Kommentare
- Proofreading
- Integration der Kommentare

Jedes Muster ging also durch mindestens 5 weitere Stufen. Bei einigen war es aber so, daß sie nach dem 1. internen WW in ein

Neuschreiben resultierten, und die Prozedur begann von vorne. Andere waren nach dem 2. internen WW noch nicht reif für die Welt und gingen in einen 3. WW. Von den 17 Patterns gingen sicher die Hälfte durch mindestens eine Extrarunde, und 5 Patterns wurden nach dem 1. internen WW verworfen und neugeschrieben. Den Rekord machte REFLECTION mit 2mal komplett verworfen nach dem 1. internen WW und 3 internen WWs für die nun vorliegende Version."

Autor von [Riehle, 1997]

Dirk Riehle:

„ROLE OBJECT:
www.riehle.org/1997/PLoP-97-RoleObject.html
4 Leute, 7 Monate Arbeit, 1 WW auf der PLoP 97,
1 Überarbeitung.

EVENT NOTIFICATION:
www.riehle.org/1996/TAPOS-96-Event.html
1 Person, 7 Monate Arbeit, 1 WW mit Kollegen,
1 Überarbeitung.

BUREAUCRACY:
www.riehle.org/1996/EuroPLoP-96.html
1 Person, 14 Monate Arbeit, 1 WW auf der EuroPLoP 96,
2 Überarbeitungen.

SERIALIZER:
www.riehle.org/1996/PLoP-96-Serializer.html
2 Leute, 9 Monate Arbeit, 1 WW auf der PLoP 96,
1 Überarbeitung.

PRODUCT TRADER:
www.riehle.org/1996/PLoP-96-ProductTrader.html
2 Leute, 9 Monate Arbeit, 1 WW auf der PLoP 96,
1 Überarbeitung.

ENCAPSULATING CLASS TREES:
www.riehle.org/1995/PLoP-95.html
1 Person, 9 Monate Arbeit, 2 WW: 1 * PLoP 95, 1 * Kollegen,
2 Überarbeitungen.

A PATTERN LANGUAGE FOR
TOOL CONSTRUCTION AND INTEGRATION:
www.riehle.org/1994/PLoP-94.html
2 Leute, 14 Monate Arbeit, 2 WW: 1 * PLoP 94, 1 * Kollegen, 2 Überarbeitungen (dies ist dann auch noch als meine Diplomarbeit und als ein Buch bei Addison Wesley Longman erschienen, also noch mehrfach durchforstet worden).

Schreibe ich ‚x Monate Arbeit', so meint dies den Zeitraum des Schreibens, nicht die Personenmonate PM, die dort reingegangen sind. PM also vielleicht x Monate zu 20 % * Anzahl Leute."

Jens Coldewey:

Koautor von [Coldewey & Keller., 1999]

„Für unser Buch wissen wir es noch nicht. Für das, was damit zusammenhängend bisher durch die diversen PLoPs gegangen ist:

Insgesamt wohl >50 Muster (nicht alle sind veröffentlicht) über 2 Jahre, 6 WWs, davon bisher alles(!) mindestens einmal völlig neu aufgesetzt.

Erfolgreiches Shepherding hat meiner Erfahrung nach zwischen vier und sechs Iterationen. Praktisch alle Papiere, die ich bisher selbst betreut habe, sind in der Zeit komplett umgebaut worden, meistens weil die Autoren unpassende Formate verwendet haben."

3.2 Bewertung

Form versus Inhalt

Der Fokus einer Autoren-Werkstatt ist auf die *literarische* Qualität eines Textes gerichtet, die Qualität des technischen Inhalts steht nicht im Brennpunkt. In der Fokussierung des Interesses liegt also der bedeutendste Unterschied zwischen dem traditionellen anonymen Gutachterverfahren und der Autoren-Werkstatt. Selbstverständlich will auch die Mustergemeinschaft technisch wertvolle und korrekte Literatur produzieren. Für die Prüfung des technischen Wertes eines Entwurfsmusters dienen weiterhin die bekannten Verfahren, wie *Design Review* und *Code Walkthrough*.

Abseits der inhaltlichen Begutachtung lassen sich die Vor- und Nachteile der Autoren-Werkstatt im Vergleich mit konventionellen Konferenzen wie folgt skizzieren:

Vorteile der Autoren-Werkstatt

- Die Textrezeption steht im Mittelpunkt und nicht die Textinterpretation durch den Autor. Der Text steht für sich. Wie in der realen Lesepraxis hat der Autor keine Möglichkeit, seine Arbeit zu erklären oder zu rechtfertigen. Der Autor erfährt, wie verschiedene Leser allein auf der Grundlage des Textes seine Arbeit verstehen und beurteilen.

- Das offene Forum Autoren-Werkstatt fördert den Dialog zwischen Gutachtern und Autor, ohne den Respekt und die Würde der Beteiligten zu verletzen. Auch vermeidet die verbale Rückmeldung Frustration und Koordinierungsprobleme, die aufgrund der Dauer schriftlicher Gutachterverfahren auftreten (vier bis sechs Monate, bis der Autor die Gutachterkommentare erhält, sind nach meiner Erfahrung keine Seltenheit).

- Die Qualität einer Arbeit wird nicht reduziert auf „keine Einwände mehr“, sondern die Elemente, die die Qualität der Arbeit ausmachen, werden identifiziert und hervorgehoben: das macht den Unterschied zwischen „gut“ und „nicht schlecht“.

- Die Autoren-Werkstatt im organisatorischen Umfeld einer PLoP-Konferenz bietet ein Höchstmaß an Interaktion und Erfahrungsaustausch: der Autor hat direkten Zugriff auf das Erfahrungswissen anderer Fachleute. Ähnliche oder unterschiedliche Erfahrungen werden transparent.

- Aufgrund seiner passiven Rolle – verordnetes Schweigen als „Fly on the wall“ – verfällt der Autor nicht in die sonst übliche Verteidigungshaltung: Die Arbeit steht für sich – ohne Protektion seines Autors. Die Person des Autors spielt für die Textrezeption keine Rolle.

- Die Mitglieder einer Autoren-Werkstatt gutachten im wahrsten Sinne des Wortes; es gibt kein „Schlechtachten" *ohne* Verbesserungsvorschlag.

- Die Autoren-Werkstatt ist ein strukturiertes und effizientes Verfahren der Expertendiskussion: sie vermeidet Vortragsmonologe mit anschließender Rechtfertigungsdebatte.

- Eine Autoren-Werkstatt ist immer auch ein positives und nützliches Erlebnis für den Autor.

Nachteile der Autoren-Werkstatt

- Dagegen spricht vor allem der hohe organisatorische und personelle Aufwand: mehrere Diskussionen mit dem Shepherd, mehrere Autoren-Werkstätten und ein anonymes Gutachterverfahren sind nötig bis zur endgültigen Publikation in einem Musterbuch.

- Es verlangt Mut und Entschlossenheit, Entwurfswissen und Erfahrung zu enthüllen und dabei Gefahr zu laufen, einen Wettbewerbsvorteil zu verlieren. Firmeninterne Writers' Workshops sind in diesem Fall der Öffentlichkeit der PLoP-Konferenz vorzuziehen.

- Die psychologische Hemmnis, sich einem Writers' Workshop zu stellen, ist beträchtlich, denn dies bedeutet, vielfache – wenn auch konstruktive – Kritik auszuhalten *ohne* eigene Rechtfertigung.

- Technische Aspekte werden in der Regel nur auf ihre Plausibilität geprüft; hier verläßt man sich auf den Nachweis des Autors, daß sein Muster auch außerhalb seiner eigenen Erfahrung erfolgreich eingesetzt wurde (Kriterium: mindestens drei bekannte Anwendungen). Erst die Publikation in einem Musterbuch setzt mehrere unabhängige Gutachten zum technischen Wert eines Musters voraus. Wenn auch der Fokus einer Autoren-Werkstatt auf der Form liegt, können kritische Kommentare zum Inhalt signalisieren, daß der Text *kein* Entwurfsmuster beschreibt.

Ausblick

Autoren-Werkstätten in anderen Bereichen

Jede literarische Arbeit mit einem intellektuellen Anspruch braucht die Rezension – die Rückkopplung durch einen Leser, der dem Autor an Intellekt und Erfahrung nicht nachsteht. Das gilt im besonderen Maße für Texte, die verbreitet *und* verwendet werden sollen, so zum Beispiel Fachbücher, vor allem Lehrbücher eines Faches, aber auch profanere Texte, zum Beispiel solche, die für die Softwaredokumentation geschrieben wurden. Prinzipiell eignen sich Autoren-Werkstätten für alle Fachgruppen, in denen Texte nicht Selbstzweck sind, das heißt, wo die langfristige Textrezeption von Bedeutung ist. Jede literarische Textproduktion, die berufsrelevante Erfahrung *wiederverwendbar* vermitteln will, zählt hierzu.

Anmerkung zum Anhang: ETHOS: ein Lehrmuster

„The Making of"

Das Lehrmuster ETHOS hat den skizzierten Werdegang einer Musterbeschreibung durchlaufen: vom Pattern Mining über Pattern Writing, Shepherding, Autoren-Werkstatt, Online-Archivierung bis zur Publikation in einem Musterbuch [Manns et al. (Hrsg.), 1999].

Auf dem konventionellen Publikationsweg bis zur Annahme für die GI-Fachtagung „Informatik und Ausbildung" im Frühjahr 1998 gab es kaum Rückkopplung von den Gutachtern [Quibeldey-Cirkel, 1998]. Der unkonventionelle Publikationsweg dagegen – über den Writers' Workshop „Learning and Communication" auf der EuroPLoP im Sommer 1998 – brachte eine Fülle konstruktiver Vorschläge, die ich direkt oder mit etwas Aufwand in die Folgeversion übernehmen konnte.

Buch-CD

Auf einer HTML-Seite habe ich die Zwischenschritte im Werdegang dieses Musters dokumentiert: „The Making of ETHOS". Anhand der Korrespondenz und der Textrevisionen kann der Leser die Dynamik der Rezension und den Qualitätsgewinn verfolgen.

Anhang A

zu 2

ETHOS: ein Lehrmuster [1]

Lehre kontra Wissensflut

Neunzig Prozent der Wissenschaftler, die jemals geforscht und gelehrt haben, leben heute, und so verdoppelt sich das verfügbare Wissen alle sechs Jahre [Warnecke, 1993]. Die Halbwertszeit des Informatikwissens verkürzt sich rapide, und Stimmen werden laut: sie fordern eine Revision der Lehrinhalte alle fünf bis sechs Jahre [Lockemann, 1995]. Wie gehen wir mit der Wissensexplosion und der Wissensflüchtigkeit *didaktisch* um? Fakt ist, daß es an Systematiken jenseits der Enzyklopädie und Fachinformationsdienste mangelt. Didaktisches Wissen liegt diffus und kaum auffindbar im Literaturbestand unserer Fachgemeinschaft.

Wie vermittelt man Lehr-Erfahrung?

Lehr- und Lernformen der allgemeinen Didaktik werden hinlänglich diskutiert, siehe das „Handbuch Hochschullehre" [HHL, 1994]; was Lehrziele und -inhalte unseres Fachs betrifft, sei auf [Baumann, 1997] verwiesen. Im folgenden geht es um die Vermittlung didaktischer *Erfahrungen (Best Practices)* in der Softwaretechnik, diese liegen bislang nur verstreut in den Tagungsbänden entsprechender Workshops vor [Forbig & Riedewald (Hrsg.), 1997, und Vorläufer]. Die Binsenweisheit, nach der sich nur wiederverwenden läßt, was man zuvor gefunden hat, macht uns in der Praxis zu schaffen. Hier profitiert der Experte von seinem erprobten Wissen, das er stets bei sich hat. Wünschenswert wäre ein Bestand an Didaktikliteratur, in dem praxisbewährte Lö-

---

1 Das deutsche Vorwort basiert auf einem Vortrag, den ich auf der GI-Fachtagung „Informatik und Ausbildung 98" an der Universität Stuttgart gehalten habe: „Lehr-Erfahrung vermittelt durch Lehr-Muster: Ein Beitrag zur Didaktik der Informatik" [Quibeldey-Cirkel, 1998]. Der englische Beitrag erschien im Tagungsband zur EuroPLoP 98 [Quibeldey-Cirkel, 1999].

sungen organisiert vorlägen, dazu bedarf es aber einer „literarischen Form", die Erfahrungswissen wiederverwendbar vermittelt. Der folgende Beitrag widmet sich diesem Thema.

ETHOS: a Pedagogical Pattern

EuroPLoP 98: rezensierte Musterbeschreibung

This paper is organised as follows: First, I introduce the current format for pedagogical patterns and some modifications considered necessary during "shepherding" by Paul Dyson. Second, the ETHOS pattern is described in full detail. Third, I give some background information regarding the pedagogical patterns movement.

A1 Pattern Format

Taken from the home page of the pedagogical patterns project [10], the format contains the following sections:

Section	Contents or Purpose
Name	pattern name
Intent	what the instructor wants to teach, or avoid, or …
Idea	how this pattern can achieve the Intent
Motivation	describes why the instructor wants to achieve the Intent with this pattern
	Note: Think of the above three sections in the following way: "I want to (the Intent), using (the Idea), because (the Motivation)."
Indications	circumstances in which this pattern is most useful, in the opinion of the pattern author and others who have used the pattern
Contra-Indications	when not to use the pattern
Structure	description of the pattern's structure in time (and space), e.g. the sequence of instructions or students' activities
Consequences	what has been seen to occur when this pattern has been used
Issues to Consider	the pragmatics of using the pattern

Cultural Dependencies	issues which may make this pattern less useful for a particular culture
Resources Needed	the resources which are needed to implement the pattern
Known Uses	specific instances in which the pattern has been successfully used
Related Patterns	other patterns which are related to this pattern

In general, I have tried to adhere to this format. However, some modifications have been regarded necessary. First, the pattern format seems to spread problem, context, and forces over the first six sections. What is needed here is a clear *problem statement* somewhere near the beginning of the pattern description. Subverting the original format somewhat, I have inserted the problem statement in the Intent section. Second, some pattern sections have been split into how it affects and/or aids the instructor and the learner. These sections are subdivided into ☞ "instructor's perspective" and ✍ "learner's perspective". The latter one was evaluated and partly formulated by a group of postgraduate students (André Berten, Hans Peter Kunz, and Sascha Meyer) who finished a course structured in the ETHOS fashion.

A2 ETHOS

The following pedagogical pattern addresses a whole course philosophy for teaching facets of a wide-ranging engineering subject. The pattern's setting is general course design at universities.

Name

ETHOS

Intent

We teach many students that will take managerial-type positions. These positions will demand that the student has some knowledge of a wide range of subjects. Hence we need a course that covers a wide range in some detail. This is hard to do such that all topics are covered. Some areas may be overlooked, and some areas may be outside the lecturer's immediate sphere of experience.

☞ From the instructor's perspective: there is a need to structure a course of lectures, or the chapters of the manuscript that go with it, in order to maintain thematic coherency.

✍ From the learner's perspective: there is a need to comprehend a varied subject matter in its entirety.

Idea

To coherently master a variety of facets of a broad subject, you need a *mnemonic* and an *organisational* aid. This is because, on the one hand, you need to remember all the areas you should cover and, on the other hand, you need to organise your material such that these areas are covered.

Motivation

University-bred engineers will mostly take managerial-type positions where *specialisation* is of secondary value. Any technology transfer, for example, is a decision-making process that requires – besides a sound technical knowledge – a broad understanding of the economic, social, and organisational implications of the new technology. For this target group, you want to draft an introductory course about, say, object-oriented software engineering. The subject matter is to be taught in its whole spectrum *(grand tour)* avoiding pedantic and boring lectures. You choose aspects you want to elaborate upon for a longer time. In a way, you are looking for some pedagogical "spotlights" to focus the learner's attention to the principal aspects of the teaching matter. Your motive can be outlined as follows:

You want:

- ! to add variety to your lectures;
- ! to take account of all important aspects;
- ! to arrange lectures along a common thread in order to support cohesive learning;
- ! to widen the learner's perspective to include interdisciplinary aspects.

Indications

The subject matter should be one of engineering, e.g. a method for analysing, designing, and implementing large-scale systems. It is important that economic and technical aspects are present.

Check if the following points apply to your problem:

- ? the subject matter involves a *paradigm* [4], that is (1) a "higher principle" or way of thinking, typical of a certain discipline, but one which cannot be clearly formulated and which manifests itself by examples, and (2) a "disciplinary matrix" of opinions and values holding together a scientific community;
- ? you want to hold an introductory course, i.e. you don't intend to go into details.

The pattern also applies to structuring a textbook or manuscript about a wide-ranging subject.

Contra-Indications

☞ From the instructor's perspective: by favouring "breadth over depth", ETHOS could lead into a mode whereby abstracting and generalising the subject into key concepts has the side-effect of over-simplifying a rich and deep technology full of subtleties.

✍ From the learner's perspective: this could lead to underestimating the intellectual effort needed to master the concepts.

> To avoid this risk, you may confront the learner with a MISSION IMPOSSIBLE [10] that will intentionally "shock" him or her into thinking more deeply about the subject and provoke further questioning, exploration, and self-study.

Most engineering subjects are inherently technically biased. So keep in mind that ETHOS is very particular to broad courses featuring *non*-technical issues on an equal footing with technical ones.

Structure

ETHOS reminds you that a solution to an engineer's problem commonly comprises Economic, Technical, Human, Organisational, and Social aspects. As an acronym, ETHOS is strictly sequential, thus it provides a test to determine whether all relevant aspects are taken into account. The pattern's basic structure follows its initials:

E	:	economic,
T	:	technical,
H	:	human,
O	:	organisational, and
S	:	social aspects.

If several topics apply to the same aspect, subdivide the structure's individual elements by indexing, e.g. T_1, T_2 ,..., T_n (see Known Uses).

Consequences

☞ From the instructor's perspective:

- 👍 ETHOS allows kaleidoscopic lectures, i.e. being arranged in a colourful succession, each one a self-contained unit within a wide spectrum;
- 👍 it favours breadth over depth, general knowledge over specialised knowledge;

- 👍 it provides a general framework into which new topics (current developments) can easily be integrated without changing the course's basic structure;
- 👎 the lecturer has to familiarise him-/herself with all facets of the subject, this could mean a major change of view: from a specialist's to a generalist's view.

✍ From the learner's perspective:

- 👍 ETHOS supports cohesive learning: it helps to see what's what, and guards against becoming a narrow-gauged specialist;
- 👍 changing perspective on the same subject refreshes one's memory;
- 👍 it permits continuous learning: even if some lectures have been missed, the student can follow the others. Thus, ETHOS helps to encapsulate a lecture as a learning unit; with the manuscript being similarly structured, the congruence between lecture and manuscript will be hold, i.e. arbitrary cuts and context switches can be avoided;
- 👎 as a breadth-over-depth approach, ETHOS might lull the learner into a false sense of competence. Hands-on experiences and pragmatic subtleties of the subject could be easily underestimated (see Contra-Indications).

Issues to Consider

☞ From the instructor's perspective: ETHOS presupposes a deep analysis of both the subject matter and its didactic; the importance of and relationship between individual ETHOS aspects have to be made explicit. Try to visualise the ETHOS pattern with the help of typography and layout. Integrate the ETHOS aspects into the general structure of your course; do not let them stand on their own. For a concrete example, topics and the content of a course on object-oriented systems design are given in Known Uses.

Note: it is important to use *striking* teaching vehicles in the lectures such as ACQUAINTANCE EXAMPLES [1], COLOURFUL ANALOGY [1], and PHYSICAL ANALOGY [10], otherwise the individual ETHOS aspects might remain abstract and hard to remember.

✍ From the learner's perspective: the nature of ETHOS is to structure the wide spectrum of a subject in order not to lose an important aspect. Any full-scale education or training in a broad subject like object technology, for example, will require follow-up courses, accompanying lab-based exercises, group projects, etc.

Cultural Dependencies

None.

Resources Needed

None.

Known Uses

Albert Thiele first recommended the ETHOS pattern in his textbook on presentation techniques [9]. Inspired by its usefulness, I followed this pattern to condense the range of benefits of design patterns in an introductory article for a scientific journal [6].

Since 1994 I have successfully applied the ETHOS pattern to a half-year introductory course on "Object-Oriented Systems Design" annually given at the University of Siegen, Germany. The lecture is accompanied by lab-based exercises and a student project team. Topics and manuscript of the course comply with ETHOS, as shown in the following tables:

Topics of Lectures [11]

1.		Overview: ECBS "Engineering of Computer-Based Systems"
2.		Paradigms of Design in Computer Science
3.		Complexity of Designing
4.		Mastering Design Complexity
5.	E	Industrialised Software
6.	T_1	OOX: Abstracting – Partitioning – Communicating
7.	T_2	OOAD: Foundations of Analysis and Design Methods
8.	T_3	OOP: Defining and Categorising OO Programming Languages
9.	H_1	Cognitive Aspects: Designing as Human Problem Solving
10.	H_2	On the Object's Trinity: Structure – Behaviour – Constraints
11.	O	Management Aspects: Technology Transfer and Project Organisation
12.	S	A Science of Design
13.		Looking Back: FAQ and Course Evaluation

Contents of Manuscript [7]

1 Paradigm Shifts in Computer Science

- Paradigm Shifts in the Large: Kuhn's Thesis.
- Paradigm Shifts in the Small: A Time without a Method ∘ The Art of Programming vs. Software Engineering ∘ The Human Factor ∘ SA/SD vs. OOX.
- Object-Oriented World Models: Executable Models ∘ Scenario of Object-Oriented Designing.

2 The Problem: Mastering Design Complexity

- "No Silver Bullet": The Descriptive Nature of Complexity ∘ Complexity and its Dimensions ∘ Design Complexity.
- "Hopes for the Silver": The Magical Number Seven ∘ The Architecture of Complexity ∘ Divide and Conquer.

ETHOS Aspects of the Object Paradigm

3 E for Economic

- On the Way to Industrialised Software: The Principle of Locality ∘ Software Reuse ∘ Standard Class Libraries.
- Competitive Pressure: Productive Software Development ∘ Software Quality.

4 T for Technical

- Object-Oriented Concepts: Abstracting ∘ Partitioning ∘ Communicating.
- Object-Oriented Applications: Analysis and Design ∘ Programming Languages.

5 H for Human

- On the Psychology of Object-Oriented Concepts:
  Designing as Human Problem Solving ○ Cognitive Structures ○
  Scheme and Correction ○ The Contribution of the Object Paradigm.
- On the Philosophy of Object-Oriented Concepts:
  The World of Ontology ○ An Ontological Object Model.

6 O for Organisational

- Technology Transfer: Questions about the Technology ○
  Questions about the Interface between Client and Designer ○
  Questions about the Design Process ○
  Questions about Project Control ○ Questions about Staff Management.
- Aspects of Management:
  Homomorphism between Process and Product ○ Lean Management ○
  Object Management.

7 S for Social

- "The Science of Design": Creating the Artificial ○
  Curriculum of a Science of Design ○
  The Contribution of the Object Paradigm.
- Architectural Designing: Ideals of a Generalised Discipline of Design ○
  Good Designing from an Architectural Perspective ○
  The Contribution of The Object Paradigm.
- An Ontology of Design: Deep Structure: States – Events – Laws ○
  Good Designing from an Ontological Perspective ○
  The Contribution of the Object Paradigm.

A Excursions: Imagery ○ Classification ○ Inheritance vs. Encapsulation ○
"The Treaty of Orlando" ○
The Terminology of the Object Management Group.

B The Object-Oriented Method by Example: Analysis ○ Design ○
Programming.

C Tables: Literature ○ Persons ○ Glossary ○ Abbreviations ○ Index.

Related Patterns

The acronym SWOT could stand for a similar pattern for structuring a wide-ranging topic: Strengths – Weaknesses – Opportunities – Threats. I have seen it work several times as a structuring vehicle for a presentation. However, if SWOT addresses a pattern, it is still waiting to be written.

A3 Background

Design patterns and pattern languages are celebrated as a new kind of literature in the software engineering community: they help to capture, communicate, and reuse design experience in a clear and concise way. It is this *economy of expression* that has inspired instructors to use the pattern form to condense the body of knowledge in educating and training people in object technology [1-3, 5]. Like software engineering, *didactics*, too, is regarded as a design discipline: courses, lectures, exercises, and labs have all to be designed. As most instructors of object technology have not had a didactic education or training, they look for an efficient vehicle to transfer teaching experience. Pedagogical design patterns will help here. A first internet-based project has started and about 50 patterns have already been collected [10]. However, none of them has yet been reviewed in a PLoP-styled Writers' Workshop.

Gestaltungsfundus für Seminare und Lehrveranstaltungen

Since 1996, a number of pedagogical patterns workshops have been run: at ECOOP 96 in Linz, Austria, at TOOLS USA 96 in Santa Barbara, California, at OOPSLA 96 in San Jose, California. In addition, potential patterns were collected during a fourth workshop, held at the OT 97 conference in Oxford, England. There was also a large amount of interest generated after a short Educators' Symposium presentation and Birds-of-a-Feather session held at the OOPSLA 97 conference. What is still missing is the creative feedback of a *Writers' Workshop* as practised at PLoP conferences. The author of this paper is willing to incite a similar kind of workshop series for instructors of object technology in academia and industry called (Euro)PLoT: Pattern Languages of Teaching [8]. Most people attending PLoP conferences are instructors or trainers of object technology. So, EuroPLoP 98 ~~can be~~ a good start to submitting pedagogical patterns to the new writing culture. was

Acknowledgements

Many thanks to the participants of the Writers' Workshop "Patterns of Learning and Communication" at EuroPLoP 98 for their constructive feedback. Special thanks to Paul Dyson who, as "shepherd" for this pattern, provided many particularly useful comments.

References

[1] Anthony, Dana L. G.:
Patterns for Classroom Education.
Pattern Languages of Program Design 2.
Reading: Addison-Wesley 1996.

[2] Sharp, Helen; Manns, Mary Lynn; McLaughlin, Phil; Prieto, Maximo; Dodani, Mahesh:
Pedagogical Patterns – Successes in Teaching Object Technology.
ACM SIGPLAN Notices, Vol. 31 (12), Dec. 1996, pp. 18-21.

[3] Brito e Abreu, Fernando:
Pedagogical Patterns: Picking Up the Design Patterns Approach.
Object Expert, March-April 1997, pp. 37-41.

[4] Kuhn, Thomas S.:
The Structure of Scientific Revolutions.
University of Chicago 1970.

[5] Lilly, Susan:
Patterns for Pedagogy.
Object Magazine, January 1996, pp. 93-96.

[6] Quibeldey-Cirkel, Klaus:
Hot Topic: Design Patterns.
Informatik-Spektrum 19 (1996), pp. 326-327. (in German)

[7] Quibeldey-Cirkel, Klaus:
The Object Paradigm in Computer Science.
Stuttgart: Teubner 1994. (in German)

[8] Quibeldey-Cirkel, Klaus:
Transferring Teaching Experience through Patterns: A Contribution to a Pedagogy of Computer Science.
Proc. of "GI-Fachtagung: Informatik und Ausbildung", Stuttgart: Springer 1998, pp. 33-42. (in German)

[9] Thiele, Albert:
Presenting Successfully: Presentation Techniques for Managers.
Düsseldorf: VDI 1991. (in German)

Buch-CD [10] Home page of the Pedagogical Patterns Project:
http://www-lifia.info.unlp.edu.ar/ppp/index.html

[11] Home page of the author's course on Object-Oriented Systems Design:
http://www.ti.et-inf.uni-siegen.de/courses/oos/oos.html

Anhang B

zu 2

Hardware Design Patterns: Call for a Manifesto [1]

Like its software counterpart, the form of hardware design patterns should adhere to the original Alexandrian form, that is problem, context, forces, and solution [1]. However, our design issues are not as clear and illustrative as in building architecture. The descriptive complexity dominates the design of hardware artefacts [2]. Therefore, any hardware design pattern form will be far more delicately boned. Extending the Alexandrian form of architectural patterns, we advocate the following 10 sections, each one illustrated by a concrete example. The pattern form has been validated by postgraduate students for its efficacy as a learning vehicle [3].

B1 Proposal for a Hardware Pattern Form

As the nature of any hypertext document can only be experienced *on-line*, we have written some HTML pages and posted them on the Web (part of a German Master's thesis [3]). We prefer a well-known pattern, so that the discussion can concentrate on the *form* rather than on the content.

---

1 Hauptteil eines unveröffentlichen Artikels

Hardware Pattern Form	**Example** (shortened)
Pattern Name conveys the essence of the pattern succinctly; a well-chosen descriptive name or phrase is vital, because it will become part of the design team vocabulary.	Boundary Scan
Synonyms other well-known names for the pattern; everyday usage or proprietary names.	• JTAG (Joint Test Action Group) • Testability Bus • 1149.1 (IEEE Std 1149.1-1990) • BST (Boundary Scan Testing) • TAP (Test Access Port)
Classification according to a general hardware scheme, e.g. "The Five Classic Components of a Computer" by Hennessy and Patterson [4], or as stated in the example on the right.	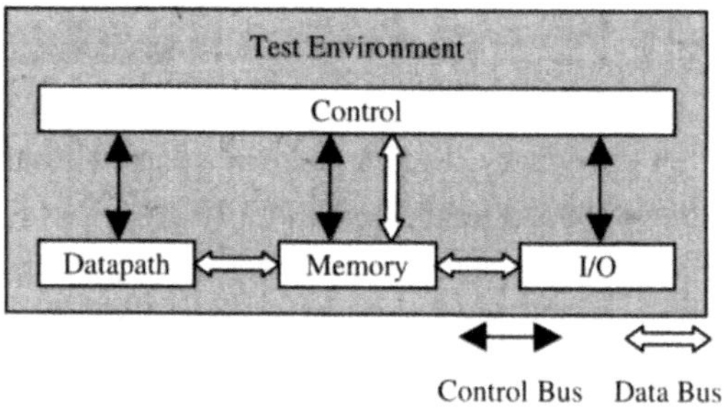 It is assumed that there is a category called "Test Environment" that is a generic term including "Means to Increase Testability". This comprises the subsets "Ad-hoc Approaches", "LSSD", "Boundary Scan", …
Problem clearly defined and illustrated by a scenario that will help to understand the more abstract description of the pattern that follows.	Increased complexity and lack of physical access to circuitry make for costly and time-consuming testing using traditional techniques. What is needed is an efficient technique to provide controllability and observability access …
Context situations in which the pattern can be applied and how these situations can be recognised, i.e. technological constraints and consequences in terms of gate equivalents, speed, or area.	The designer of any product must plan for testing at any time in the life cycle of the product. This process is called design for test. In the design phase of a hardware product, a test-friendly structure for digital circuits and boards is to be prepared for and implemented. Several conflicting forces are to be solved: • Is there sufficient chip area to host the additional test logic? • Additional testability to a product increases design time and costs, while reducing costs and design validation, manufacturing test, and system maintenance …
Solution a sketch of the general solution structure and the collaboration of its components (rough circuit and FSM diagrams, downloadable HDL raw model).	Boundary Scan is the application of a scan path at the boundary (I/O) of ICs to provide controllability and observability access by way of scan operations. The Boundary Scan Cells form a scan path between the host IC's Scan_IN pin and Scan_OUT pin …

<table>
<tr><td></td><td>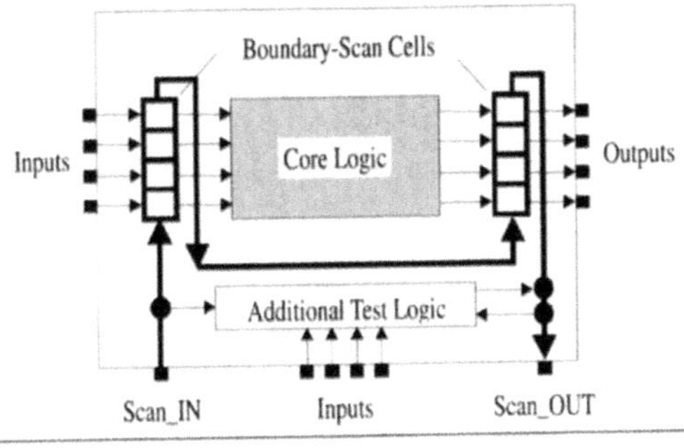
</td></tr>
<tr><td>Implementation and Simulation
pitfalls, hints, or techniques one should be aware of when implementing the pattern. In contrast to software design patterns, issues of hardware implementation are of central importance as several levels of abstraction and different domains of description have to be taken into account. We favour the Y-chart of Daniel Gajski [5] for a hypertext-based navigation through all relevant aspects of implementation (see the diagram on the right where you can reach each node with a mouse click).</td><td>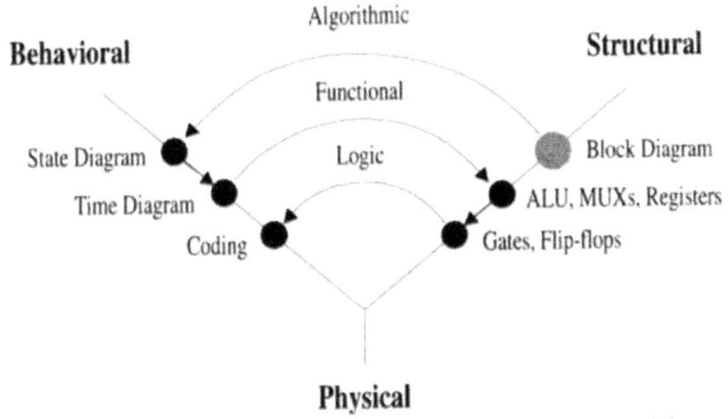

The Y-chart of Boundary Scan illustrates the levels of abstraction and the domains of description available. The arrows indicate the recommended line of procedure for learning the pattern and implementing it. All nodes are hyperlinks to other HTML pages where concrete details (simulation model, test bench, etc.) can be found. Additional pages of implementation aspects can be easily linked to this Y-chart …</td></tr>
<tr><td>Known Uses
examples of the pattern found in real systems preferably taken from different domains (hyperlinks to commercial applications).</td><td>• Xilinx XC4000/5000
• SN74BCT8244, SN74BCT8245, SN54BCT8245, ...
• http://www.ti.com/sc/docs/jtag/jtaghome.htm
• http://www.corelis.com/products/scantest.html
• …</td></tr>
<tr><td>Related Patterns
important differences; patterns that should be used in the resulting context of the one given.</td><td>yet to be described</td></tr>
<tr><td>References
especially hyperlinks to on-line literature about the pattern, e.g. tutorials, primers, presentations.</td><td>• IEEE 1149.1 (JTAG) Testability Primer from Texas Instruments: http://www.ti.com/sc/docs/jtag/jtag2.htm
• IEEE Standard Test Access Port and Boundary Scan Architecture, IEEE Std 1149.1-1990 (Includes IEEE Std 1149.1a-1993), IEEE Standards Board, New York, NY, October 1993.
• H. Bleeker, P. van den Eijnden, and F. de Jong, Boundary Scan Test: A Practical Approach,. Kluwer Academic Publishers, Dordrecht/Netherlands, 1993.
• C.M. Maunder and R.E. Tulloss, The Test Access Port and Boundary Scan Architecture. IEEE Computer Society Press, Washington, 1990.</td></tr>
</table>

B2 Call for a Pattern Language Manifesto

We have taken a position, not so much expecting it to be the final word but more to erect a provisional landmark to orient further debate. The software community already celebrates the pattern form which is gaining acceptance at nearly every object-oriented conference or workshop. To stay in the mainstream of designing, we would like to incite the community of hardware designers to follow the pattern movement and to take full advantage of the pattern form. It is a promising vehicle for documenting and transferring best design practices in an organised and succinct way.

Note: novelty is *not* on the agenda of the pattern community. What is associated with the design pattern term is an "aggressive disregard for originality". We seek to capture long-proven ideas in patterns. This certainly breaks with the cultural norms of academia and most R&D organisations that reward innovation, invention, and novelty.

With pattern books, we would stay within the mainstream of the traditional documenting of the best design practices: the literary kind of a pattern book has long been established in craftsmen's trades. The use of pattern books goes back to the *Masonic lodge* of former times. The last century saw hundreds of pattern books for the skilled trades. They have captured the craftsmen's experiences of the past and handed them down to the present. So, where are we with our modern skilled trades, such as hardware engineering? Design experience today is mainly documented in application notes and data sheets. The textbooks of our design expertise are spread over countless library shelves, or what is worse, most of our current design expertise is shut up in the heads of experts. With the help of hardware pattern books, we could do much better: for more economical teaching and communicating, practice-proven designs should be taught, and innovative designs should be published in the pattern form.

Herewith, the community of hardware designers is called upon to debate a *manifesto* of what constitutes an adequate pattern form and, finally, pattern languages for HDL driven design.

References

[1] C. Alexander, S. Ishikawa, M. Silverstein, M. Jacobson, I. Fiksdahl-King, and S. Angel:
A Pattern Language: Towns, Buildings, and Construction.
Oxford University Press, New York, 1977.

[2] K. Quibeldey-Cirkel:
The Object Paradigm: A Methodic and Operational Approach to Construct Consistent VLSI World Models.
Ph. D. thesis, Tectum, Marburg, 1995.

[3] N. Hombach:
Design of a Hardware Pattern Book.
University of Siegen, Institute of Computer Engineering, Master's thesis, 1996.

http://www.ti.et-inf.uni-siegen.de/Diplom/NHombach/bs_pages/bs_start.htm Buch-CD

[4] J. L. Hennessy and D.A. Patterson:
Computer Organisation & Design: The Hardware-Software Interface.
Morgan Kaufmann, San Francisco, 1994.

[5] D. D. Gajski (ed.):
Silicon Compilation.
Addison-Wesley, Reading, MA, 1988.

Kapitelwechsel

Von der Breite in die Tiefe

Dienten die vorigen Kapitel dazu, die Gesamtperspektive auf die Musterbewegung zu erfassen und das Gesichtete zu sammeln und zu ordnen, so widme ich mich im letzten Kapitel einem zentralen Forschungsthema – dem mustergestützten Entwerfen und Dokumentieren.

Mein Ansatz geht zurück auf die Arbeiten von Donald E. Knuth zu „Literate Programming“ und erweitert diese um die Belange der Entwurfsphase zum *Literate Designing*. Die Ergebnisse wurden in Industrieprojekten gewonnen und als Erfahrungsbericht der ECOOP-Fachgemeinschaft zur Diskussion gestellt.

Hinweis auf den Anhang zu Kapitel 3

- Im ersten Anhang demonstriere ich die praktische Umsetzung des *Literate Designing* an der Dokumentation eines Frameworks für Fertigungsanlagen: OSEFA.
- Auf der EuroPLoP 98 organisierte ich einen Expertenworkshop zum Thema „Pattern-Aided Software Documentation“. Über den hier eruierten Stand der Technik berichtet der zweite Anhang.
- Schließlich findet sich dort auch eine Projektskizze; sie beschreibt, wie derzeit die Forschungsergebnisse zum verzahnten Entwerfen und Dokumentieren überführt werden in eine Werkzeugumgebung mit kommerziellen Komponenten.

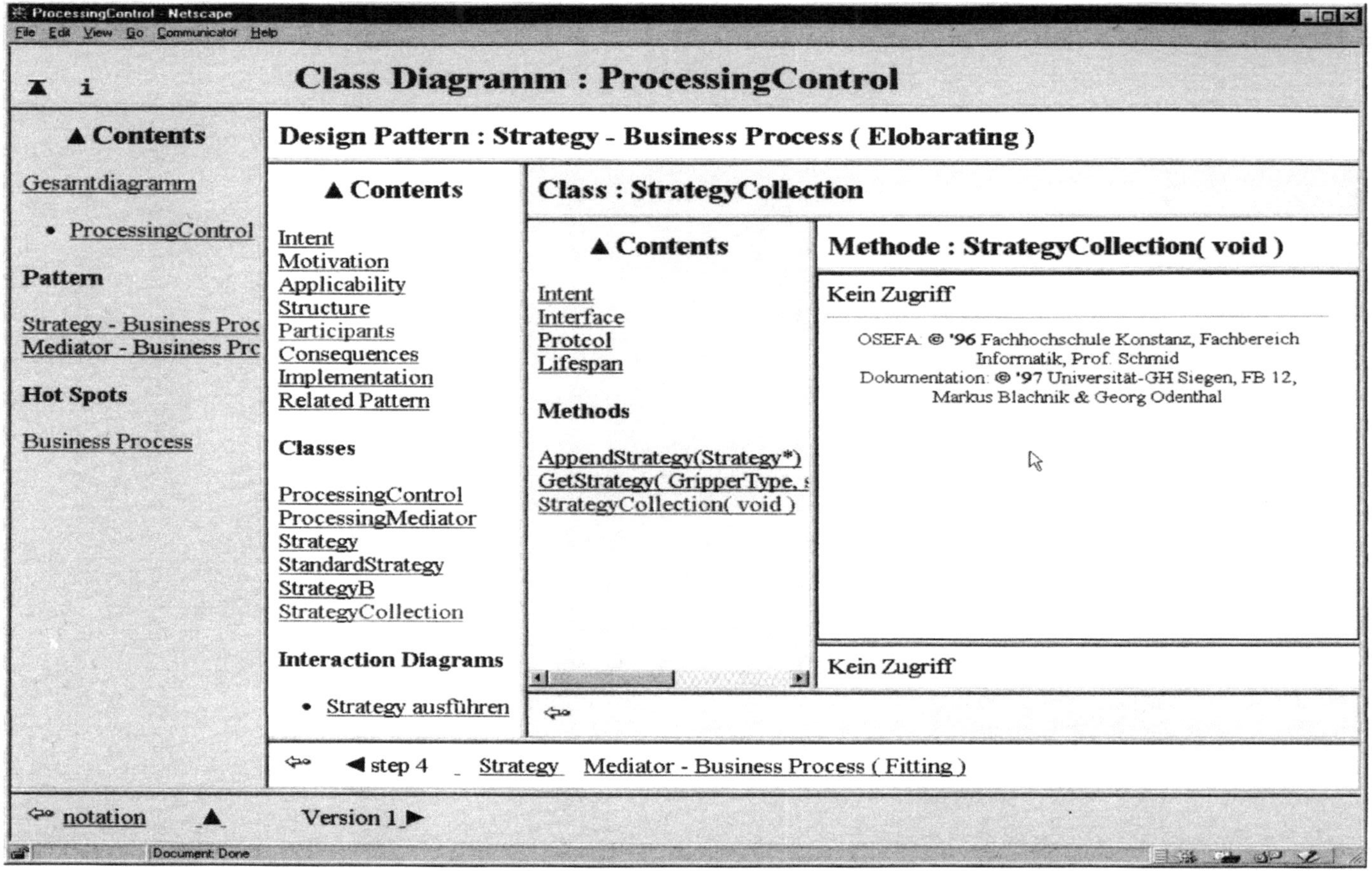
ProcessingControl - Netscape
File Edit View Go Communicator Help
Class Diagramm : ProcessingControl
▲ Contents
Gesamtdiagramm
ProcessingControl
Pattern
Strategy - Business Proc
Mediator - Business Prc
Hot Spots
Business Process
Design Pattern : Strategy - Business Process (Elobarating)
▲ Contents
Intent
Motivation
Applicability
Structure
Participants
Consequences
Implementation
Related Pattern
Classes
ProcessingControl
ProcessingMediator
Strategy
StandardStrategy
StrategyB
StrategyCollection
Interaction Diagrams
Strategy ausführen
Class : StrategyCollection
▲ Contents
Intent
Interface
Protcol
Lifespan
Methods
AppendStrategy(Strategy*)
GetStrategy(GripperType,
StrategyCollection(void)
Methode : StrategyCollection(void)
Kein Zugriff
OSEFA: © '96 Fachhochschule Konstanz, Fachbereich Informatik, Prof. Schmid
Dokumentation: © '97 Universität-GH Siegen, FB 12, Markus Blachnik & Georg Odenthal
Kein Zugriff
◀ step 4
Strategy
Mediator - Business Process (Fitting)
notation
Version 1 ▶
Document: Done

Kapitel 3

Kapitel 3

Entwerfen und Dokumentieren mit Mustern [1]

Die Verzahnung zwischen Entwerfen und Dokumentieren ist ein Merkmal reifer Ingenieurwissenschaften. In der Hardwaretechnik ist ein Schaltplan Ergebnis des Entwerfens und zugleich Medium des Dokumentierens. Die Softwaretechnik hingegen befriedigt diesen Anspruch kaum, besonders wenn es gilt, eine Programmarchitektur wartungsfreundlich zu dokumentieren. Entwurfsmuster helfen hier: Indem wir ihre Form *und* ihren Inhalt gleichzeitig nutzen, fördern sie das Prinzip „Documenting by Designing". Im folgenden erkläre ich das Prinzip an Beispielen aus einem Evaluierungsprojekt mit der SAP AG in Walldorf. Anspruch

Das Hauptargument für unseren Ansatz des Dokumentierens zielt auf die *duale* Natur eines Entwurfsmusters: es ist sowohl generativ, die Lösung erzeugend, als auch deskriptiv, die Lösung beschreibend. Kent Beck und Ralph Johnson weisen die Richtung: Ansatz

1 Beruht auf Beiträgen zur ECOOP 97 in Jyväskylä, Finnland, und zu einer Tagung des Fraunhofer Instituts für Software- und Systemtechnik (ISST) in Potsdam [Odenthal & Quibeldey-Cirkel, 1996, 1997].

„Alexander's patterns are both a description of a recurring pattern of architectural elements and a rule for how and when to create that pattern ... We call patterns like Alexander's that describe when a pattern should be applied ‚generative patterns'."

[Beck & Johnson, 1994]

Das Attribut „generativ" deutet auf den Inhalt eines Entwurfsmusters, das heißt auf die immer wiederkehrende Lösungsstruktur, zum Beispiel auf einen Klassenverband, der eine Mikro-Architektur bildet. Das Attribut „deskriptiv" bezieht sich auf die Form eines Musters, also auf die Art und Weise, wie wir diese Lösungsstruktur einfangen und als strukturierte Prosa im Format Problem-Kontext-Kräfte-Lösung verfassen. Die *Dualität* eines Musters, seine Wechselfunktion zwischen Form und Inhalt, haben wir beim Dokumentieren von Software als nützlich erfahren.

1 Motto: „Literate Designing"

TEX, WEB, WWW ...

Donald E. Knuth prägte den Begriff *Literate Programming* in den 80er Jahren [Knuth, 1992]. Der Leitsatz seiner Methode lautet: Schreibe ein Programm nicht nur für den Compiler, sondern denke an seinen Leser! Literate Programming kombiniert eine Programmiersprache wie Pascal mit einer Dokumentationssprache. Aus einer Textquelle kann beides erzeugt werden: die Dokumentation und der ausführbare Code. Knuth programmierte auf diese Weise sein Satzsystem TeX und dokumentierte es auch so.[2]

„The structure of a software program may be thought of as a web that is made up of many interconnected pieces. To document such a program we want to explain each individual part of the web and how it relates to its neighbours. The typographic tools provided by

2 Erste Ideen zur Verschmelzung von Prosa und Programm finden sich in [Brooks, 1975]. Eine Renaissance erlebt Literate Programming in den Java-Bibliotheken: Hier extrahiert das Werkzeug Javadoc speziell kenntlich gemachte Kommentare aus dem Quelltext und erzeugt daraus eine HTML-Seite. Mit „Extreme Programming" minimiert dagegen Kent Beck Knuths literarischen Anspruch: Während Literate Programming dazu auffordert, Literatur statt Code zu schreiben, stellt Extreme Programming den Code in den Mittelpunkt: Schreibe selbsterklärenden Code, aber dokumentiere nur soviel wie nötig! Siehe: http://www.armaties.com/extreme.htm.

TeX give us an opportunity to explain the local structure of each part by making that structure visible, and the programming tools provided by languages such as C or Fortran make it possible for us to specify the algorithms formally and unambiguously. By combining the two, we can develop a style of programming that maximises our ability to perceive the structure of a complex piece of software, and at the same time the documented programs can be mechanically translated into a working software system that matches the documentation.“

Donald E. Knuth, Literate Programming FAQ[3]

Den Ansatz weiterführen …

Alle hier geäußerten Aspekte empfehlen sich auch für die Entwurfsphase, aus der heraus heute Programme entwickelt werden:

- Hypertext als Zugriffs-Struktur:[4] Die Dokumentation eines Objekts soll frei zugänglich und nützlich sein für verschiedene Leser, wie Autor, Gutachter, Wartungsprogrammierer und Anwender.
- Begriffliche Nähe: Die Dokumentation eines Objekts muß sich mit dem Objekt am selben Ort befinden.
- Automatisierung: Verzahntes Entwerfen und Dokumentieren setzt gutes Werkzeug voraus, damit es praktiziert wird.

Hinweis auf den Anhang

Es ist deshalb naheliegend, den Ansatz Literate Programming weiterzuführen auf die Entwurfsebene zum „Literate Designing“. Das genau ist Gegenstand dieses Kapitels. Den Werkzeugaspekt des letzten Punktes greife ich im Anhang auf. Dort ist zum einen belegt, wie eine verzahnte Dokumentation für den Framework-Entwurf im Ergebnis aussieht (Projekt zur HTML-basierten Dokumentation eines Frameworks aus der Fertigungstechnik). Und zum anderen findet sich dort eine Projektskizze, wie eine entsprechende Werkzeugumgebung mit kommerziellen Komponenten verwirklicht werden kann.

---

3 http://www.ius.cs.cmu.edu/help/Programming/literate.html

4 Donald E. Knuth benutzte den Begriff „web“ lange bevor CERN das „World Wide Web“ erfand. WEB heißt sein Werkzeug, mit dem er die Programme TeX und MetaFont entwarf und dokumentierte.

1.1 Das Leitmotiv: „Documenting by Designing“

Dokumentation als Nebenprodukt

In reifen Ingenieurwissenschaften ist der Entwurf eines Artefakts mit seiner Dokumentation verzahnt. So bekommen Architekten und Elektro-Ingenieure einen Großteil ihrer Produktdokumentation *en passant*, als Nebenprodukt des Entwerfens. Der Grund leuchtet ein: Schalt- und Baupläne beschreiben *materielle* Artefakte – Hardware, wie Gebäude und Schaltungen. Deren Strukturen sind als geometrische Modelle oder Diagramme leicht erfaßbar; sie fallen ins Auge. Der Modus des Entwerfens ist der Modus des Dokumentierens. Software-Ingenieure dagegen kämpfen mit *immateriellen* Konstruktionen: einer Mixtur aus Datenstrukturen, Algorithmen und Funktionsaufrufen.

Erster Ansatz: semantische Behälter

Auch wenn sie heute über anschauliche Konstruktionen verfügen, wie die Vererbung oder Polymorphie, vermissen Software-Ingenieure *architektonische* Ausdrucksmittel mit eindeutiger Semantik. *Categories* [Booch, 1994], *Subjects* [Coad & Yourdon, 1991], *Clusters* [Meyer, 1997] oder *Packages* [UML, 1998] sollen zwar helfen, semantisch zusammengehörige Klassen zu gruppieren, leider werden sie in praxi so nicht verwendet. Ihr Wert als architektonisches Vehikel ist gering, da sie zu Ad-hoc-Behältern verkümmern: Was in sie gelegt wird, unterliegt der Willkür des Entwerfers. Der Mangel an architektonischen Ausdrucksmitteln beantwortet, warum Klassenbibliotheken und besonders Frameworks schwierig zu entwerfen, zu verstehen und zu warten sind. Bild 1 zeigt ein Beispiel.

Muster als Vehikel & Medium

Es war der visuelle Mangel an Formen außerhalb der Klassengrenze, der den Wunsch nach einem „Architektur-Handbuch der Softwaretechnik“ weckte, zuerst artikuliert auf der OOPSLA-Konferenz 1991. Und es war der Framework-Kontext, in dem Entwurfsmuster ursprünglich identifiziert wurden – für Zwecke des Dokumentierens, siehe hierzu Erich Gammas Dissertation [Gamma, 1992]. Die Autoren des bekanntesten Musterbuchs sammelten ihre Erfahrungen in der Entwicklung und Dokumentation ihrer Frameworks: ET++, UniDraw und InterViews [Gamma et al., 1995]. Von Anfang an wurden Entwurfsmuster als Vehikel *und* Medium genutzt, um *Mikro-Architekturen* zu entwerfen und zu dokumentieren, und zwar in der Absicht, daß andere sie leicht wiedererkennen und wiederverwenden.

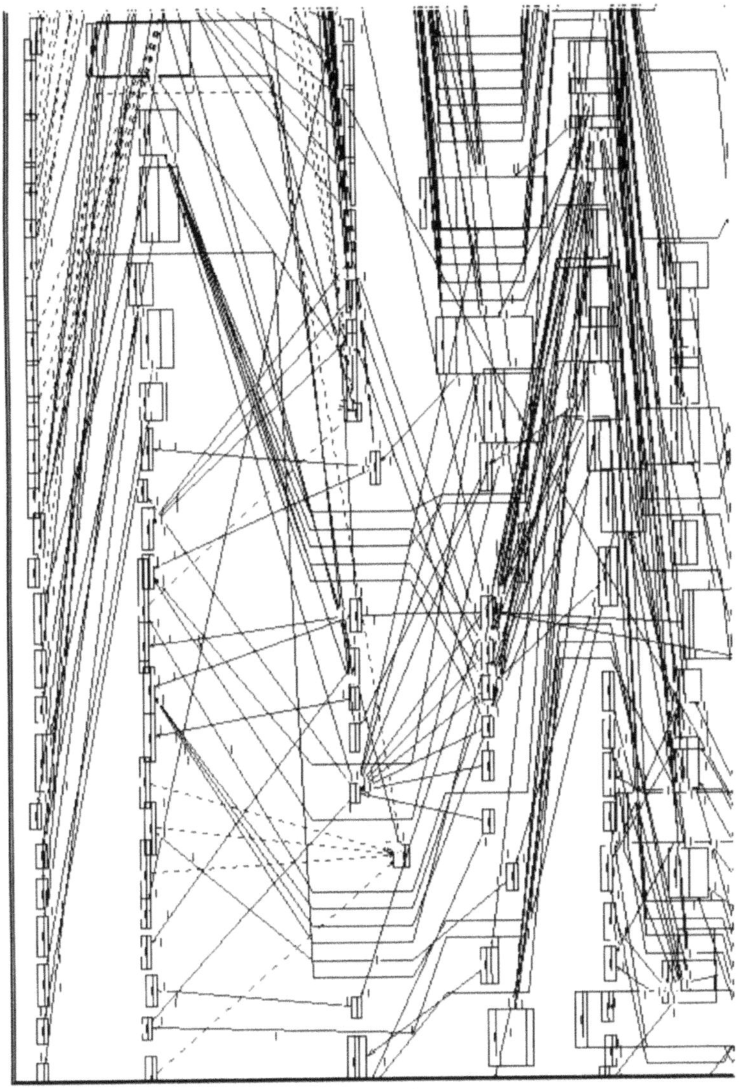

Bild 1:
Visueller Mangel an Struktur und Orientierung

Zu „sehen" ist ein Ausschnitt aus der automatischen Nachdokumentation des OSEFA-Frameworks (gleiches Verfahren wie in Bild 7 auf Seite 20).

Im Anhang zeige ich die Dokumentation zu OSEFA nach dem Verzahnungsprinzip.

Indem sie eine Formebene oberhalb der Klassenebene einführen, reduzieren Muster die Komplexität der Systembeschreibung. Dies wurde von Skeptikern als eine weitere Stufe der *Indirektion* gewertet, soll heißen als Nachteil. In Sachen Dokumentation überwiegen aber die Vorteile: Dokumente sind lebende Produkte, die sich parallel zum Entwurfszyklus entwickeln. Muster auf beide Arten zu nutzen – generativ und deskriptiv – führt auf das Prinzip „Documenting by Designing".

1.2 Das Wechselspiel: Form versus Inhalt

Gutes Dokumentieren

Wenn *wir* [5] die Musterform in den Dienst der Softwaredokumentation stellen, sollten wir Antwort geben können auf die Frage: Was macht eine *gute* Dokumentation aus? Fassen wir die Literatur und unsere eigenen Erfahrungen zusammen, so können wir folgendes behaupten: Das Merkmal guter Softwaredokumentation ist ein *Mix* aus alltagssprachlicher und formaler Beschreibung, aus Grafik und Text. Aus der Praxis weiß man, daß Entwerfer rigide Beschreibungsformalismen meiden. Anderseits hemmt auch das Dokumentieren in ungebundener Sprache, ein Beispiel ist die psychologische Schreibhemmung angesichts einer leeren Seite. Zusätzlich verbinden viele Entwerfer bürokratische Handlungen mit der Pflicht des Dokumentierens. Hinzu kommt, daß es kaum eine systematische Rechnerunterstützung gibt, um in Prosa zu dokumentieren; CASE-Werkzeuge beschränken sich auf das fragmentarische und unverbindliche Annotieren einzelner Entwurfskomponenten.

Dokumentieren in der Musterform

Im Gegensatz zu den traditionellen Mitteln der Dokumentation (Use Cases, CRC-Karten, Klassen- und Zustandsdiagramme) weist die Musterform als strukturierte Prosa eine Reihe von Vorzügen auf: sie ist systematisch, im guten Sinne disziplinierend, in sich abgeschlossen und intuitiv verständlich. Welche Musterform angewandt wird, kann meist nach eigenem Gusto entschieden werden: zur Wahl stehen narrative Prosastile, wie der Stil von Christopher Alexander oder den Autoren der Portland-Muster, oder schematisierte Formen, wie die Gamma-Form (siehe die Tabellen auf Seite 58). Gamma-Muster scheinen der Schreibmentalität des Ingenieurs besser zu entsprechen. Darüber hinaus können Dokumente, strukturiert in dieser Form, direkt unterstützt werden durch Hypertext-Techniken und Retrieval-Systeme. Im Gegensatz zu Papierdokumenten ist ein feinkörniges und konsistentes Informationssystem denkbar.

---

5 An dieser Stelle wechsle ich bewußt vom auktorialen *Ich* zum bescheidenen *Wir* (Pluralis modestiae). Meine Diplomanden, Georg Odenthal und Markus Blachnik, haben das von mir formulierte Prinzip in empirischen Studien umgesetzt und validiert: Georg in seiner Diplomarbeit bei der SAP AG in Walldorf [Odenthal, 1996] und Markus in seiner Diplomarbeit in Kooperation mit der FH Konstanz [Blachnik, 1997]. Der Volltext beider Arbeiten ist auf der Buch-CD.

Wechselspiel: Form vs. Inhalt

Form und Inhalt eines Entwurfsmusters stimulieren gleichermaßen Entwerfen und Dokumentieren. Die Musterform *strukturiert* das Dokument, der Musterinhalt hat Vorbildfunktion und *motiviert* zum Nachahmen. Die Vorbildfunktion des Entwurfsmusters drängt den Entwerfer zur *Reflexion* seiner eigenen Entwurfsentscheidung; entweder stützt er seine Entscheidung auf die im Muster dokumentierte, oder er beschreibt, warum und wie er davon abweicht. Was immer er auch tut, er dokumentiert! Wir wollen diesen Punkt dem Leser an einem Beispiel verdeutlichen:

Beispiel

Die Gamma-Musterform umfaßt 13 Abschnitte, unter anderem Anwendbarkeit, Konsequenzen und Implementierung. Wenn Sie nun ein Muster dieser Form in Ihrem Entwurf ausprägen wollen, werden Sie sich zunächst auf die ursprüngliche Musterbeschreibung beziehen. Wenn Sie dann die Klassenstruktur dokumentieren, die sich aufgrund der Musterausprägung in Ihrem Entwurf ergibt, werden Sie erneut auf die ursprüngliche Musterbeschreibung verweisen. Sie validieren, rechtfertigen oder verwerfen Ihre Entscheidung selbstkritisch. Indem Sie Ihre Überlegung in der Musterform dokumentieren, überdenken Sie ein zweites Mal die Gültigkeit Ihrer Überlegung.

Nehmen wir zum Beispiel den Abschnitt Anwendbarkeit: Erkennen Sie dort Ihre eigene Entwurfssituation wieder? Paßt Ihr Entwurf auf den Kontext des Musters? Oder nehmen Sie den Abschnitt Konsequenzen: Welche Vorteile, welche Nachteile bringt die Ausprägung des Musters mit sich – in Ihrem besonderen Entwurfskontext? Welche Aspekte Ihres Entwurfs werden durch die Musterausprägung variabel gehalten? Oder der Abschnitt Implementierung: Welche potentiellen Fallstricke oder sprachspezifischen Besonderheiten sollte der Wartungsprogrammierer kennen, wenn er die Beschreibung liest?

Fazit

Somit hilft neben der Musterform auch der Inhalt eines Musters beim Erstellen der Entwurfsdokumente. Schließlich wird sich Ihre Erfahrung in der Anwendung eines Musters auf das ursprüngliche Muster zurückwirken (wir werden diese Rückkopplung im Abschnitt 3.1 über Hypertext-Dokumentation diskutieren). Die *Wechselfunktion* eines Musters – generativ versus deskriptiv – läßt Form auf Inhalt folgen und umgekehrt. Das Dokumentieren in der Musterform hilft somit, eigene Entwurfsüberlegungen zu rechtfertigen, sich selbst gegenüber und gegenüber anderen, und es offenbart womöglich Entwurfsalternativen, an die man sonst nicht gedacht hätte.

2 Entwerfen mit Mustern

Wie passen Entwurfsmuster in die Vorgehensweise der Software-Entwicklung? Folgen wir unserem Prinzip „Documenting by Designing", können wir zwei auf Muster bezogene Handlungen im Entwicklungszyklus unterscheiden:

Bild 2: Musterbezogene Handlungen

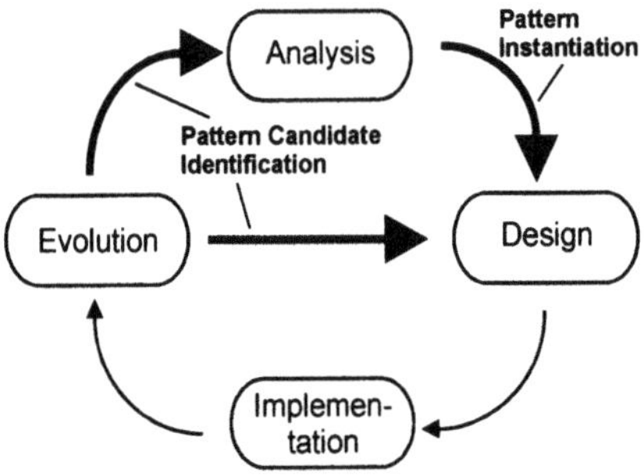

Pattern Instantiation

1. Ausprägen eines Musters

   Die in der Praxis übliche Handlung: Man sucht nach einem geeigneten Entwurfsmuster, überträgt die *Rollen*, welche die Klassen in der Lösungsstruktur des Musters spielen, auf Klassen seiner Anwendung, um so einen Teil des Entwurfs zu erzeugen. Dieser Vorgang wird aus der Analysephase angestoßen.

Pattern Candidate Identification

2. Erkennen oder Identifizieren eines Musterkandidaten

   Eine in der Praxis wenig verbreitete Handlung: Man will einen bestimmten Aspekt seines fertigen Entwurfs *flexibilisieren*, lokalisiert dazu den fraglichen Teil der Klassenstruktur und prägt an dieser Stelle ein bekanntes Muster aus, das die gewünschte Flexibilität in den Entwurf einbringt. Schwächen, erkannt durch *Design Inspections* und *Code Walk-throughs*, oder veränderte Anforderungen können Motive für dieses Vorgehen sein.

Muster und Reverse-Engineering

Eine weitere Handlung, die wir erst im Abschnitt 3 verfolgen, bezieht sich auf die Dokumentation: In bewährten Entwürfen stecken mitunter eine Reihe von Mustern, vom Autor bewußt oder unbewußt eingesetzt. Dokumentiert man sie, gewinnt der Entwurf in zweifacher Weise: zum einen technisch durch seinen dann höheren Grad der Wiederverwendbarkeit und zum anderen didaktisch durch einen leichteren Zugang für den Laien. Das populäre InterViews-Framework wäre zum Beispiel ein lohnender Kandidat für die Nachdokumentation.[6] Es wurde mit Entwurfsmustern entworfen; deren Verwendung und die resultierenden Ausprägungen blieben jedoch bis dato (soweit wir wissen) undokumentiert.[7]

Muster ≠ Methode

In den folgenden Abschnitten beschreiben wir die ersten beiden Handlungen im Kontext realer Entwurfsbeispiele. Zuvor noch ein Einwurf: Die Autoren der Standard-Musterbücher weisen unisono darauf hin, daß Entwurfsmuster allein keine Entwurfsmethode bedeuten. Das ist richtig. Methodisch sind sie dennoch bedeutsam: Als Problem-Lösungs-Paare leiten und konkretisieren sie Entscheidungsprozesse, die sonst unbewußt und ad hoc verliefen. Im folgenden wollen wir diese *Leitfunktion* an Beispielen verdeutlichen. Wir bekräftigen dabei das wenig verbreitete Erkennen oder Identifizieren eines Musterkandidaten. Auch werden wir argumentieren, daß es durchaus opportun sein kann, die ursprüngliche Flexibilität eines Musters bei seiner Ausprägung zu stutzen.

Das Evaluierungsprojekt

SAP AG, Walldorf

Projektziel war die Entwicklung einer objektorientierten Schnittstelle zwischen dem SAP-R/3 Business Object Repository, kurz BOR, und der Open Scripting Architecture, kurz OSA, von Apple/IBM. OSA ist vergleichbar mit Microsofts OLE Automation. Salopp gesagt, ging es darum, R/3 OSA-fähig zu machen. Das Business Object Repository verwaltet die Geschäftsobjekte, die im SAP Business Workflow verwendet werden. Geschäftsobjekte ermöglichen den objektorientierten Zugriff auf R/3-Daten. Mit Hilfe des

---

6 Mehrere Gamma-Muster zitieren das InterViews-Framework im Abschnitt „Bekannte Anwendungen".

7 Anders im Fall des HotDraw-Frameworks: Hier werden gezielt die verwendeten Muster und ihre konkreten Ausprägungen beschrieben, zum einen um die Wiederverwendung zu unterstützen (Muster dokumentieren die Anpassungsstellen) und zum anderen um das Verständnis zu fördern (Muster erklären den Umgang und die Anpassung) [Johnson, 1992; Meusel et al., 1997; Chai, 1998].

Business Object Repository definiert der Anwender Objekttypen aus Datenbankfeldern und ABAP-Funktionen (analog zur Kapselung der Attribute und Operationen einer Klasse).

Bild 3: Komponenten des OSA-Servers

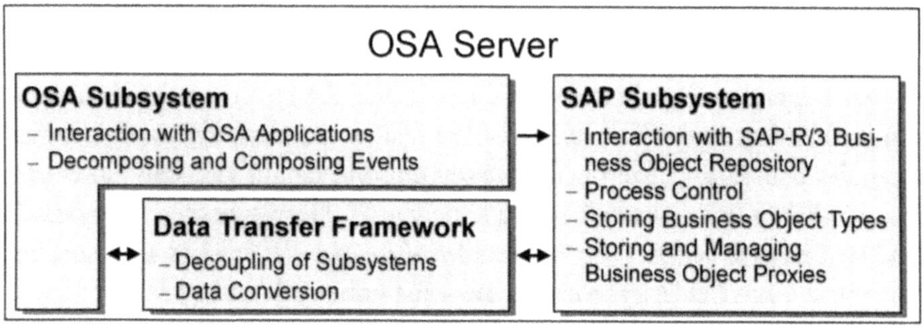

Das Projekt sah von Anfang an den Einsatz von Gamma-Mustern vor – sowohl im Entwurf als auch bei der Dokumentation. Bild 3 zeigt die Komponenten, die im Projekt entstanden. Zwei davon, „Storing Business Object Types" und „Process Control", dienen hier als Beispiele für musterbezogene Handlungen.

2.1 Muster ausprägen und finden

Wir haben zwei musterbezogene Handlungen unterschieden: zum einen Entwerfen mit Mustern und zum anderen Flexibilisieren durch Muster. Die erste Handlung ist herkömmlich, sie impliziert das *Ausprägen* eines Musters.[8] Die zweite ist weniger üblich, wir sagen auch: „Erkennen oder Identifizieren eines Musterkandidaten". Damit meinen wir allerdings kein *Pattern Mining*, denn wir wollen keine neuen Muster entdecken und aus dem Code graben (vergleiche mit dem Werdegang eines Entwurfsmusters auf Seite 64). Vielmehr untersuchen wir eine Klassenstruktur daraufhin, ob sie durch Einbringen eines bekannten Musters an Flexibilität gewinnt; dieses Muster gilt es zu *finden*.

---

8 Im Englischen „instantiating a pattern"; den falschen Freund „instantiieren" meiden wir bewußt: Anglizismen in der Informatik gibt es zuhauf.

Beide Handlungen können wir in vier Arbeitsschritte unterteilen: Die ersten beiden adressieren Entscheidungsprobleme, die anderen Strukturänderungen. Nota bene: Die Schritte stellen keine Entwurfsmethode dar – wir wollen lediglich die kognitiven und technischen Prozesse im Umgang mit Mustern transparent machen.

1. Der Entwerfer sucht ein geeignetes Entwurfsmuster in einem Musterbuch oder versucht, einen Musterkandidaten im Entwurf zu identifizieren. Das Ausprägen eines Musters findet in der Initialphase eines Entwurfs statt, das Identifizieren eines Kandidaten dagegen in der Schlußphase, wenn erste Erfahrungen mit dem Prototypen vorliegen. Ein Beispiel für die Schlußphase: Die Eigenschaft einer Komponente erweist sich in der Praxis als unzureichend, deshalb soll sie erweitert, das heißt durch Einfügen eines Musters in die Klassenstruktur flexibilisiert werden. Searching & Choosing

   Beide Handlungen setzen die profunde Kenntnis von Mustern voraus. Je mehr Muster ein Entwerfer kennt, desto mehr wird er seinen Entwurf mit Musterausprägungen abdecken; oder – im Fall eines gegebenen Entwurfs – desto wahrscheinlicher findet er ein Muster, das auf das Problem in der Klassenstruktur paßt. Im allgemeinen wird es mehrere Alternativen geben, so daß der Prozeß des Wählens und Erkennens ein Entscheidungsproblem birgt. Die im Muster beschriebenen *Kräfte* können die Entscheidung lenken.

2. Das Ausprägen eines Musters wirft eine Reihe von Fragen auf: Wie heißen die Klassen des Musters in der Anwendung? Welche zusätzlichen Dienste müssen die Klassen des Musters übernehmen? In der Regel wird diese Zuordnung vollständig sein, zumal kein fertiger Entwurf zu berücksichtigen ist. Im Fall der Musteridentifizierung lauten die Fragen: Welche Rollen spielen die gegebenen Klassen, Beziehungen und Operationen im Muster? Spielen sie alle eine Rolle? In der Regel wird die Zuordnung hier unvollständig bleiben, zumal einige Klassen, Attribute und Operationen nicht passen werden. Das könnte die Frage aufwerfen: Paßt das Muster überhaupt? Der Entwerfer sollte die Probleme hier noch nicht lösen, lediglich dokumentieren. Die Dokumentation dieser Planungsphase wird die nächsten Arbeitsschritte leiten, wo Strukturänderungen anstehen. Allocating & Planning

Fitting

3. Das Ausprägen eines Musters kann Änderungen seiner ursprünglichen Struktur mit sich bringen. Es kann opportun sein, die ursprüngliche Flexibilität des Musters zu stutzen, indem man Klassen ändert oder verwirft (wir geben ein Beispiel weiter unten). Dokumentiert man aber die verkürzte Musterausprägung angemessen, läßt sich die ursprüngliche Flexibilität restaurieren, falls neue Anforderungen dies erfordern.

   Beim Einfügen eines Musters in einen gegebenen Entwurf wird es oft nötig sein, die Schnittstelle einer Klasse zu ändern oder weitere Klassen einzubringen. Davon betroffen sind wahrscheinlich die abstrakten Klassen des Musters, welche die gewünschte Flexibilität tragen.

Elaborating

4. Schließlich vervollständigen technisch motivierte Klassen den Entwurf. Sie erweitern nicht die Funktionalität des Musters, sondern trennen die Belange der Anwendung von den technischen Aspekten und den Vorgaben für die Implementierung – Dinge, die bislang in Anwendungsklassen steckten. Beispiele hierfür sind *Container*, wie Listen oder Mengen, die man Klassenbibliotheken entnimmt. Zuweilen kann die Weitung einer Klassenschnittstelle um Zusatzdienste geboten sein, zum Beispiel, um die dynamische Typ-Prüfung zu erlauben. Es obliegt dem Entwerfer zu definieren, wann der Entwurf vollständig ist.

Hinweise zur grafischen Notation

Notation: Coad vs. Rumbaugh

Wir haben in unseren Abbildungen die Notationen von Peter Coad mit der OMT-Notation der Gamma-Muster kombiniert. Daß wir verschiedene Notationen handhaben, hat zwei Gründe:[9] Zum ersten soll die OMT-Notation in den Arbeitsschritten 1 und 2 die ursprüngliche Assoziation zu den Gamma-Mustern lebendig halten. Das erleichtert die Kommunikation unter den Entwerfern: sowohl Muster- als auch Anwendungsexperten können den

9 Zugegeben, der pragmatische Grund ist eher nüchtern: Zur Zeit des SAP-Projekts kursierten drei verschiedene Notationen, die von Booch, Coad und Rumbaugh. Jedes verfügbare CASE-Werkzeug favorisierte eine andere.

Entwurf beurteilen. Unsere Erweiterung der OMT-Notation im zweiten Arbeitsschritt betont den Schnittstellenaspekt: Die Begriffe aus beiden Bereichen, Muster und Anwendung, werden im Klassensymbol notiert, getrennt durch einen Doppelpunkt *(Musterbegriff : Anwendungsbegriff)*. Ist eine Zuordnung unklar oder nicht möglich, signalisiert dies ein Fragezeichen; nicht verwendete Klassenattribute oder -operationen sind durchgestrichen. Die Diagramme in diesen Schritten können mit der Hand oder schematisch mit Hilfe eines Grafikeditors erstellt werden.

Der zweite Grund für unterschiedliche Notationen soll den Übergang explizieren, von der Planung in den Schritten 1 und 2 zur Entwicklung in den Schritten 3 und 4. Für die beiden letzten Arbeitsschritte setzen wir ein CASE-Werkzeug mit eigener Notation ein: in unseren Beispielen handelt es sich um die Coad-Notation, wie sie im Werkzeug *objectiF*®, Version 1.1, der Firma microTOOL, Berlin, verwendet wird, siehe Bild 4.

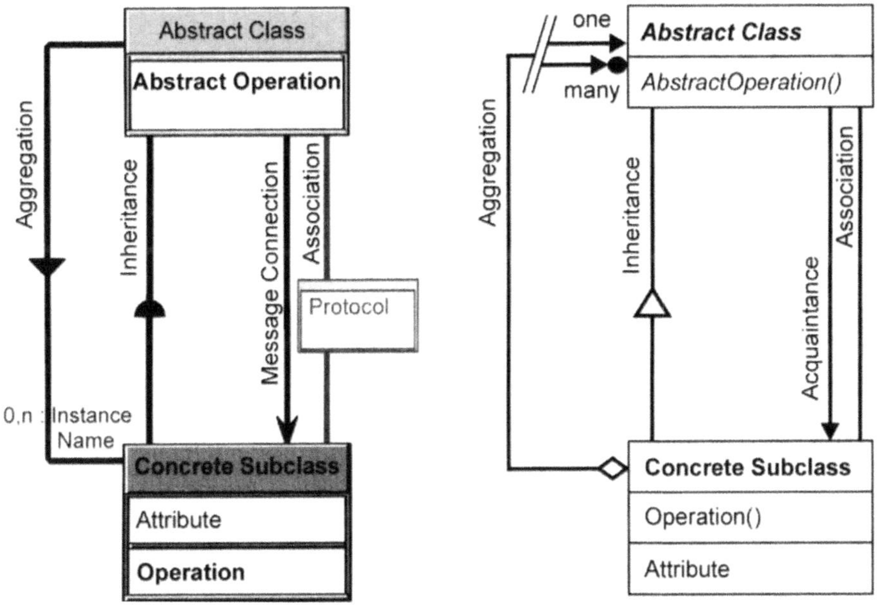

Bild 4:
Hinweis zur Notation: links die Notation nach Peter Coad, wie im CASE-Werkzeug *objectiF*® verwendet, rechts die OMT-Notation, wie in den Gamma-Mustern verwendet.

Das Notieren einer Musterausprägung wird noch debattiert. Wir halten uns an Erich Gamma und notieren in der Nähe des Klassensymbols den Musternamen, getrennt durch einen Doppelpunkt vom Rollennamen: *Muster : Rolle*. Ein Venn-Diagramm oder eine farbige Hinterlegung ist dann vor-

Woran erkennt man eine Musterausprägung?

zuziehen, wenn verschiedene Ausprägungen verschiedener Muster ins Spiel kommen. Für einen ersten Eindruck sei auf das Bild 11 auf der Seite 122 verwiesen. Für die Implemetierungsebene schlägt Jiri Soukup vor, ausgezeichnete Klassen einzufügen („Pattern Classes"), die als Verwalter der Musterausprägungen fungieren [PLoPD 1, S. 397].

2.2 Praxisbeispiele

Musterausprägung: „Storing Business Object Types"

Musterform als Orientierung

Kontext: Der Objekttyp (synonym: Klasse) eines SAP Business Objects wird definiert und verwaltet im Business Object Repository (BOR). Die Schnittstelle einer solchen Klasse umfaßt eine Liste von Attributen und Operationen; eine Operation wiederum umfaßt eine Liste von Parametern. Das *Problem* lautet: Wie entwickelt man eine Komponente, welche die Klassenschnittstellen verwaltet und speichert? *Lösung:* Betrachtet man die hierarchische Struktur der Daten, bietet sich das COMPOSITE-Muster an. Eine intuitive Ausprägung dieses Musters zeigt Bild 5. Die ursprüngliche Lösungsstruktur des Gamma-Musters zeigt Bild 6 im ersten Arbeitsschritt.

Bild 5: 1. Versuch mit dem COMPOSITE-Muster

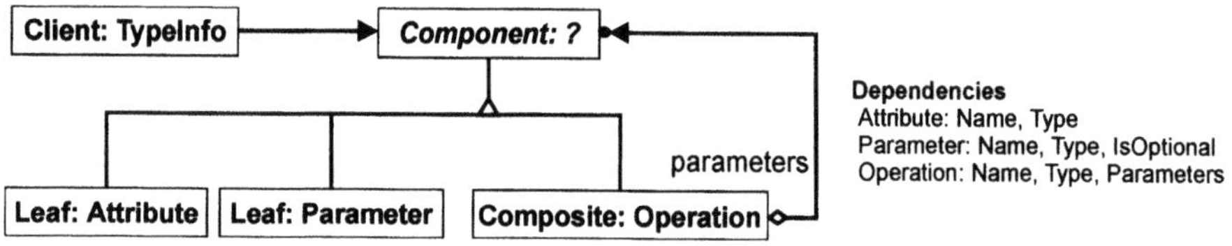

Kräfte: Nachdem wir die Abhängigkeiten im Kontext des Entwurfsmusters untersucht haben, modifizieren wir unseren ersten Versuch (2. Schritt in Bild 6): Eine Trennung zwischen Attributen und Parametern ist nicht zwingend. Überzeugt, daß sich das COMPOSITE-Muster prinzipiell eignet, übertragen wir es in den Entwurf (3. Schritt). Wir passen die Struktur des Musters weiter an und stellen fest, daß wir auf die *Leaf*-Klasse verzichten können. Folglich deklarieren wir die zuvor abstrakte *Component*-Klasse als nun konkret. Zwar reduzieren wir dadurch die ursprüngliche Flexibilität des COMPOSITE-Musters, gewinnen aber an Einfachheit. Sollten sich die Anforderungen später einmal ändern, und wollen wir das Muster restaurieren, ist dies durch Einfügen von *Leaf*-Klassen leicht möglich, vorausgesetzt natürlich, daß die Musterausprägung ausreichend dokumentiert wurde. Schließlich arbeiten wir den Entwurf noch weiter aus: So wird die technische Aufgabe, Parameter zu speichern, parametrisierbaren Klassen (class templates) übertragen. In diesem Fall *List* und *Iterator*, die wir einer Standard-Klassenbibliothek entnehmen (4. Schritt).

Bild 6:
Die vier Schritte, um das COMPOSITE-Muster auszuprägen (Erläuterungen im Text)

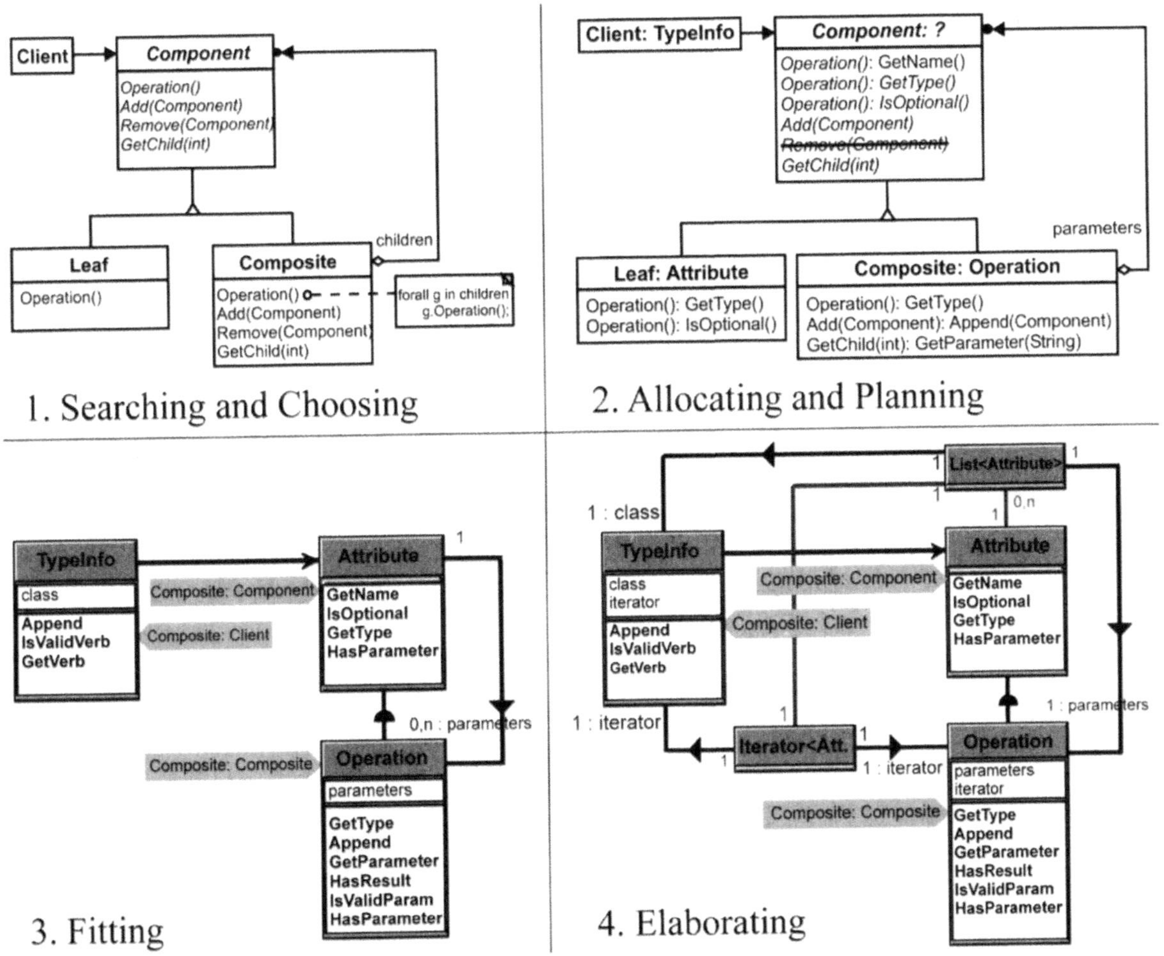

Musteridentifikation: „Process Control“

Entkopplung war ein wichtiges Ziel in der Entwicklung des OSA-Servers; die zu entwerfenden Teilsysteme für die Interaktion mit SAP R/3 und OSA sollten streng voneinander getrennt sein. Der Grund ist klar: einfacher Austausch der Inter-Operabilitäts-Schnittstelle. Die Entkopplung betraf sowohl die Daten als auch die Ablaufsteuerung. In diesem Beispiel konzentrieren wir uns auf die Ablaufsteuerung, das heißt auf die Reaktion auf ein OSA-Ereignis. Der obere Abschnitt von Bild 7 gegenüber skizziert den Entwurfsausschnitt, in dem das allgemeine Problem dargestellt ist: Wie wird der Ablauf zwischen dem Empfänger eines Ereignisses (OSADispatch) und der Klasse gesteuert, welche die BOR-Komponente des SAP-Systems vertritt? Zur Orientierung stellen wir die Motive für die Anforderungen voran:

! Frühe Rückkopplung aus dem Rapid Prototyping: Entkopplung der Teilsysteme; Prozeßsteuerung zwischen OSADispatch und BOR.

! Eine Anforderung aus der Analysephase haben wir zunächst zurückgestellt: Das SAP-Teilsystem, dargestellt durch die BOR-Klasse, wird als änderungsstabil angesehen. OSADispatch sollte leicht durch eine andere Inter-Operabilitäts-Schnittstelle austauschbar sein, zum Beispiel durch OLE.

! Erweiterung einer früheren Forderung aus der Analysephase: *1-zu-n*-Beziehung zwischen OSADispatch und BOR, so daß ein OSA-Ereignis mehrere SAP-Systeme gleichzeitig ansprechen kann.

Zusammengefaßt: Die Anforderungen zielen auf die Qualitätssteigerung des Entwurfs durch Einbringen zusätzlicher *Flexibilität.* Dieses Ziel vor Augen, stehen uns zunächst eine Reihe von Gamma-Mustern zur Verfügung:

Muster zur Wahl

? FACADE kapselt ein Teilsystem und definiert eine verallgemeinerte Schnittstelle, um das Teilsystem leichter zu handhaben.

? ADAPTER konvertiert die Schnittstelle einer Klasse so, wie es ein Anwender erwartet.

? CHAIN OF RESPONSIBILITY reiht mehrere Empfängerobjekte gegenüber einem Senderobjekt auf. Eine Anfrage wird entlang der Empfängerreihe weitergereicht, bis ein Objekt sie annimmt und bearbeitet.

? OBSERVER definiert eine *1-zu-n*-Abhängigkeit zwischen einem *Subject*-Objekt und einem oder mehreren *Observer*-Objekten. Das Muster gewährleistet, daß alle beobachtenden Objekte unterrichtet werden, wenn der Zustand des beobachteten Objekts sich ändert.

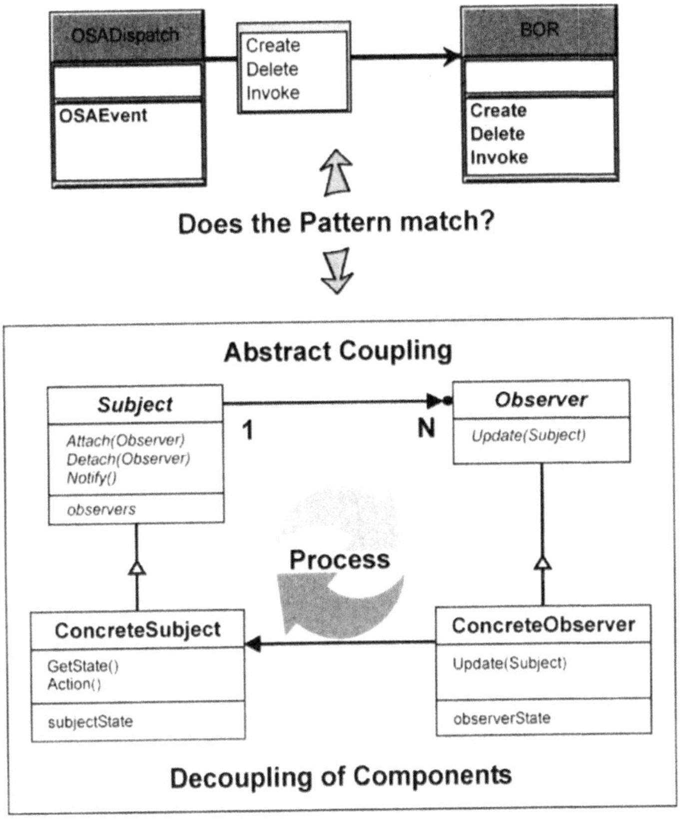

Bild 7:
Schritt 1:
Auf der Suche nach dem passenden Muster

Die Wahl eines Musters ist der wichtigste Schritt, denn sie beeinflußt alle nachfolgenden Entwurfsentscheidungen und die Qualität des Ergebnisses. Bei der Auswahl muß sich der Entwerfer auf seine Kenntnis der Muster verlassen und auf sein Verständnis der Anforderungen an den Entwurf. Ein vertieftes Verständnis über das Potential eines Entwurfsmusters, seine Essenz, erreicht er nur, indem er das Muster mehrmals anwendet. Der untere Abschnitt von Bild 7 stellt die Essenz des OBSERVER-Musters dar:

Wählen setzt Kompetenz voraus

- Die Interaktionen unterteilen sich in eine unveränderliche abstrakte Kopplung (oberer Teil) und in eine spezifische Anfrage von einem *ConcreteObserver* an ein *ConcreteSubject* (unterer Teil).
- *1-zu-n*-Beziehung zwischen einem beobachteten Objekt und seinen Beobachtern
- Intuitive Vorgehensweise im Uhrzeigersinn: Attach() → Action() → Notify() → Update() → GetState()

Entscheidung

Ein paar Hinweise zu unserer Entscheidung: FACADE und ADAPTER sind in unserem Kontext ungeeignet, da sie primär Strukturmuster sind; bei uns dagegen steht der Verhaltensaspekt, das heißt der Steuerfluß zwischen OSA-Dispatch und BOR, im Vordergrund. CHAIN OF RESPONSIBILITY eignet sich auch nicht: Die Essenz dieses Musters liegt in der Fähigkeit der Objekte, eine Anfrage entlang ihrer Klassenhierarchie weiterzugeben. Aber die Klassen eines Teilsystems in eine Vererbungsbeziehung einzupassen, die sich semantisch nicht rechtfertigen läßt, nur um ein Muster in den Entwurf einzubringen, hat wenig Sinn. Schließlich bleibt das OBSERVER-Muster: es scheint geeignet zu sein; seine Übertragung in den Entwurf diskutieren wir nun.

Perspektive: Erweiterung zum Framework

Wir untersuchen zunächst den gegebenen Entwurf (oberer Teil von Bild 7). Nach dem Empfang eines Ereignisses reicht die OSADispatch-Klasse die Anfrage an die BOR-Schnittstelle weiter. Damit spielt BOR die Rolle eines Servers und OSADispatch die Rolle des Kunden. Dieser Ansatz erweist sich als nachteilig, da OSADispatch verantwortlich ist für die Steuerung der Kommunikation und für die Auswahl unter mehreren SAP-Systemen. Zudem ist klar, daß eine Kunden-Komponente um so einfacher zu ersetzen ist, je schmaler ihre Schnittstelle ist. Durch Rollentausch zwischen Server und Kunden gewinnt der Entwurf an Flexibilität und nähert sich dem *Hollywood-Prinzip* des Framework-Ansatzes: „Don't call us, we'll call you!". Wir kehren also den Kommunikationsfluß im OSA-Server um (siehe Bild 10 auf Seite 120). OSADispatch fungiert nun als Server. Empfängt es ein Ereignis, gibt es nur eine Nachricht aus (Notify()), die besagt, daß sich etwas geändert hat. Alle SAP-Systeme, die als Kunden bei der Subject-Klasse angemeldet sind, erhalten eine Update()-Nachricht und entscheiden selbsttätig, wer gemeint ist. Danach werden die aktuellen Informationen bei OSADispatch abgerufen: GetCommand().

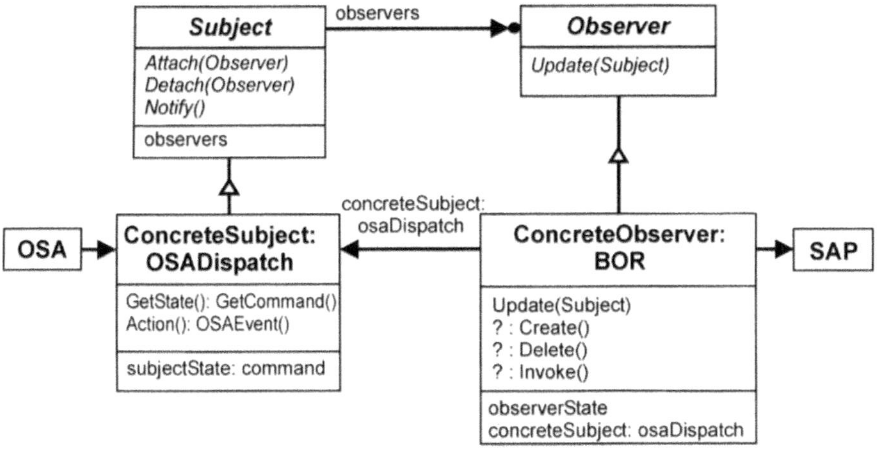

Bild 8:
Schritt 2:
Allocating & Planning

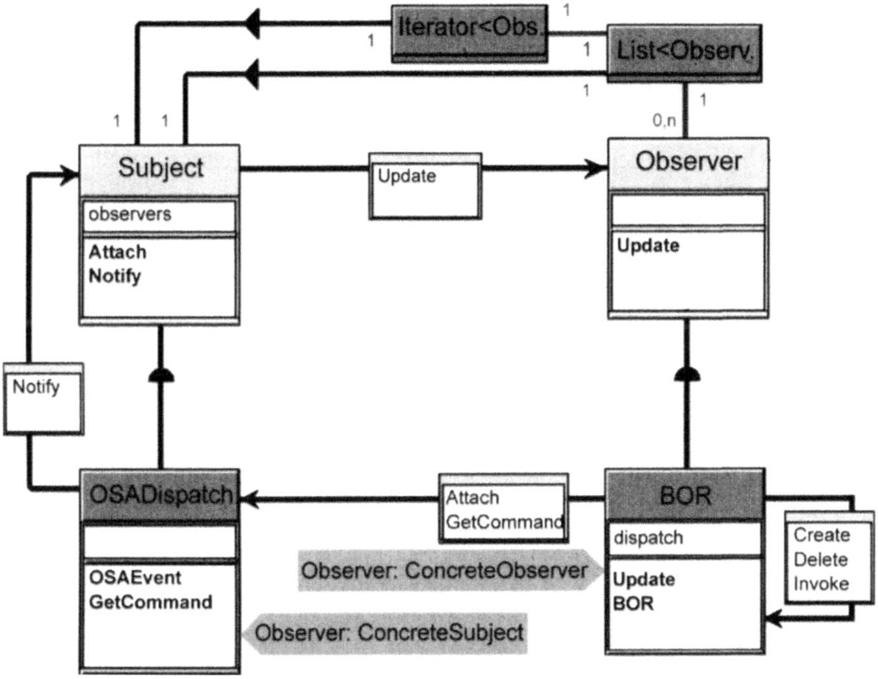

Bild 9:
Schritte 3 und 4:
Fitting and Elaborating

Im Schritt 2 (siehe Bild 8) wird offensichtlich, daß wir nicht die ganze Schnittstelle der BOR-Klasse, das heißt Create(), Delete() und Invoke(), der Funktionalität des Musters zuordnen können. Folglich ändern wir die BOR-Schnittstelle, wie es Bild 9 zeigt. Ein Kunden-Objekt kann nun nicht mehr

BORs Operationen direkt aufrufen, da sie jetzt „protected member functions" sind und nur über Update() erreichbar. Somit übernimmt BOR selbst die Kontrolle über diese Operation, wenn es benachrichtigt wird. Und schließlich haben wir im Schritt 4 technische Klassen eingefügt, wie zum Beispiel List<Observer> und Iterator<Observer>.

Durch den beschriebenen Ansatz liegt die Verantwortung der Prozeßkontrolle beim SAP-Teilsystem, das ja als änderungsstabil angesehen wurde. Durch die Einfügung des OBSERVER-Musters fiel die *1-zu-n*-Beziehung als Nebenprodukt ab.

Um die Anforderung zu erfüllen, OSADispatch leicht ersetzbar zu machen, müßten wir das OBSERVER-Muster als Framework ausprägen. Zu diesem Zweck würden wir einen abstrakten Message Dispatcher (AbstractDispatch) einfügen, um ein Kommunikationsprotokoll zwischen BOR und Abstract-Dispatch zu definieren. Davor wurde die Kommunikation allein durch die Operation GetCommand() gehandhabt. Die Komplexität der Kommunikation würde aber zunehmen und GetCommand() mehr eine symbolische Bedeutung erhalten. Ein konkreter Dispatcher wie OSADispatch würde sich von der Subject-Klasse und der AbstractDispatch-Klasse ableiten. Für die Übertragung des Kommunikationsprotokolls könnte das ADAPTER-Muster dienen.

Fazit: Durch die beschriebenen Arbeitsschritte wurde der ursprüngliche Ansatz bedeutend flexibilisiert; ein Wechsel der Verantwortung hat stattgefunden, die Framework-Entwicklung beginnt (Bild 10).

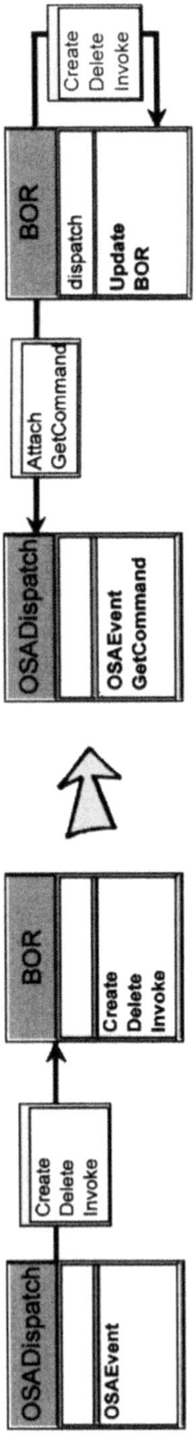

Bild 10:
Rollentausch:
Nahtloser Übergang zum
Framework-Entwurf

3 Dokumentieren mit Mustern

In diesem Abschnitt beschreiben wir unseren Ansatz zur Software-Dokumentation mit Mustern: SoDoM. Das Kürzel kann vieles assoziieren, deshalb skizzieren wir zuerst die Aspektvielfalt und ordnen unseren Ansatz ein. Es sei hier auch auf den Anhang verwiesen; dort findet sich das Protokoll eines Workshops, den wir anläßlich der EuroPLoP 98 moderiert haben. Es zeigt, wie breit gefächert das Thema ist, und die Aufmerksamkeit, die es derzeit in der Mustergemeinschaft erfährt.

SoDoM: siehe Anhang

Software-Dokumentation mit Mustern kann meinen:

Aspektvielfalt

- den *Handlungs*-Aspekt, das heißt den didaktischen Einsatz von Mustern, die gutes Dokumentieren beschreiben, zum Beispiel DOCUMENT EARLY AND OFTEN von Don Dwiggins[10] oder die Mustersprache von Andreas Rüping WRITING AND REVIEWING TECHNICAL DOCUMENTS [Rüping, 1999];
- den *Inhalts*-Aspekt, das heißt, der Entwerfer dokumentiert die Ausprägungen der Muster, die er in der Klassenstruktur seines Entwurfs verwendet hat;
- den *Form*-Aspekt, wenn Programme in der Musterform Problem-Kontext-Kräfte-Lösung dokumentiert werden, wie beispielsweise in den Online-Dokumentationen zum HotDraw-Framework;[11]
- oder den *Form- und Inhalts*-Aspekt gemeinsam, also das mit dem Entwerfen verschränkte Dokumentieren: mustergestütztes Entwerfen und in der Musterform Dokumentieren, wie wir es hier beschreiben.

---

10 Patterns Digest V97 #26: siehe http://hillside.net/patterns/Lists.html

11 http://st-www.cs.uiuc.edu/~chai/writing/esp-student.html
http://nero.prakinf.tu-ilmenau.de/~czarn/hotdraw/index.htm

Bild 11:
Musterdiagramm
aus dem SAP-Projekt

Hinweis:
In der PDF-Datei
auf der Buch-CD
kann man in die Details
hineinzoomen.

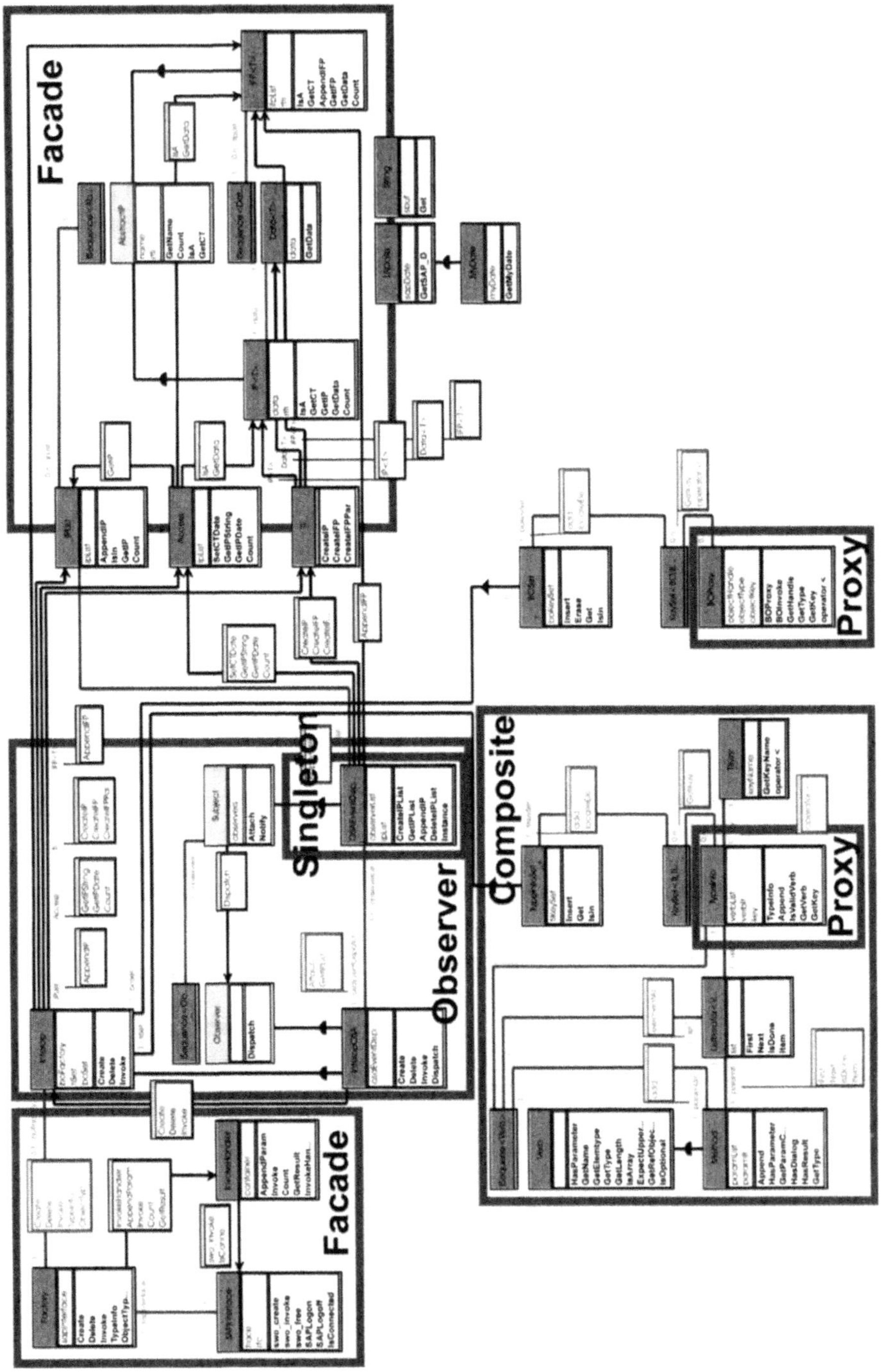

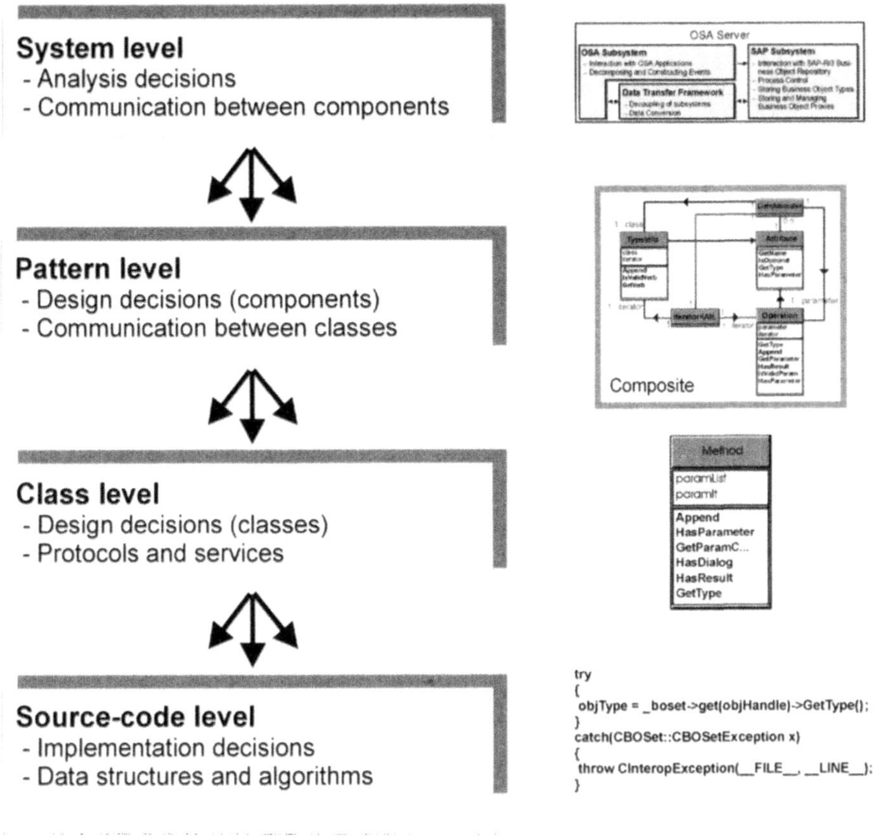

Bild 12:
Ebenen der Systembeschreibung: ein hierarchischer Hypertext

Musterebene

Richten wir den Fokus auf unseren Ansatz: Um einen komplexen Entwurf *effektiv* zu dokumentieren (im Sinne von Lernaufwand und Lernmotivation), bedarf es der Abstraktion von der Klassenstruktur. Diagramme aus Hunderten von Klassen entziehen sich unserem intuitiven Verständnis, die Bilder auf den Seiten 20 und 105 stehen für extreme Beispiele. Aber selbst bei kleinen Diagrammen leidet unsere Aufmerksamkeit: Im SAP-Projekt entstanden circa 30 Klassen; sie kognitiv zu erfassen, ermüdet bereits unsere Konzentration. Was fehlt ist eine Abstraktionsebene oberhalb der Klassenstruktur; für unser Projekt haben wir sie erstmals konsequent eingeführt: siehe die Bilder 11 bis 13. Die Komponenten auf der *Musterebene* erfüllen wesentliche Anforderungen an ihre Wiederverwendbarkeit: sie sind groß genug, um einen Produktivitätsgewinn zu erzielen, und klein genug, um die Aufmerksamkeit des Wiederverwenders nicht zu strapazieren.

Bild 13:
Muster als *Klassenfilter:*

Der Leser erfaßt die Klassenstruktur einer Musterausprägung als Informationseinheit (hier grau hinterlegt für drei sich überschneidende ADAPTER-Ausprägungen, siehe auch Seite 138).

Muster reduzieren so die Komplexität der Beschreibung: *Chunking* im Sinne von George Miller [Miller, 1956].

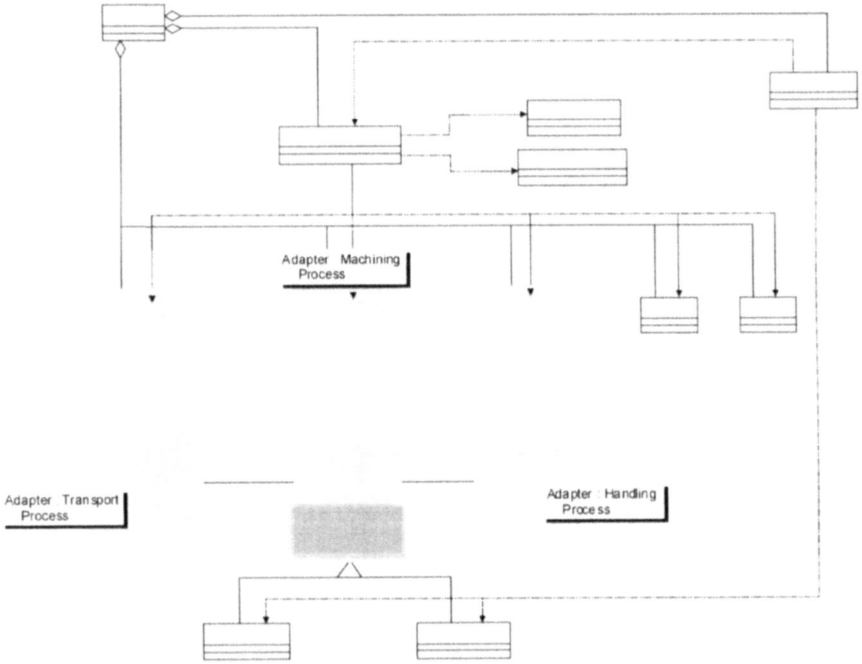

Muster schaffen Brücken

Unser Ansatz betont den *reflexiven* Gebrauch von Musterbeschreibungen. Musterorientiertes Dokumentieren setzt das musterbasierte Entwerfen logisch fort. Wir entwickeln unseren Entwurf mit Ausprägungen bekannter Muster und schaffen so en passant eine effektive Beschreibungsebene: Die Musterausprägungen strukturieren die Klassenstruktur auf einer Ebene höherer Abstraktion – sie bilden ein *Musterdiagramm.* Es nimmt cinc Zwischenlage in der Produktdokumentation ein: Jenen Entwerfern, die mit der konkreten Anwendung nicht vertraut sind, Entwurfsmuster aber kennen, bietet sich ein neutraler Zugang zum Systemverständnis.

Die musterorientierte Dokumentation offeriert *Brücken* zwischen der allgemeinen Beschreibung der verwendeten Entwurfsmuster und deren Ausprägung in der konkreten Anwendung. Die Brücken dokumentieren, warum, in welchem Zusammenhang und wie ein Entwurfsmuster ausgeprägt wurde – kurz: sie beschreiben die Gedankengänge des Entwerfers. Die Technik, um diese Brücken schnell, beliebig, aber auch geführt zu überqueren, heißt Hypertext.

3.1 Hypertext-Dokumentation

Erinnern wir uns an die Wechselfunktion eines Entwurfsmusters: Form und Inhalt verzahnen Entwurf und Dokumentation. Um schnell und sporadisch von einem Aspekt zum anderen zu wechseln, bedarf es eines effizienten und komfortablen Mediums: Hypertext.[12] Bild 12 zeigt die Beschreibungsebenen, die wir in unserem Projekt realisiert haben. Beide Aspekte – Entwurf und Dokumentation – werden durch Hypertext-Techniken zugänglich. Mit Hilfe von Hypertext-Techniken können wir bestimmte Elemente einer Beschreibung auszeichnen, eine Grundvoraussetzung für das Navigieren im Text und für das Suchen, Filtern und Verändern von Textfragmenten.

Beispiel

Betrachten Sie einmal folgendes Szenario: Die Beschreibung der Standard-Entwurfsmuster ist als Hypertext verfügbar, und Sie sind gerade dabei, ein Muster auszuprägen. Das Hypertext-Dokumentations-System wird Sie direkt unterstützen: es erzeugt einen Dokumentationsrahmen. Dieser bildet den Ausgangspunkt aller späteren Texte und Grafiken, auch des ausführbaren Quelltextes. Während Sie Muster ausprägen oder Musterkandidaten in Ihrem Entwurf identifizieren, also während Sie in den Schritten des vorigen Abschnitts arbeiten – *searching & choosing, allocating & planning, fitting and elaborating* – entwickelt sich die Dokumentation.

Zudem kann sich auch der Inhalt eines Entwurfsmusters entwickeln: So haben Sie zum Beispiel die Lösungsstruktur einer Musterausprägung verändert, weil dies Vorteile für Ihr Projekt brachte. Sie werden nun diese Änderungen in den Abschnitten der ursprünglichen Musterbeschreibung dokumentieren wollen, wie Anwendbarkeit, Konsequenzen oder Implementierung. In der Tat könnte hierdurch ein neues Muster entstehen. Ein Entwurf, vorangetrieben durch Musterausprägungen, wird den Entwerfer letztlich auf *unbekannte* Muster seiner Anwendung führen, besonders dann, wenn sich sein Repertoire an Mustern als unzulänglich erweist.

---

12 Die Autoren der Standard-Musterbücher haben schon immer auf diesen Punkt hingewiesen, meinten allerdings eine Hypertext-Leseversion ihrer Musterkataloge.

Jo-Jo-Dokumentation

Verfaßt man die Elemente des Entwurfs und der Dokumentation als Hypertext, ist eine Art *Jo-Jo*-Zugang möglich: Sie tauchen hinein in die höchste Ebene der Systembeschreibung, inspizieren die Musterbeschreibung einiger Komponenten, indem Sie deren Klassenstruktur bis hinab zum Quellcode durchdringen, und tauchen wieder auf, um nach einem Wechsel der Perspektive wieder in die Dokumentation einzutauchen. Im Anhang findet sich die Beschreibung eines solchen Hypertext-Dokumentations-Systems, angewandt auf die Dokumentation eines Frameworks der Fertigungstechnik.[13]

3.2 Praxisbeispiele

Dokumentieren von Musterausprägungen

Wir konzentrieren uns nun auf die Struktur der Dokumente, die Musterausprägungen beschreiben (Pattern level in Bild 12 auf Seite 123). In unserem Projekt hat sich die folgende Hypertext-Schablone bewährt. Wichtig ist, daß auf der Musterebene konsequent dieselbe Schablone eingesetzt wird. Das schafft Vertrauen, und der Leser freundet sich eher mit der Gesamtdokumentation an.

Hypertext-Schablone für Musterausprägungen

Overview

Give a reference to a class diagram or produce some other kind of visualisation of the design context.

Intent

State the reason why you have instantiated this design pattern.

---

13 Die Online-Dokumentation liegt unter: http://www.ti.et-inf.uni-siegen.de/Entwurfsmuster/artikelimport/index_osefa.htm

Motivation

Describe the design context in more detail. Give a survey on the design component. It is very useful to illustrate the design actions that have led to the actual instantiation of the pattern (as shown in the examples of Section 2.2). If possible, state the references to documents from the analysis phase, e.g. the relationship to analysis patterns of the problem domain [Fowler, 1997].

Roles

Label the classes of the pattern instance with *Pattern : Role*. This will quickly inform the reader on the role-specific assignments. Briefly outline each role and how it contributes to the pattern's essence.

Collaborations

Describe the interaction between the client and the pattern instance.

Consequences

Argue the pros and cons, e.g. design issues like extendibility, contrasting them with other design alternatives.

Implementation

Point out special features of your implementation and make references to the corresponding sections of the source code.

Framework-Dokumentation

Im Abschnitt 2.2 haben wir zwei musterbezogene Handlungen unterschieden. Die zweite Handlung liefert nun ein weiteres Argument für den musterorientierten Ansatz des Dokumentierens: das Bedürfnis, diejenigen Teile eines Entwurfs zu dokumentieren, die nach Identifizieren eines Musterkandidaten und Ausprägen eines entsprechenden Musters *flexibilisiert* wurden. Flexibilität ist der Schlüssel zur Framework-Erweiterung. Wir berücksichtigen dieses Argument durch eine angemessene Ergänzung unserer Hypertext-Schablone:

Erweiterung für die Framework-Dokumentation

Hot Spots vs. Frozen Spots

For the documentation of a framework, a detailed description of the parts not to be changed and the parts to be extended by the user is essential [Pree, 1994]. State clearly what degree of flexibility is offered and what the conceptual constraints are.

Recipe

Sketch the use and adaptation of the framework in a cookbook style with an example [Johnson, 1992; Beck & Johnson, 1994]. If possible, give a ready-to-use example to test the framework by running it. To enhance one's practical understanding, a pre-configured debugger session could help. If your framework is designed for a specific run-time environment (e.g. an OLE component), consider an interactive on-line support (assistant or wizard) for adaptation and use of your framework. This would be the optimum help for the user.

Integration

State briefly (e.g. by making references to the corresponding locations in design and implementation) which assumptions the would-be environment of the framework has to fulfil.

Known Uses

List all successful uses (and typical misuses, too!), so that a prospect can quickly assess the potential of the framework for his requirements.

Structural Extensions

Mention the aspects that you consider limiting the framework's current design and implementation. If you have any solutions or hints for follow-up extensions, write them down. Localising all relevant hot spots of a framework requires several design cycles in (ideally) slightly different environments. The section can document the history of these efforts.

Was fehlt?

Zum Schluß noch ein paar Hinweise auf Auslassungen: Wir haben hier all jene Verknüpfungen der Hypertext-Schablone ausgelassen, die auf die Online-Verwaltung der Standard-Musterbeschreibungen verweisen. Der Übersichtlichkeit halber fehlen auch die Links zu den Beschreibungsstellen, wo der Leser sich informieren kann, von wem und wann ein Entwurfsmuster im Vorgehensmodell ausgeprägt wurde; das heißt, die Aspekte der Versions- und Projektkontrolle fehlen. Eine ähnliche Schablone für die Dokumentenstrukturierung haben wir auf der Klassenebene angewandt, um die Attribute und Operationen der Klassen zu beschreiben. (Class level in Bild 12). Die vollständige *Online-Dokumentation* zum SAP-Projekt findet sich als WinHelp®-Hypertext im Anhang zum Abschlußbericht [Odenthal, 1996] und auf der CD-ROM.

WinHelp®-Hypertext zum SAP-Projekt

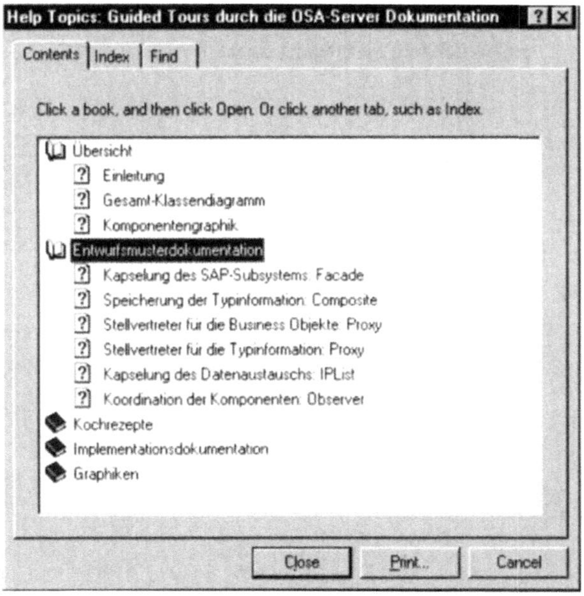

4 Erfahrungen

Kategorien

Wenn wir unsere Erfahrungen aus dem SAP-Projekt mit denen aus der Literatur vergleichen,[14] können wir zwei Kategorien unterscheiden: Kategorie A für Erfahrungen, die sich auf die *generative* Eigenschaft der Entwurfsmuster beziehen (hier ähneln unsere denen aus der Literatur), und Kategorie B für Erfahrungen, die sich auf den Doppelaspekt von Form und Inhalt der Muster im Sinne eines „Documenting by Designing" beziehen (hier betraten wir Neuland).

Kontrastieren wir A mit B, läßt sich sagen: Das bloße Ausprägen eines bekannten Musters ist leicht, das Identifizieren eines Musterkandidaten dagegen schwer. Wie schon Grady Booch bemerkte: „Identifying involves both discovery and invention" [Booch, 1994, S. 133]. Im Fall der Musterausprägung liegt kein gewachsener Entwurfskontext vor, den der Entwerfer berücksichtigen müßte. Anders im Fall der Musteridentifikation: Besonders wenn die Rollen der Klassen zu vergeben sind, muß der Entwerfer eine Reihe offener Entwurfsentscheidungen klären: Welche Klassenrollen im konkreten Entwurf passen auf die Rollen im abstrakten Entwurfsmuster? Welche neuen Rollen müssen vom Muster übernommen werden?

Kategorie A: Entwerfen mit Mustern

- Entwurfsentscheidungen werden umfassend und zusammenhängend beschrieben (Kontext, zu lösende Kräfte, Folgerungen).
- Die Wiederverwendbarkeit wird gefördert. Musterausprägungen explizieren die Anpassungsstellen im Entwurf (Hot Spots nach Wolfgang Pree [Pree, 1994]) und erleichtern so die Wartung.

! Fallstrick: Muster müssen verinnerlicht worden sein, bevor man sie effektiv anwenden kann. Zwar ist ein Grundverständnis der Entwurfsmuster ausreichend, um einen fremden Entwurf zu verstehen,

---

14 Ausgewertet wurden: [Beck et al., 1996; Brown, 1996; Budinsky et al., 1996; Schmidt, 1995; Schmidt & Stephenson, 1995; CACM 39 (Okt. 1996), S. 36-82].

wenn dieser sich auf bekannte Muster bezieht. Das Entwerfen mit Mustern aber stellt wesentlich höhere Ansprüche: Die Muster müssen in ihrer *Essenz* bis hinab zu codierten Beispielen verstanden worden sein. Bloßes Lesen genügt nicht, das Ausprägen sollte zuvor in realen Laufzeitumgebungen eingeübt werden.

Kategorie B: Dokumentieren mit Mustern

- Weist ein Entwurf Musterausprägungen auf, so bietet er zwei Zugänge für unser Verständnis an: zum einen von der Analyse-Ebene und zum anderen von der Musterebene. Die musterbasierte Dokumentation fungiert hier als Brücke zwischen der Meta-Ebene der Muster (den Mikro-Architekturen) und den Komponenten der Anwendung (siehe die Notation für Musterausprägungen: *Rolle des Musters : Rolle in der Anwendung).*
- Eine systematische Unterstützung für das Dokumentieren in natürlicher Sprache (Musterbeschreibungen sind strukturierte Prosatexte) stimuliert das Dokumentieren allgemein.
- Reduktion der Beschreibungskomplexität: Dokumentierte Musterausprägungen lenken die Aufmerksamkeit des Lesers auf die *architektonischen* Strukturen, auf das, was dem Verständnis am zugänglichsten ist.
- Jede Entwurfsüberlegung *(design rationale)* wird im Text festgehalten: Wie wurden die Kräfte kompensiert? Deckt sich der Kontext des Musters mit dem Kontext der Entwurfsentscheidung?
- Das Leitmotiv von der Wechselfunktion zwischen Form und Inhalt belebt das Dokumentieren und reduziert insgesamt den zeitlichen Aufwand.
- Hypertext ist das zweckmäßige Medium, um die duale Eigenschaft eines Entwurfsmusters zu nutzen: es rationalisiert die Navigation durch die Entwurfsdokumente und hilft, den Entscheidungsprozeß zu verfolgen.

Kategorien A und B: Entwerfen & Dokumentieren mit Mustern

- Synergie-Effekt: Wer seinen Entwurf in der Musterform dokumentiert, ist auch eher geneigt, Muster anzuwenden, und umgekehrt.
- Nahtloser Übergang zur Framework-Entwicklung: Im Gegensatz zu den in der Literatur dokumentierten Erfahrungen handelt es sich hier um einen Übergang von einem gegebenen Entwurf zu einem Framework hin. Andere Projektberichte beziehen sich auf den Initialentwurf [Johnson, 1992] oder dokumentieren die Entwurfsüberlegungen mit Mustern im nachhinein [Schmid, 1996].
- Verbesserung der Softwaredokumentation: Statt einen Entwurf im nachhinein zu dokumentieren, wird er dokumentiert, während er entsteht, also wenn das Entwurfswissen präsent und im vollen Umfang verfügbar ist.

! Fallstrick: Wenn ein Entwurfsmuster *strukturell* verändert wurde, um es in einen besonderen Kontext einzupassen, sollten alle Änderungen angemessen dokumentiert werden. Andernfalls wird es für spätere Leser schwierig, die Musterausprägung zu erkennen, und ihre ursprüngliche Flexibilität ginge verloren (siehe das Beispiel in Bild 6 auf Seite 115, wo das COMPOSITE-Muster um seine *Leaf*-Klasse verkürzt wurde).

Wieviel Erfahrung setzt der Umgang mit Entwurfsmustern voraus?

Eine abschließende Bemerkung zur *Lernökonomie* von Entwurfsmustern: Die Behauptung, der Lernaufwand sei gering, muß nach unseren Erfahrungen relativiert werden (siehe auch die Quellenangaben auf der Seite 36, besonders die dortige Fußnote 14). Um ein Muster erfolgreich anzuwenden, muß man es zuvor gründlich gelesen und eingeübt haben. Das heißt, die Anwendung eines Musters setzt Erfahrung voraus. Der Einwand, Entwurfsmuster verfehlen dadurch ihren Anspruch, nämlich den Neuling in kurzer Zeit auf den Erfahrungs- und Wissensstand des Experten zu heben, ist aber unbegründet. Im Kapitel 2 habe ich hergeleitet, was Erfahrungswissen heißt und daß der Kern aller Entwurfsmuster eine Heuristik enthält. Während nun ein Experte viele Zyklen der *Versuch-und-Irrtum*-Schleife durchlaufen mußte, um am Ende Experte zu sein, kann sich der Neuling auf wenige Zyklen im *bekannten* Terrain beschränken. Denn mit Kenntnis des Musters liegt für ihn kein Problem, sondern eine Aufgabe vor.

Ausblick

Faktor Dokumentation

„Componentware“ und Frameworks bestimmen die Softwaretechnik der nächsten Jahre: Einerseits wird das visuelle Konfigurieren von Standard-Komponenten die Entwicklung beschleunigen, andererseits werden diese Komponenten Ansprüche an die Dokumentation stellen. Denn es entscheidet die Qualität der Dokumentation, ob die *…barkeiten* einer Komponente auch eingelöst werden: Anwendbarkeit, Wiederverwendbarkeit, Erweiterbarkeit oder Wartbarkeit. Mit dem SAP-Projekt haben wir das *Wechselspiel* zwischen Entwerfen und Dokumentieren motiviert; wir haben gesehen, wie die musterbezogenen Handlungen – Muster ausprägen und identifizieren – auch Teile der Entwurfsdokumente en passant erzeugen. Eine so entstandene Dokumentation zeigt dem Leser den Weg, den der Entwerfer vom anfänglichen Problem bis zur Lösung gegangen ist: Fehlschläge, Fallstricke, Ansatzwechsel und Kompromisse säumen den Lauf und die bedeutsamsten wurden konsequent aufgezeichnet. Der Leser folgt diesem Weg in seinem Bemühen, die Komponente anzuwenden, wiederzuverwenden, zu erweitern oder zu warten.

Darüber hinaus …

Die schnelle Verbreitung und Akzeptanz der Muster wird eine *Kultur* des Entwerfens und Dokumentierens mit sich bringen: Der Druck zum Wiederverwenden schürt das Bedürfnis, die Denk- und Handlungsmuster des Entwerfers „lesbar“ zu machen. Dieses Bedürfnis wird schließlich eine neue Ebene der Abstraktion etablieren, wir haben sie *Musterebene* genannt. Sie stellt die Wiederverwendung auf eine solide Grundlage und bietet sich an als *Meta-Modell* für zukünftige Dokumentationssysteme.

Anhang A zu 3

OSEFA: eine mustergestützte Dokumentation [1]

So zu entwickeln, daß es andere zurückverfolgen und verstehen können, ist in der Softwarepraxis die Ausnahme. Barry Boehms Worte hallen wohl noch lange nach: 70 % der Gesamtkosten entfallen auf die Wartung [Boehm, 1988]. Ein bloßes Textverarbeitungsprogramm demotiviert den Entwerfer, seine Überlegungen und Entscheidungen zu dokumentieren. Mehr ist nötig: aus pragmatischer Sicht vor allem eine Werkzeugumgebung mit Textgerüsten, um die Schreibblockade zu überwinden, und natürlich das Bewußtsein, vom Management gefordert, daß es billiger ist, während des Entwerfens zu dokumentieren als danach. Indes: *Reverse-Engineering* prägt weiterhin das Berufsbild des Software-Ingenieurs, und die Nachdokumentation bleibt ein notwendiges Übel, will man Investitionen wiederverwenden.

Werkzeugunterstützung für „Literate Designing"

Im folgenden zeigen wir, wie ein Framework der Fertigungstechnik an Wartungsfreundlichkeit gewinnt, wenn es nach unserem Motto „Literate Designing" dokumentiert wird. Das Framework entstand an der FH Konstanz [Schmid, 1996], die Werkzeugumgebung zum Nachdokumentieren bei uns [Blachnik, 1997], und den Kooperationsrahmen bildete der GI-Arbeitskreis „Frameworks & Entwurfsmuster". Dort wurden die Ergebnisse diskutiert.[2]

In den Screenshots trägt Farbe Information; wegen der Schwarzweiß-Wiedergabe ist es ratsam, begleitend zur Textlektüre die farbigen HTML-Seiten zu betrachten.

---

1 Die Hypertext-Dokumentation zum OSEFA-Framework liegt unter: http://www.ti.et-inf.uni-siegen.de/diplom/Blachnik/index.htm

2 http://www.ti.et-inf.uni-siegen.de/Entwurfsmuster/artikelimport/index_AK_Siegen.htm

A1 C³-Struktur

Wie orientiert sich der Leser im Hypertext?

Das Medium der von uns propagierten Dokumentationskultur ist *Hypertext.* Trotz seiner Vorzüge dem Papier gegenüber schreckt das Syndrom der kognitiven Überforderung: „Lost in Hyperspace“ [Nielsen, 1993, S. 133]. Der Schlüssel zur Linderung liegt in der Organisation des Bildschirms, das heißt in der Kombination seiner Elemente nach Anzahl, Farbe und Konstellation. Der navigierende Zugriff auf den Dokumentenbestand bedarf der Führung: Neben den bekannten Mitteln, wie Guided Tour, Backtracking und Lesezeichen, sollte die Information so strukturiert sein, daß sich der Leser jederzeit orientieren kann. Die Bildschirmaufteilung im Bild rechts erlaubt dies.

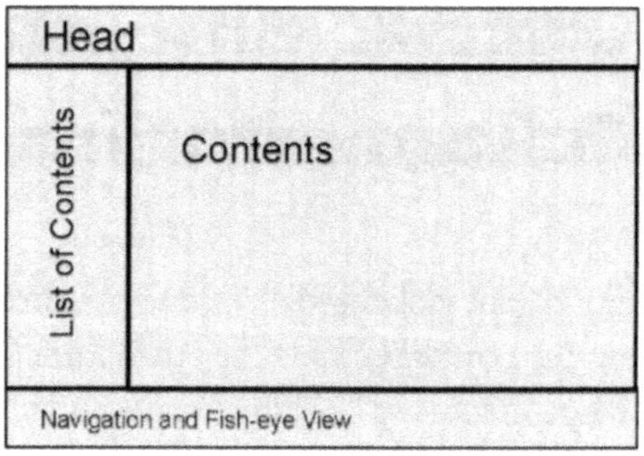

Bildschirmaufteilung

Die *Kopfleiste* dient der Groborientierung gemäß den Ebenen der Systembeschreibung: Gesamtdiagramm, Muster- und Klassenebene (siehe Bild 12 auf Seite 123). Die Verknüpfungen im *Inhaltsrahmen* (Contents) zu Text- und Grafikstellen sind im *Inhaltsverzeichnis* aufgeführt. Zum Teil wird auch im Inhaltsrahmen vorwärts und rückwärts verknüpft oder aus Platzgründen auf andere Dokumente verwiesen. Die *Navigationsleiste* schließlich organisiert das Vor- und Zurückblättern in Dokumenten derselben Ebene, wie in der Kopfzeile angezeigt, zum Beispiel das Blättern zwischen den Versionen eines Textes (Fish-eye View). Dort findet der Leser auch kontextuelle Verknüpfungen, beispielsweise zum Entwurfsmuster einer Anpassungsstelle (Hot Spot).

C³-Struktur

Um den *Kontext* eines Textes präsent zu halten, haben wir die Darstellung verschachtelt: Möchte der Leser auf die nächsttiefere Beschreibungsebene wechseln, so wird der Inhaltsrahmen der aktuellen Ebene überschrieben, die anderen Rahmen bleiben. Fortgesetzt auf die dritte Ebene der Systembeschreibung, entsteht eine Schachtelung, die wir augenfällig C³-Struktur nennen, siehe Bild 1. Um die Beschreibungstiefe zu verdeutlichen, verwenden wir für jede Ebene eine andere Hintergrundfarbe; von der Systemebene bis zum Quellcode wird die Farbe kälter: ein Tiefeneindruck entsteht.

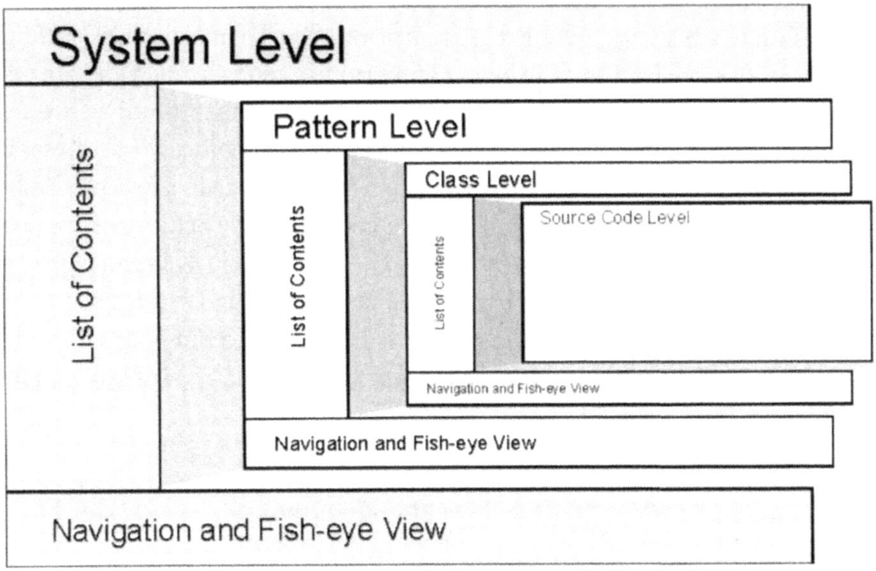

Bild 1:
C³-Struktur der Beschreibung

Auf den folgenden Seiten führe ich durch einige Screenshots der Nachdokumentation von OSEFA. Die Einstiegsoptionen zeigt Bild 2.

A2 Guided Tour

Wir interessieren uns hier für die Entwurfsbeschreibung aus der Sicht eines Wartungsprogrammierers. Wir nehmen an, die Anwendung des Fertigungs-Frameworks verlange eine Änderung der Steuerungskomponente (Processing Control). Jemand, der mit dem Entwurf nicht vertraut ist, wird zunächst eine Gesamtdarstellung des Frameworks suchen. Ein Mausklick auf den Textabschnitt „Design“ ruft Bild 3 auf, siehe nächste Seite.

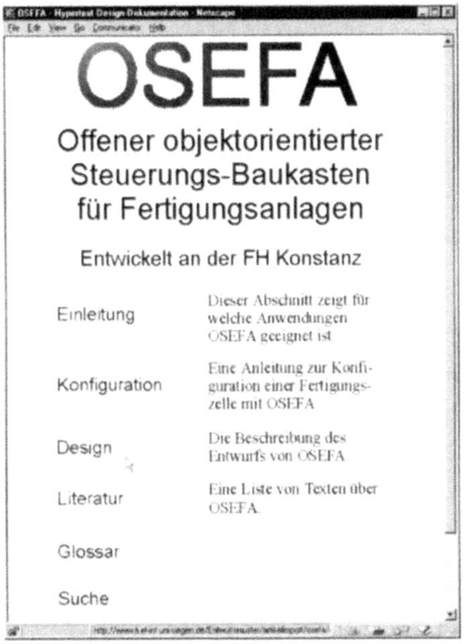

Bild 2:
OSEFA-Dokumentation: Einstiegsseite

Bild 3: Überblicks-Klassendiagramm

Legende: Links sind <u>unterstrichen</u>, unbesuchte blau, besuchte grün.

Das Klassendiagramm gibt einen kompakten Überblick. Parallel zum mustergestützten Entwurf gestaltet sich auch die Darstellung des Diagramms: *Hot Spots* (rote Schrift auf gelbem Hintergrund) kennzeichnen die Anpassungsstellen, *Muster* (schwarze Schrift auf gelbem Hintergrund) verweisen darauf, wie die Hot Spots implementiert wurden. Abschnitte, wo der Leser in das Klassendiagramm eintauchen kann, um weitere Details zu sichten, sind grau umrahmt und mit einem Etikett versehen (schwarze Schrift auf weißem Hintergrund). Wir folgen einem solchen Hinweis auf ein Klassendiagramm namens „ProcessingControl". Um dieses aufzurufen, haben wir zwei Möglichkeiten: entweder über den Verweis im Inhaltsverzeichnis oder über das Etikett. Der Cursor weist auf die Aufrufstelle für den jeweils folgenden Screenshot: Bild 4 entsteht.

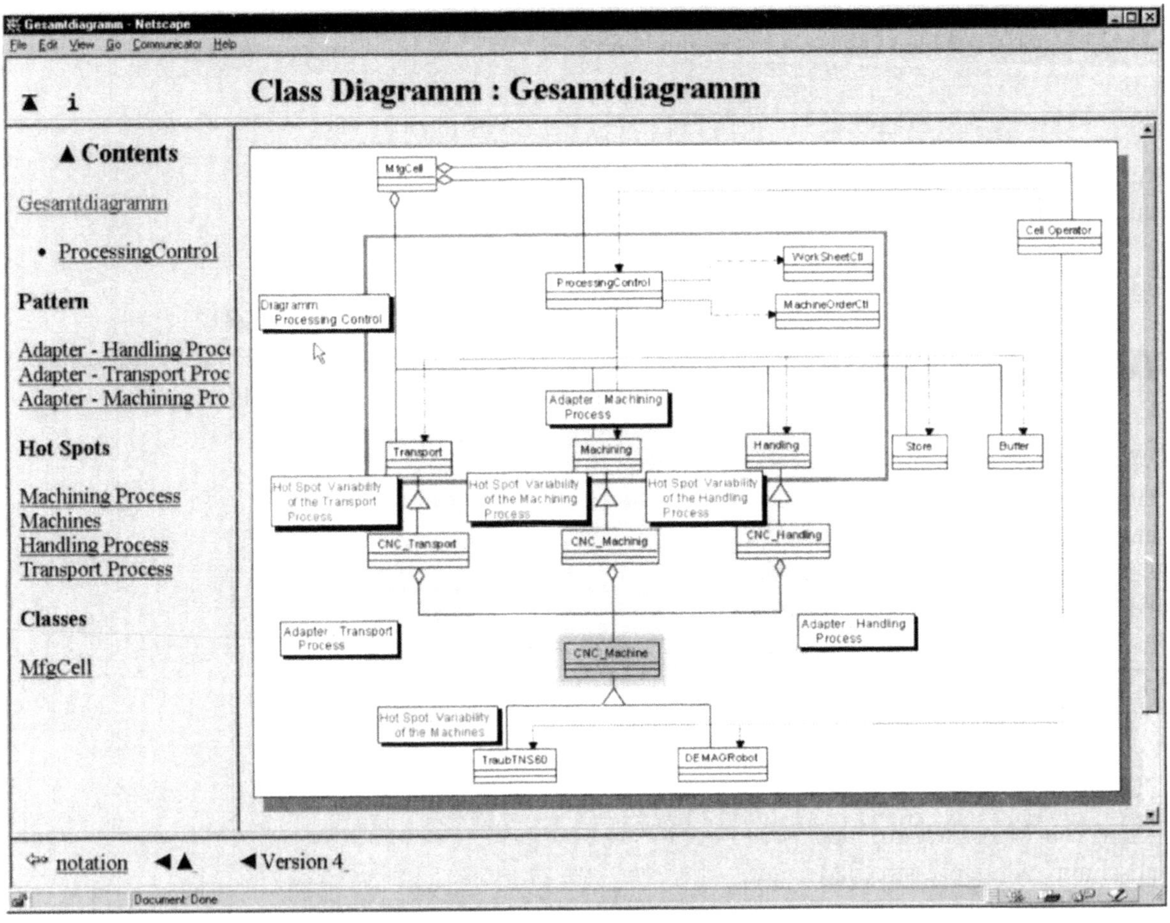

Wir bleiben auf der Beschreibungsebene, kenntlich am unverändert orangen Hintergrund für Klassendiagramme. Einige Klassen sind hinzugekommen. Das Verfeinerungsdiagramm liegt in der Version 1 vor; eine höhere Version ist verfügbar, worauf der blaue Pfeil in der Navigationsleiste hinweist. Sollte der Leser mit der Notation der Grafik nicht vertraut sein, kann er eine Erläuterung einsehen, wiederum über die Navigationsleiste. Wir interessieren uns für den Hot Spot „Variability of the Business Process", der im Überdekkungsbereich zweier Entwurfsmuster liegt: STRATEGY und MEDIATOR. Wollen wir mehr über die Eigenschaften und Implementierung dieser Anpassungsstelle erfahren, können wir weitere Information aufrufen: Bild 5 entsteht.

Bild 4: Verfeinerungs-Klassendiagramm

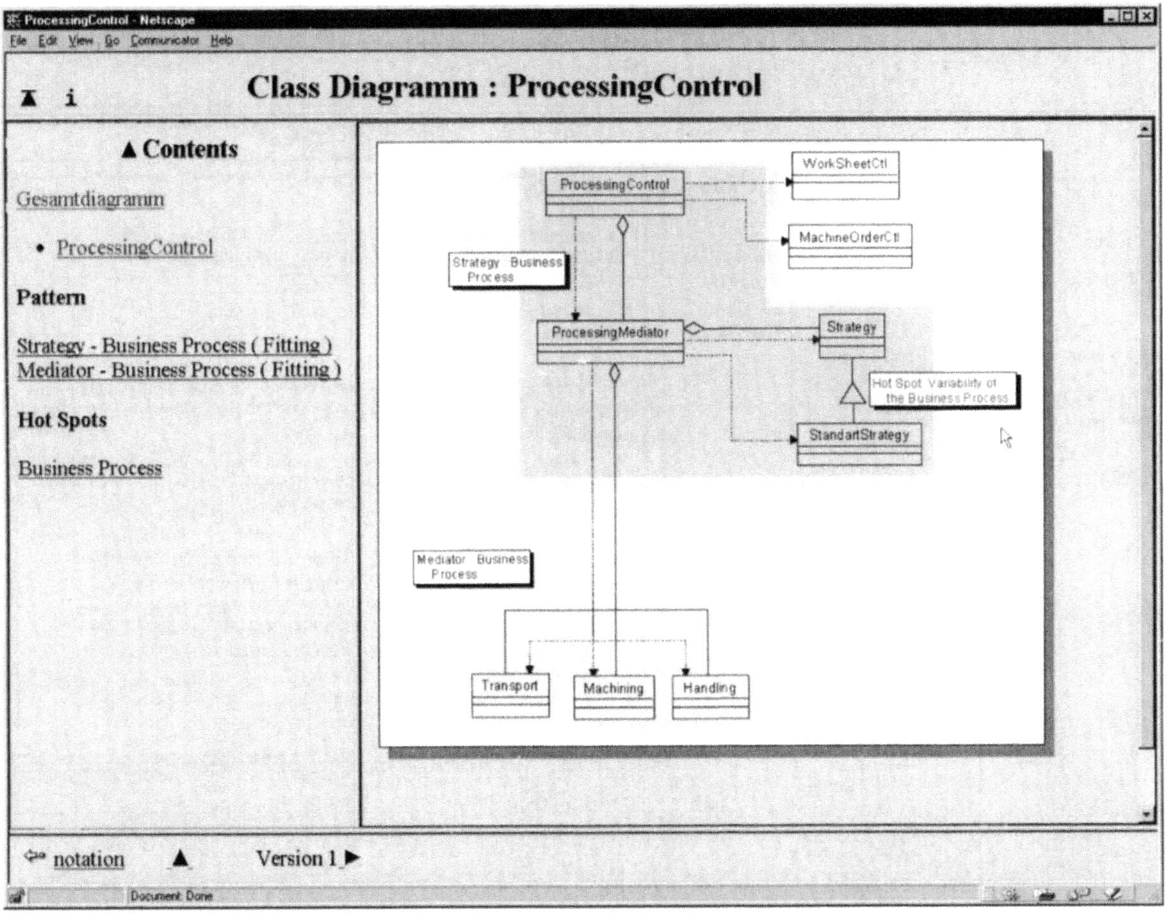

Bild 5: Beschreibung eines Hot Spots

Der Rahmen des Klassendiagramms ist geblieben; gemäß der C^3-Schachtelung signalisiert Gelb, daß wir uns auf der nächsttieferen Beschreibungsebene befinden, auf der Musterebene. Im Framework wurden die Anpassungsstellen mit Gamma-Mustern implementiert, das erklärt den Ebenenwechsel. Der Text im Inhaltsteil beschreibt also den Hot Spot „Variability of the Business Process" im Kontext des Klassendiagramms „ProcessingControl". Die blauen Pfeile in der gelben Navigationsleiste verweisen auf die anderen Hot Spots gleicher oder höherer Ebene. Die Hot-Spot-Beschreibung ist in Abschnitte unterteilt, man kann sie aus dem Inhaltsverzeichnis direkt anspringen. Aus Wartungssicht interessiert uns die Implementierung des Hot Spots, wir wollen also das zugrundeliegende Muster kennenlernen. Zu diesem Muster gelangen wir über die gelbe Navigationsleiste: Bild 6 entsteht.

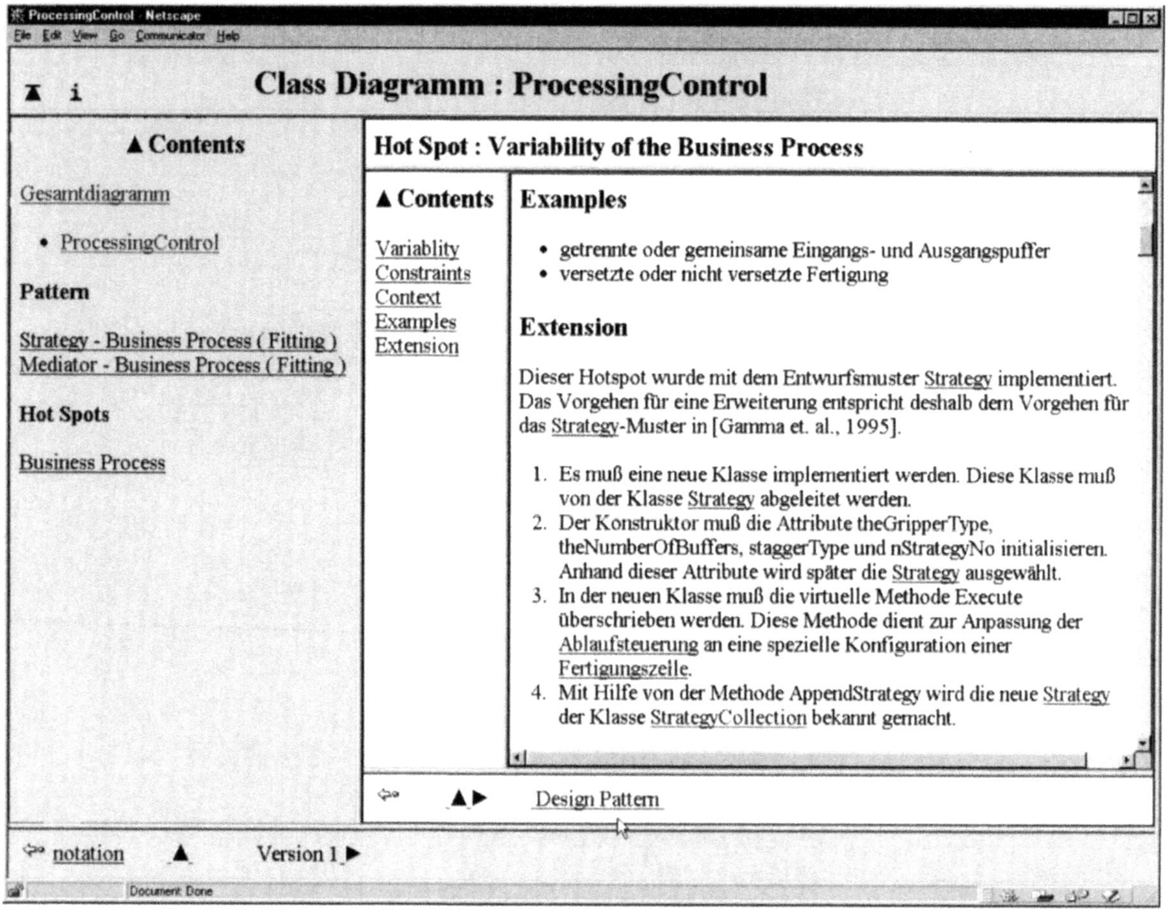

Hier sehen wir die Beschreibung des STRATEGY-Musters im 3. Schritt seiner Ausprägung, das heißt, es wurde an die Klassen der Anwendung angepaßt und weitere Klassen wurden hinzugefügt – *Fitting* (siehe das Vorgehen zur Musterausprägung auf Seite 111). Wir scrollen nun im Inhaltsteil der Musterbeschreibung zum Abschnitt „Participants“; er fällt durch einige Änderungen gegenüber dem Text aus dem 2. Schritt auf – *Allocating & Planning:* rote Schrift kennzeichnet Textänderungen, schwarze Schrift zusätzlichen Text und graue Schrift kennzeichnet unveränderten Text. Zum 4. Schritt der Musterausprägung – *Elaborating* – gelangen wir über die gelbe Navigationsleiste der Musterebene: Bild 7 entsteht.

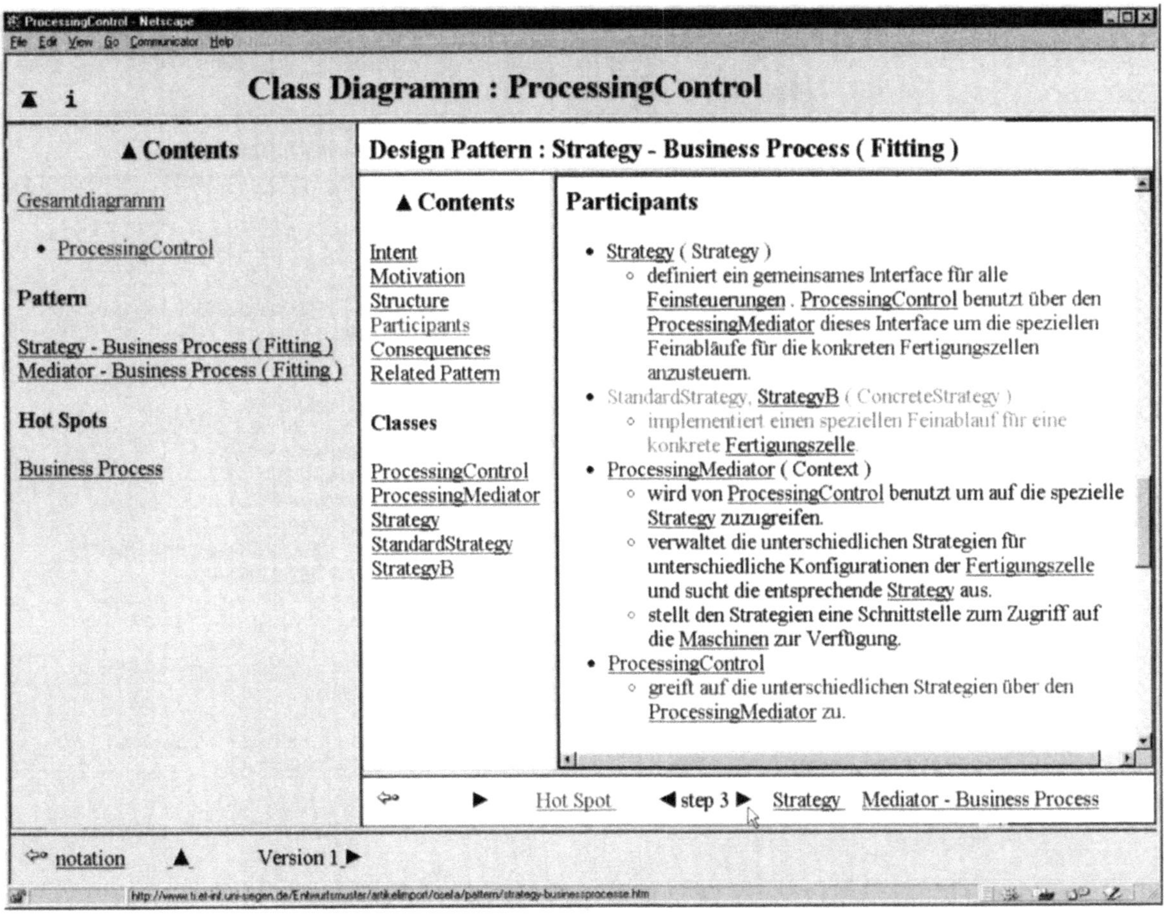

Bild 6: Beschreibung eines Entwurfsmusters nach dem 3. Schritt

Wir sehen die Beschreibung der Musterausprägung nach dem 4. Schritt: *Elaborating;* technische Klassen wurden aufgenommen. Dadurch haben sich im Abschnitt „Participants" die Beziehungen zwischen den Klassen geändert, vergleiche mit dem vorherigen Screenshot. Als Wartungsprogrammierer interessieren uns die Klassen-Interna. Die Klasse StrategyCollection zieht unsere Aufmerksamkeit auf sich; über das Inhaltsverzeichnis des Musters rufen wir ihre Beschreibung auf: Bild 8 entsteht.

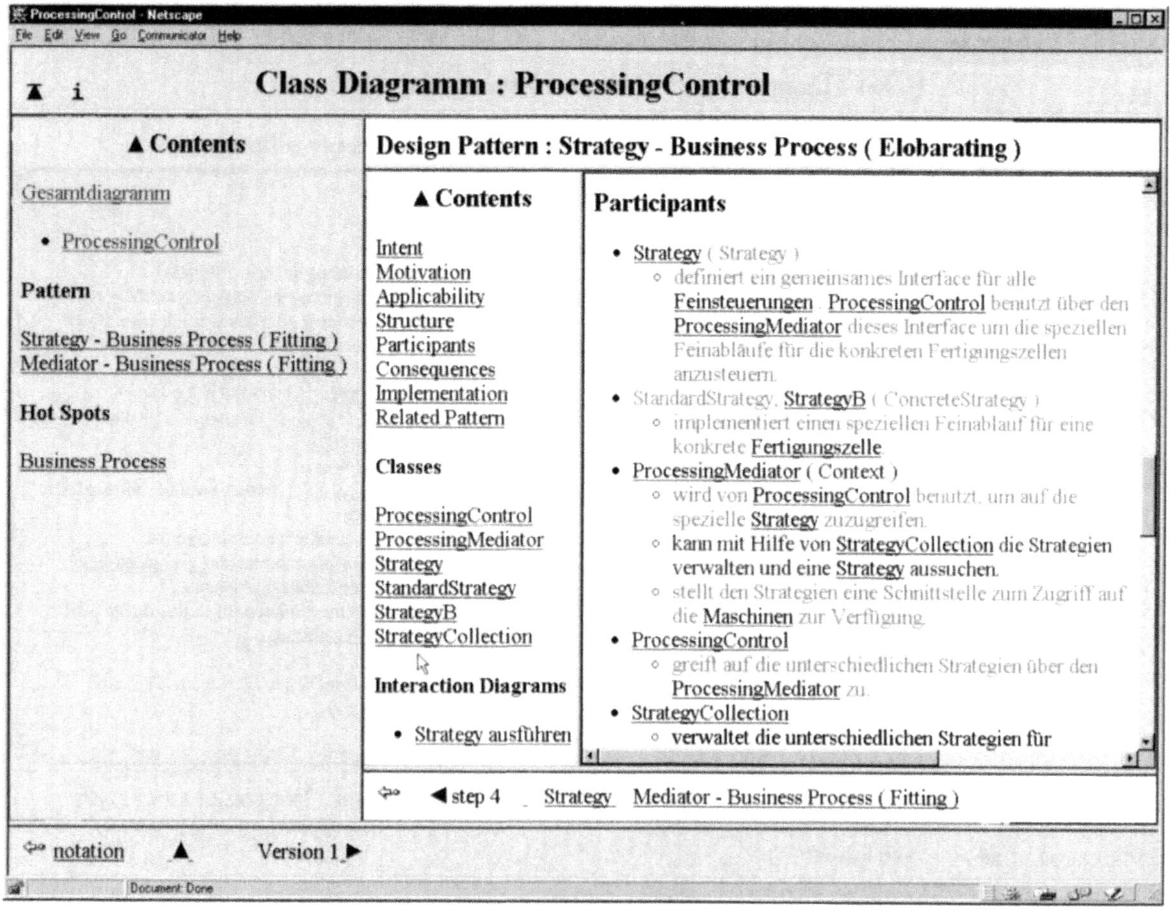

Bild 7: Beschreibung eines Entwurfsmusters nach dem 4. Schritt

Wir befinden uns auf der Klassenebene, sie ist grün hinterlegt. Ein zusätzlicher Rahmen fällt auf: zwischen dem Inhaltsteil und der Navigationsleiste. Er enthält die Beziehungen zu den anderen Klassen des Musters, also Vererbungs-, Aggregations- und Botschaftsbeziehungen. Der Inhaltsrahmen der Klassenebene umfaßt die Klassenbeschreibung (Zweck, Schnittstelle, Protokoll und Lebensspanne) und die Klassenoperationen (Methoden). Folgen wir einem der dortigen Links, zum Beispiel zur Methode StrategyCollection-(void), so gelangen wir auf die unterste Ebene der Systembeschreibung, zum Quellcode: Bild 9 entsteht.

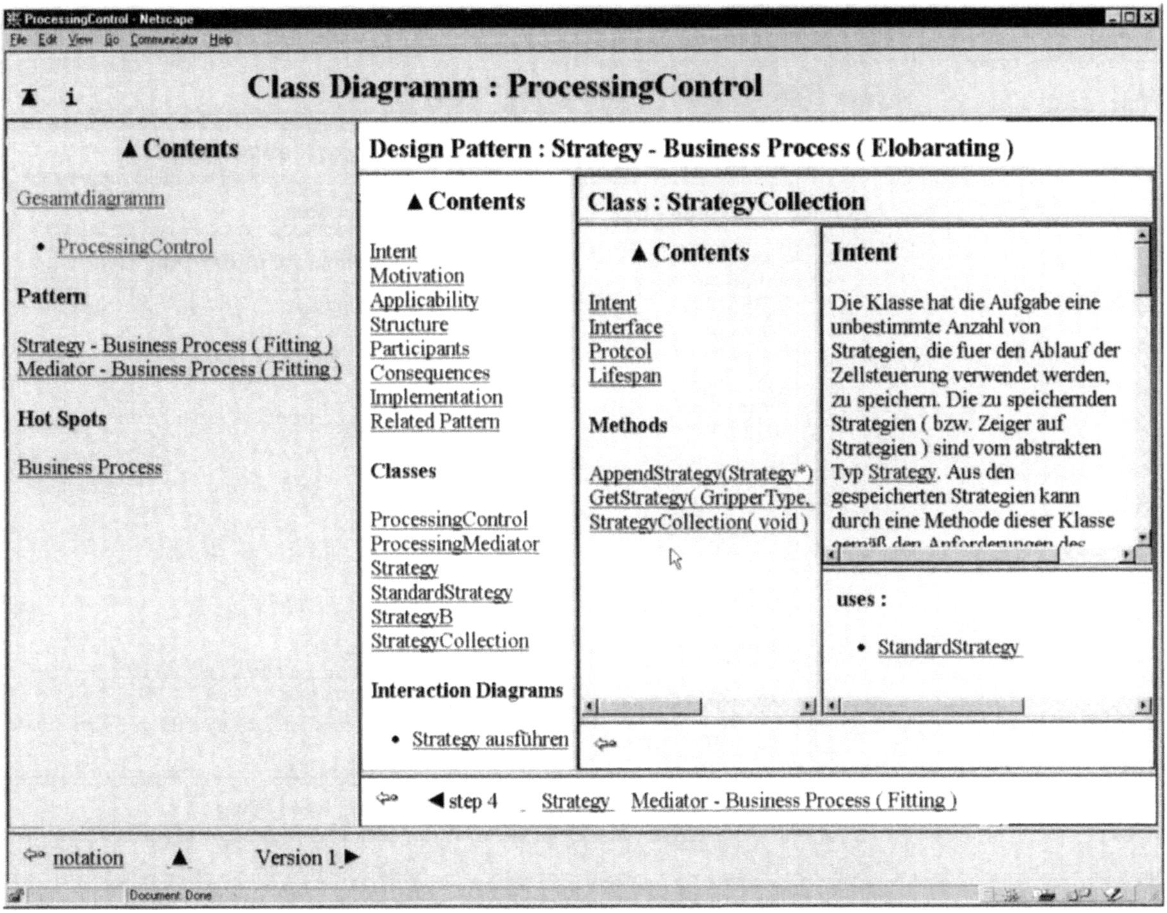

Bild 8:
Klassenbeschreibung

Bild 9:
Quellcode-Beschreibung

Die unterste Ebene der Systembeschreibung komplementiert die C³-Schachtelung: Klassendiagramm (orange), Entwurfsmuster (gelb), Klasse (grün) und Quellcode (blau). Da sich die Rahmenseiten mit dem Cursor verschieben lassen, können wir den aktuellen Anzeigerahmen bei Bedarf vergrößern. Bei einer Schachtelungstiefe von drei Ebenen bleibt die Übersichtlichkeit gewahrt.

Der mißglückte Zugriff auf die Methode StrategyCollection(void) zeigt, daß gewisse Dokumente mit besonderen Zugriffsrechten versehen wurden; in unserem Fall – die OSEFA-Dokumentation liegt im Internet – wird dem Internet-Leser der Zugriff auf den Quellcode verwehrt.

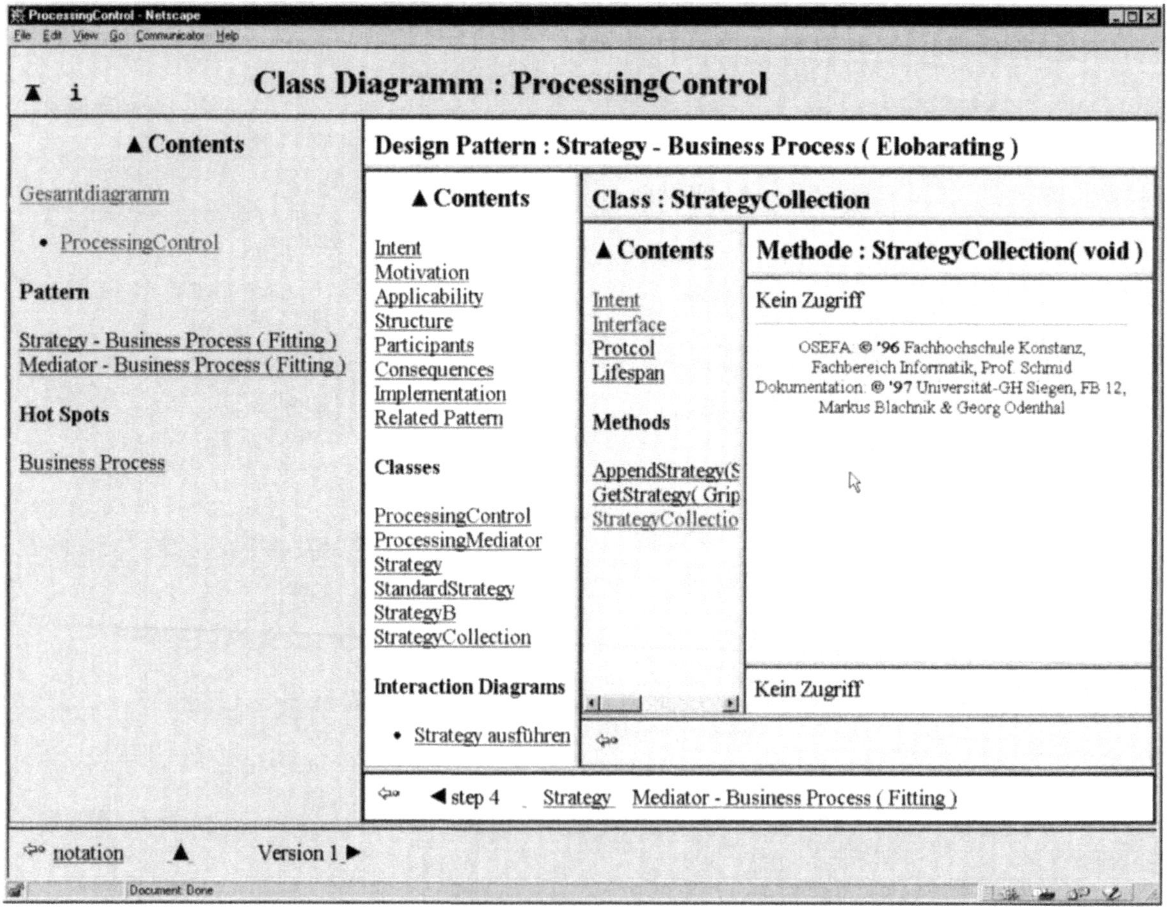

Anhang B

zu 3

EuroPLoP: ein Workshop-Report [1]

Focus Group: Pattern-Aided Software Documentation

Neben der Autoren-Werkstatt bieten PLoP-Konferenzen weitere Foren, um Ideen und Erfahrungen auszutauschen; *Focus Groups* sind beispielsweise ein solches Forum. Wie zuvor im GI-Arbeitskreis „Frameworks & Entwurfsmuster" placierten wir dort unsere Ideen und Impulse aus dem SAP-Projekt zum Thema „Dokumentieren mit Mustern".

PLoP-Konferenz: Gruppenarbeit statt Vorträge

Auch in den Nebenveranstaltungen unterscheiden sich PLoP-Konferenzen signifikant von traditionellen: Nicht der Vortrag mit Diskussion bestimmt das Verfahren, sondern die Dynamik der *Kleingruppenarbeit.* Unser Vorschlag für einen Focus-Group-Workshop wurde wie eine eingereichte Musterbeschreibung bearbeitet: Shepherd war Jim Coplien. Er drängte vor allem auf eine konsensbildende Moderation, und nach mehreren Revisionen unseres *Call for Participation* legten wir schließlich unsere traditionelle Vorstellung vom Vortrags-Workshop ab und erlernten die Metaplan-Methode© [Schnelle (Hrsg.), 1978]. Mit ihrer Hilfe moderierten wir eine Expertengruppe auf der EuroPLoP 98.

Das folgende Protokoll zeigt die Aspektvielfalt des Themas „Mustergestütztes Dokumentieren" und die Schwerpunkte zukünftiger Arbeiten.

---

1 Veröffentlicht im Tagungsband zur EuroPLoP 98 [Odenthal & Quibeldey-Cirkel, 1999].

Workshop Report

Pattern-Aided Software Documentation

Moderators: Georg Odenthal and Klaus Quibeldey-Cirkel
University of Siegen – D-57068 Siegen
{odenthal | quibeldey}@ti.et-inf.uni-siegen.de

Workshop's Home Page:

http://www.ti.et-inf.uni-siegen.de/Entwurfsmuster/EuroPLoP/Workshop/Home.htm

The workshop gathered a total of 13 participants from various academic and industry backgrounds (see the Group Mirror chart in the photo minutes, pp. 150-151). It provided an open forum for sharing ideas and experiences on pattern-related aspects of software documentation.

Taken from the Call for Participation:

Where software is a company's main asset, two problems become vital:

? How can a company's design knowledge and experience be preserved from brain drain?

? How can we effectively integrate a newcomer into a design team, that is, how can we shorten the learning process?

These problems indicate a widespread negligence of effective software documentation. Where can newcomers find and understand a design decision underlying some code fragments? What are the invariant parts and where to look for the variant spots of the design model? In this workshop, we discuss the *state of the art* of using design patterns for documentation purposes. The aim is to document designs for better understanding and for identifying, evolving, and applying reusable components.

Facing a time constraint of two hours, we were forced to prepare a rather brisk agenda:

10 min *Welcome and Introduction*
Group Mirror and Introduction to the moderation method.

20 min *Finding the topics*
Brainstorming on questions like these:

Documentation through patterns:
Has it worked and at what cost?
Other forms of documentation:
Can they be related to the workshop's goal?
What tool support have you used and
What results have you obtained?
What are suitable pattern forms,
What are suitable publication venues
(web versus text versus the two in combination)?
When, where, and how to use patterns in documentation:
Towards a skeleton pattern language.

10 min *Evaluation of topics and Formation of small groups*
Which topics should we discuss here?

30 min *Small group sessions*

45 min *Presentation of the small groups' results to the plenum*

5 min *Close*
How satisfied am I with the results of the workshop?
Reflection on the process; follow-up activities.

Small Groups

Having outlined the connotations of the workshop's topic (see the Card Spider poster in the photo minutes, p. 152) the plenum started to brainstorm on them. The hand-drawn circles on the Card Spider indicate the sub-topics that were found to be most interesting to the plenum (the voting was carried out with the help of self-sticking dots ❀). According to this voting three small groups were formed:

- „Preserving design knowledge and experience from brain drain“
- „Training of a replacement or newcomer in a company“
- „Methods and Tools“

The small groups discussed their topics for about 30 minutes, using the brainstorming cards, and then presented their results to the plenum. Georg has taken a photograph from the plenary discussion.

Snapshot of plenary discussion

Summary

As a particular result, the participants have marked out what pattern-aided software documentation is all about and prioritised the sub-topics that are of high interest. At the end of the workshop, we asked the participants to vote again on the sub-topics of the Card Spider – after having gone through all the discussions. The vote is visualised by solid dots ●. A slight shift to other topics can be noticed. We interpret this shift of interest as follows: Pattern-aided software documentation is still a broad topic and one of the most interesting issues in the patterns community.

It could not, of course, be settled in this workshop. However, the participants made clear on which sub-topics further investigation should be focused.

Related Work

Underscores indicate URLs that can be found on the workshop's home page.

- Documenting Frameworks Using Patterns
  by Ralph E. Johnson
- Articles from ECOOP 97:
  A Model for Structuring User Documentation of Object-Oriented Frameworks Using Patterns and Hypertext
  by Matthias Meusel, Krzysztof Czarnecki, Wolfgang Köpf;
  Using Patterns for Design and Documentation
  by Georg Odenthal, Klaus Quibeldey-Cirkel
- Reverse Engineering a Framework Using Design Patterns
  by Markus Blachnik (in German)
- Pedagogical Framework Documentation
  by Ian Chai
- Pattern Languages from EuroPLoP 98:
  The Structure and Layout of Technical Documents and
  Writing and Reviewing Technical Documents
  by Andreas Rüping

Acknowledgement

Many thanks to Jim Coplien who has „shepherded" our workshop proposal.

Photo Minutes

- Group Mirror
- Card Spider

Note:
The posters can be zoomed in the PDF file on CD-ROM.

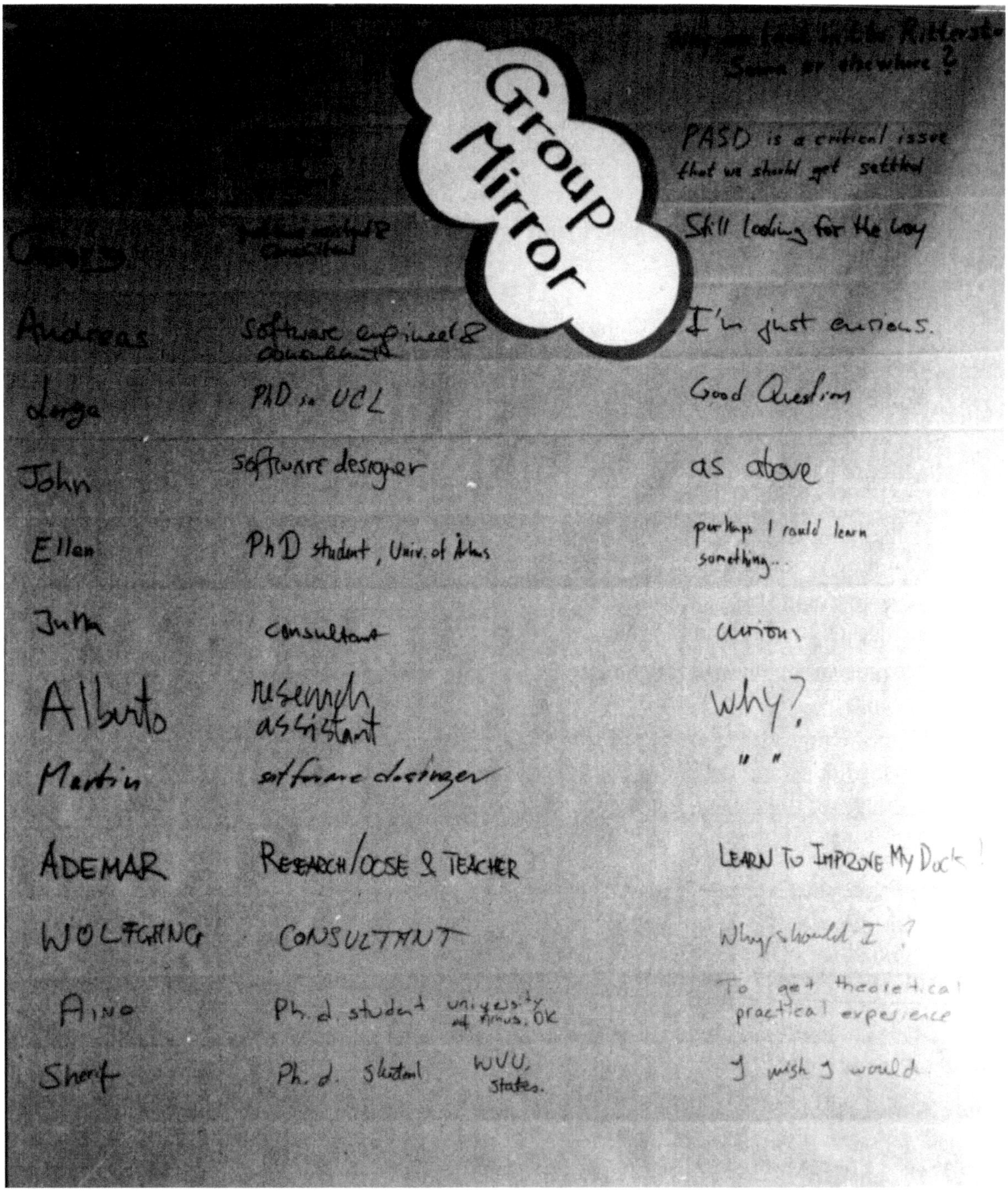
Group Mirror
PASD is a critical issue that we should get settled
Still looking for the way
Andreas
software engineer &
I'm just curious.
PhD in UCL
Good Question
John
software designer
as above
Ellen
PhD student, Univ. of Århus
perhaps I could learn something...
consultant
curious
Alberto
research assistant
why?
Martin
software designer
" "
ADEMAR
RESEARCH/OOSE & TEACHER
LEARN TO IMPROVE MY DOC!
WOLFGANG
CONSULTANT
Why should I?
Aino
Ph.d. student
university of Århus, DK
To get theoretical practical experience
Sherif
Ph.d. student
WVU, States.
I wish I would.

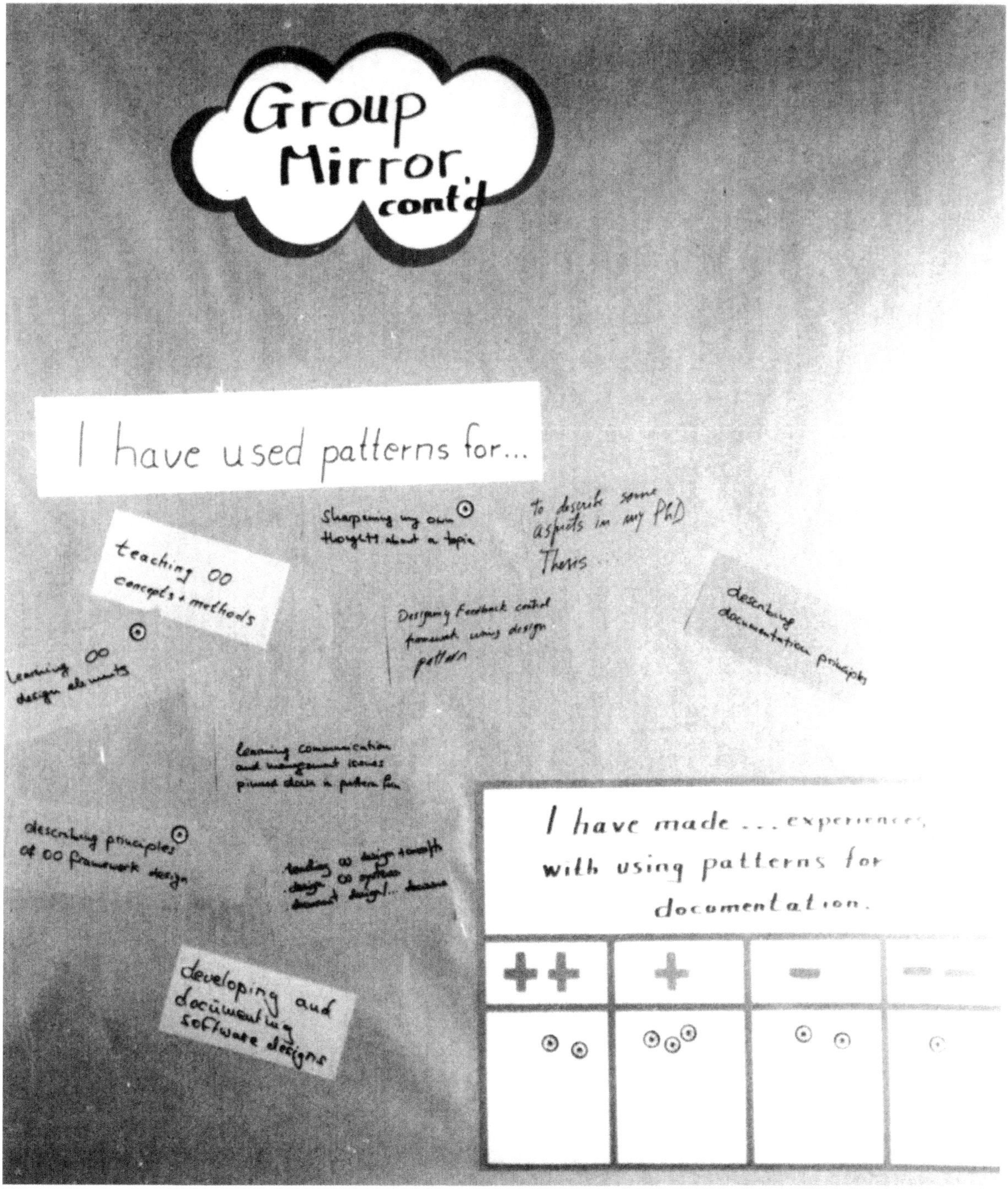
Group Mirror cont'd
I have used patterns for...
teaching OO concepts + methods
to describe some aspects in my PhD Thesis...
describing documentation principles
describing principles of OO framework design
developing and documenting software designs
I have made ... experiences with using patterns for documentation.
++
+
-
--

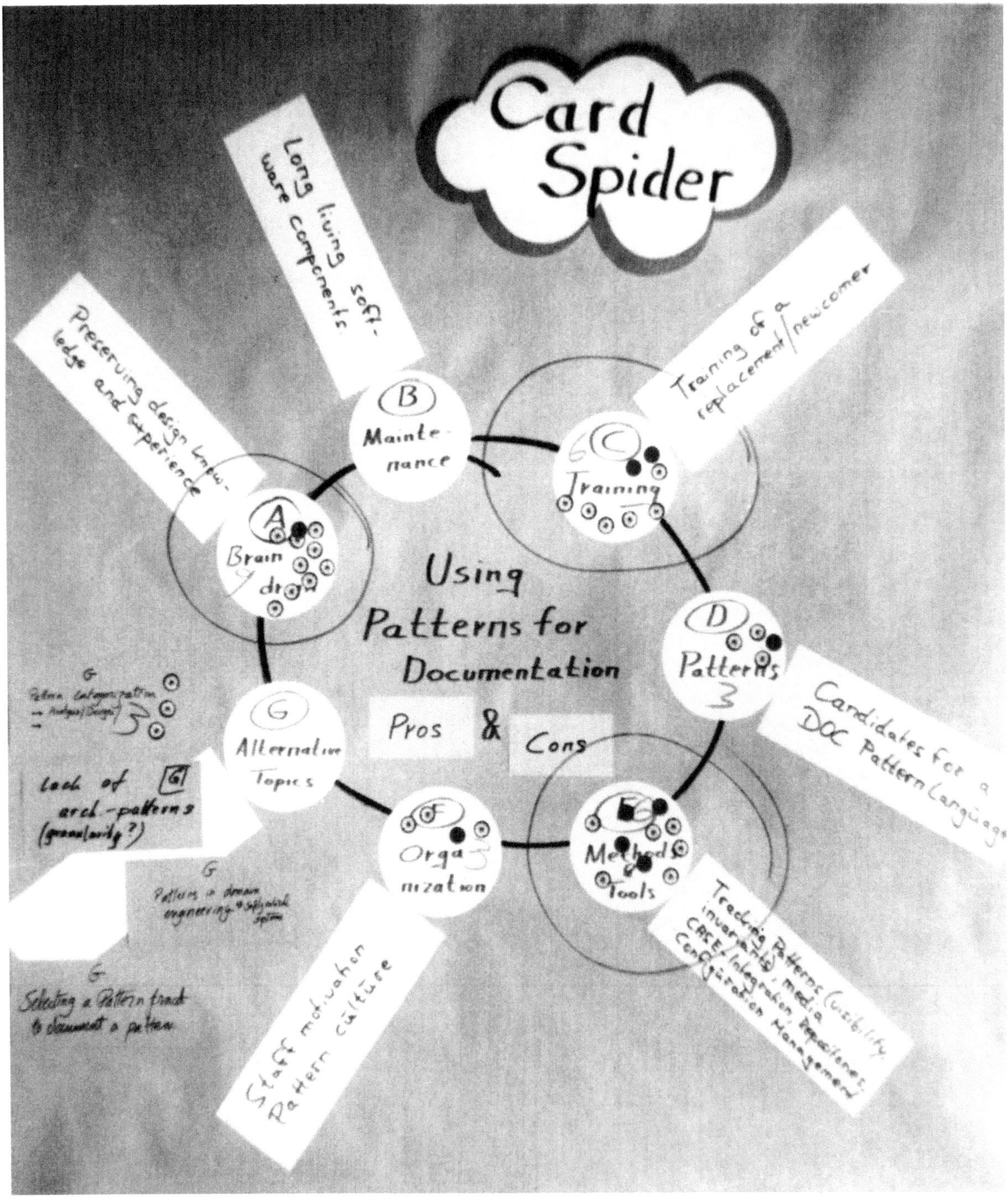
Card Spider
Using Patterns for Documentation
Pros & Cons
Long living soft-ware components
Preserving design know-ledge and experience
Training of a replacement/newcomer
Candidates for a DOC Pattern Language
Staff motivation Pattern culture
A Brain drain
B Mainte-nance
C Training
D Patterns
F Orga-nization
G Alternative Topics
Methods & Tools

Anhang C

zu 3

SoDoM: eine Projektskizze [1]

Warum dokumentieren?

Das Thema Softwaredokumentation ist *unbedeutend* – das suggerieren zumindest die Standardwerke der modernen Entwurfslehre; sie erwähnen das Thema nur beiläufig, so [Booch, 1994; Jacobson et al., 1992; Rumbaugh et al., 1993]. Folglich findet die Technische Dokumentation wenig Aufmerksamkeit in der Ausbildung. Auch moderne *Upper*-CASE-Werkzeuge, wie Rational Rose® oder objectiF®, bieten kaum Unterstützung: zum einen fehlt die Beschreibung einer Methode und ihre Integration in ein Vorgehensmodell, zum anderen die werkzeugtechnische Infrastruktur.

~~Dokumentationskultur~~

Zusammenfassend läßt sich nur das Fehlen einer Dokumentationskultur konstatieren, und es ist verständlich, wenn der Software-Ingenieur selten Antrieb verspürt, seine Arbeit mitzuteilen. Auch gibt das Projektmanagement kurzfristigen Aufgaben den Vorrang und übersieht dabei die langfristige Entwicklung: Das über die Jahre aufgebaute *IP*-Firmenkapital *(Intellectual Property)* verbleibt in den Köpfen der Entwickler und läuft Gefahr, mit ihnen zu gehen (Brain-Drain). Die Einarbeitung neuer Mitarbeiter wird mit der Projektgröße immer aufwendiger; auch hier lautet die Crux: Die Folgen kurzfristigen Handelns wirken sich langfristig aus.

---

1 Homepage des SoDoM-Projekts „Software-Dokumentation mit Mustern“: http://www.ti.et-inf.uni-siegen.de/Entwurfsmuster/ArtikelImport/index_Software_Dokumentation.htm

Die Praxis fordert es!

Fragt man bei Unternehmen der Softwarebranche nach, ergibt sich ein differenzierteres Bild: Der Status quo ist unbefriedigend, der Dokumentation wird eine wachsende Bedeutung zugeschrieben, die Probleme sind weithin ungelöst. Gerade in Zeiten der Abkehr vom Wasserfallmodell, der Hinwendung zum iterativen Vorgehensmodell, des Einsatzes objektorientierter Entwurfsmethoden und der Wende vom Handentwurf zur komponentenbasierten Produktion bedarf es neuer Antworten auf alte Fragen. *Denn:* Mit der Einführung der Objekt-Technik ist die Erwartung an mehr Produktivität gekoppelt – der lang gehegte Wunsch, aus einer Bausteinsammlung die passenden auszuwählen und damit neue Software einfacher, billiger und schneller zu konstruieren. *Aber:* Die effektive Wiederverwendung eines Bausteins setzt dessen methodische Dokumentation voraus, siehe [Zendler et al., 1995].

In der anwendungsorientierten Forschung, das zeigte die ECOOP 97, wird das Thema Softwaredokumentation aus neuer Sicht wieder aufgegriffen. Bemerkenswert: die Firmen sind zuvorderst dabei, so Daimler-Benz [Meusel et al., 1997] und Siemens [Buschmann & Schütz, 1997].

C1 Neues Denken

Anleihen aus der Architektur

Entwurfsmuster zählen zu den meistdiskutierten Themen unter Informatikern. Dabei sind Muster nur insoweit etwas Neues, als sie vorhandenes Wissen strukturiert vermitteln. Warum also die Euphorie? Wir meinen, sie ist Ausdruck eines *Defizits* heutiger Softwareprojekte. Vergleicht man die typische Entwurfssituation eines Software-Ingenieurs mit der eines Architekten, so ist der Architekt konfrontiert mit Verordnungen und Normen, die ihn zwar einerseits reglementieren, andererseits aber seine Arbeitswelt vorstrukturieren, siehe zum Beispiel die VOB, Verdingungsordnung für Bauleistungen [VOB, 1979]. Der Software-Ingenieur dagegen arbeitet weitgehendst künstlerisch: das Arbeitsergebnis hängt von seiner Kreativität ab, eine Qualitätskontrolle ist kaum möglich.

Die Mustergemeinschaft hat sich zum Ziel gesetzt, auch den Prozeß des softwaretechnischen Entwerfens im positiven Sinne zu reglementieren: Entwurfswissen wird als Handbuch aufgeschrieben, analog zur VOB des

Architekten. Der Jungingenieur kann sich am Erfahrungswissen des Experten orientieren und so auf einem höheren Niveau einsteigen. Die Strukturierung durch Muster erleichtert das Verständnis komplexer Entwürfe; an dieser Stelle setzt das Projekt an.

C2 Projektziel

Bislang werden Entwurfsmuster entweder *deskriptiv* zur Weitergabe von Erfahrungswissen eingesetzt oder *generativ* zur Produktion objektorientierter Software. Wir verwenden die Musterform zur Strukturierung der Dokumente und den Musterinhalt als Vorbild für das Dokumentieren. Der Effekt ist eine wesentlich einfachere Integration der Dokumentation in die musterbasierte Entwicklung, die Qualität der Dokumente steigt, die Entwicklung läßt sich zurückverfolgen.

Thesen

- Ein musterbasierter Entwurf kann mit konventionellen Techniken auch musterbasiert dokumentiert werden. Entwurfsmuster sind neben ihrer anerkannten Eignung für die Softwarekonstruktion [Züllighoven, 1998] und für den Erfahrungstransfer auch ein *strukturgebendes* und *vorbildhaftes* Vehikel für das Dokumentieren.

- Das Verständnis komplexer Entwürfe wird durch die musterbasierte Dokumentation wesentlich erleichtert, was den Aufwand für die Einarbeitung neuer Mitarbeiter reduziert.

- Softwarekomponenten, dokumentiert nach dem Musteransatz, sind leichter wiederverwendbar, da ein Bezug zum Muster besteht und dieses die konkrete Anwendung verallgemeinert.

- Das Konzept eignet sich auch zur Nachdokumentation alter Entwürfe, wenn sie hinreichend strukturiert sind. Erste Erfahrungen liegen vor [Meusel et al., 1997; Blachnik, 1997].

- Das Ergebnis der industriellen Validierung von Methode und Umgebung wird zeigen, daß sich die Dokumentation in die Software-Entwicklung und Werkzeugumgebung sinnvoll integrieren läßt. Das Schreiben wartungsfreundlicher Softwaredokumente wird *rationalisierbar*.

Geplantes Ergebnis

Angestrebt wird eine Methode samt prototypischer Werkzeugumgebung, die in zwei Bereichen einsetzbar ist: zum einen beim musterorientierten Entwerfen und Dokumentieren (*Top-down*-Vorgehen), und zum anderen beim Reverse-Engineering, das heißt bei der *Bottom-up*-Unterstützung im Redesign und in der Nachdokumentation.

Lösungsweg

Motiviert durch die Erfahrungen aus der bisherigen Arbeit, wollen wir in drei Schritten fortfahren:

1. Weiterentwicklung einer Methode zur musterbasierten Dokumentation, wie im Kapitel 3 vorgestellt und in [Blachnik, 1997] prototypisch umgesetzt.

2. Konfiguration einer Werkzeugumgebung aus marktgängigen Produkten und Eigenentwicklungen; die Umgebung soll den Einsatz der Methode in einem Industrieprojekt erlauben.

3. Validierung der Methode und der Werkzeugumgebung in Industrieprojekten mit Pilotunternehmen.

Punkt 1 ist hinreichend bearbeitet. Ausgehend vom Prototypen wird im zweiten Schritt eine vollständige Werkzeugumgebung für die musterbasierte Softwaredokumentation konfiguriert. Diese Umgebung implementiert die Methode und soll dann im dritten Schritt praktisch eingesetzt werden. Die Erfahrungen aus der Validierung fließen in die Weiterentwicklung der Methode und Werkzeugumgebung ein. Schließlich soll die Dokumentationsumgebung in die Infrastruktur einer kommerziellen Software-Entwicklungsumgebung integriert werden.

Um die Projektideen zu sammeln und zu ordnen, wurde ein *Problempuzzle* eingerichtet. Dort sind die Fragen formuliert, der Kontext dargestellt und Lösungsansätze skizziert.[2]

Zum Projektstand siehe SoDoM-Homepage

C3 Infrastruktur

In angewandter Forschung wird eine Software-Entwicklungsumgebung (SEU, siehe [Henrich, 1996]) aus *marktgängigen* Produkten konfiguriert; sie organisiert die Produktion von Softwarebausteinen, deren Verwaltung und den Zugriff darauf. Die SEU-Infrastruktur unterstützt die musterbasierte Vorgehensweise und läßt sich an den Standard-Schnittstellen leicht erweitern.

Hypertext als Basistechnik

Die Erweiterung der konventionellen SEU (Bild 1, nächste Seite) besteht darin, die Entwicklungsdaten, das sind Texte und Grafiken aller Art, die im Verlauf eines Softwareprojekts anfallen, durch ein *Informationssystem* zu präsentieren (Bild 2) – in Form eines heterogenen Hypertextes (Bild 3). Der Anwender erschließt den Datenbestand mit formularbasierten Suchanfragen und durch Navigieren. Das System beantwortet die Fragen mit jeweils dynamisch zusammengestellten HTML-Seiten. Navigiert wird nicht nur durch das Folgen von Hyperlinks, sondern auch mittels moderner Techniken: *Fish-eye View* [Nielsen, 1993], dynamischer Verzeichnisbäume zur Darstellung benachbarter Knoten, *Tree View* [Dalitz & Heyer, 1995], und *Guided Tour*, wie in Bild 3 skizziert.

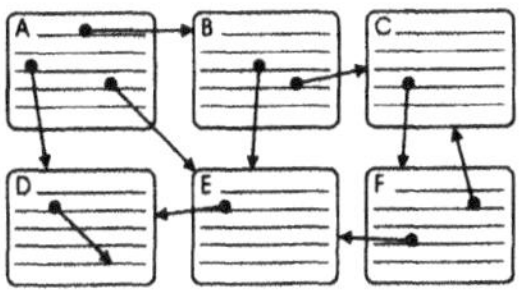

Die Basistechnik Hypertext ist der zweckmäßige Ansatz, um objektorientierte Software zu dokumentieren, siehe [Johnson, 1992; Gamma, 1992; Pree, 1994]. Durch Links können Beziehungen unterschiedlicher Granularität zwischen den Dokumenten konstruiert werden, beispielsweise zwischen einem Textdokument und einem Grafikelement im Klas-

Hypertext versus Objektorientierung

2 http://www.ti.et-inf.uni-siegen.de/Entwurfsmuster/ArtikelImport/Software-Dokumentation/Puzzle/puzzle_index.htm

Bild 1:
Infrastruktur einer Software-Entwicklungsumgebung

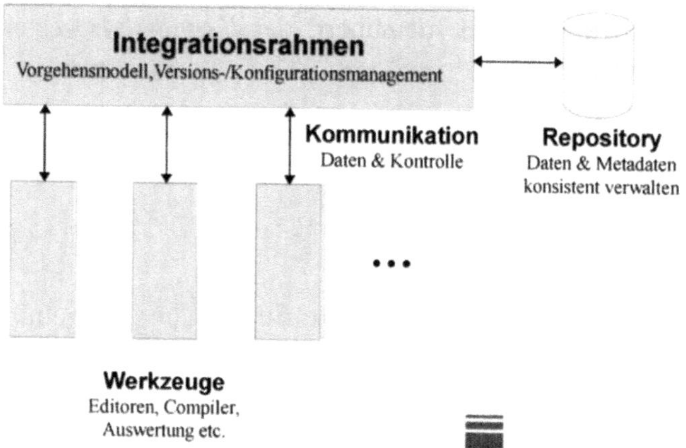

Bild 2:
Erweitert für die Dokumentation

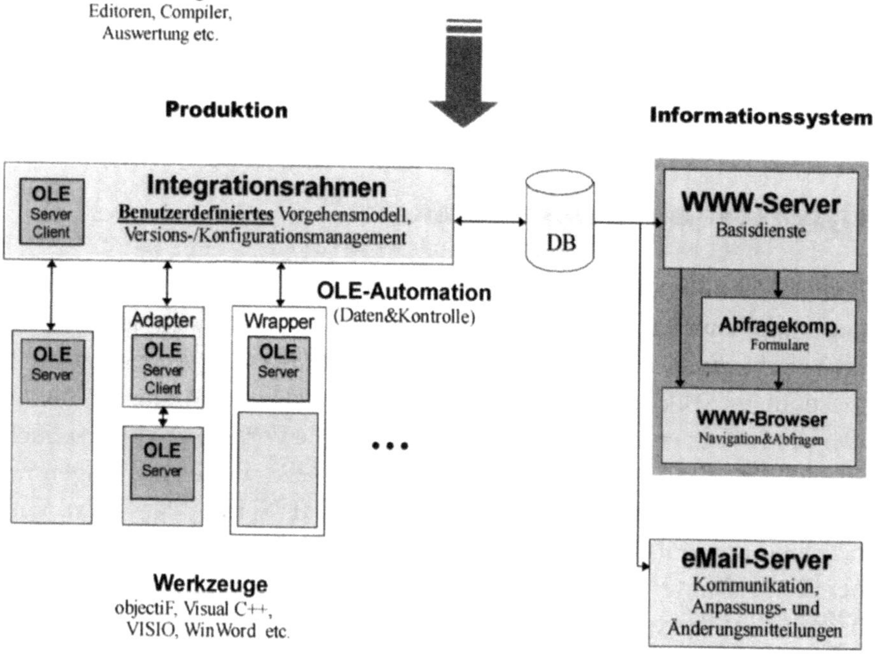

sendiagramm. Mit Hypertext ist eine an das Objekt-Paradigma [Quibeldey-Cirkel, 1994] angepaßte Dokumentationstechnik realisierbar: Es besteht ein enger Zusammenhang zwischen der Denkwelt der Klassen, Beziehungen und Objekte einerseits und der Denkwelt der Knoten und Links eines Hyperdokuments andererseits. Inwieweit sich zum Beispiel die Kapselung, Vererbung (hier gibt es konkrete Erfahrungen [Freitag, 1994]) und die Komposition für neue Dokumentationstechniken eignen, ist Gegenstand der Forschung [Sametinger, 1994, und Kommentare].

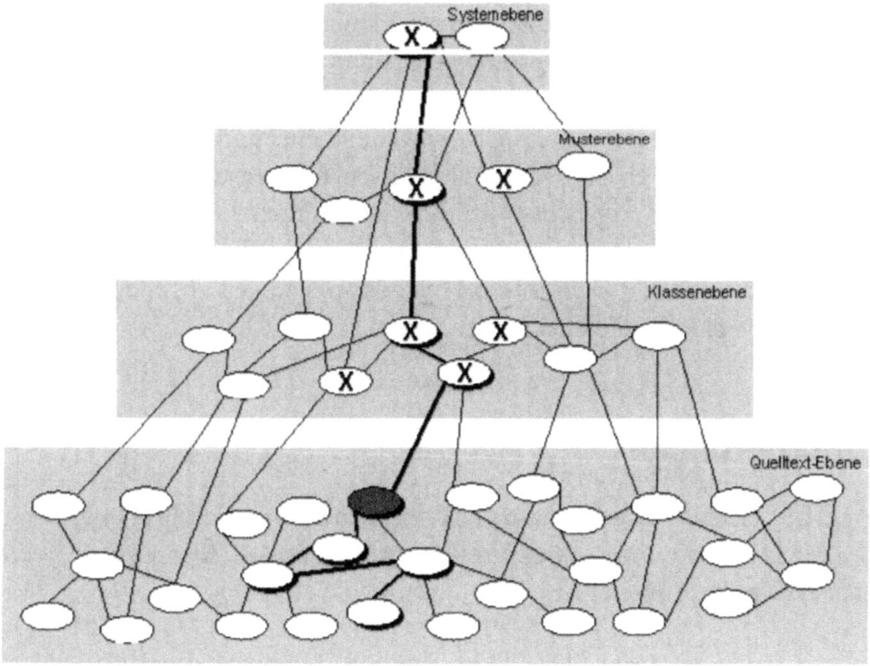

Bild 3:
Hypertext-Gesamtstruktur mit einer *Guided Tour* (dicke Linie), den bisher besuchten Knoten (x) und dem aktuellen Knoten (graues Oval), vergleiche mit Bild 12 auf Seite 123.

Einsatzbereiche

Die erweiterte SEU nach Bild 2 wird durch Module, wie Java-Scripte, HTML-Seiten und Textmakros, für das Projektziel angepaßt:

- Primär geht es darum, die Produktion, Verwaltung und Darstellung aller im Rahmen eines Projekts entstehenden Dokumente zu organisieren. Der Einsatz von Mustern für Entwurf und Dokumentation sowie die *paradigmatische Nähe* objektorientierter Konzepte zum Hypertext-Konzept sollen möglichst umfassend in das Vorgehensmodell einfließen.

Dokumentation von Softwareprojekten

- In Projektbibliotheken soll nach Musterausprägungen gesucht werden; hierzu sind Klassifikations- und Suchtechniken zu implementieren [Zendler, 1994]. Da Entwurfsmuster das zentrale

Retrieval-System [Zendler et al., 1995]

Strukturierungskonzept auf der Entwurfsebene und in den Softwaredokumenten bilden, ist zu klären, wie man die Klassifikation und Suche darauf abstimmen kann.

Nachdokumentation von Software-Bibliotheken

- Das Einlesen eines Quellcode-Dokuments und dessen semi-automatische Projektion auf die Klassenebene ist eine lösbare Aufgabe: *Reverse-Engineering*. Im Klassendiagramm enthaltene Muster (bekannte und eventuell auch neue) sollen im Dokument hervorgehoben, die nicht durch Musterausprägungen abgedeckten Teile entsprechend eingeordnet werden.

Anforderungen

Die Entwicklung einer Infrastruktur mit den geforderten Merkmalen war bisher in einem universitären Projekt nicht zu leisten. Der aktuelle Technikstand in den Bereichen

- Software-Entwicklungsumgebungen: Integrierbarkeit, Offenheit;
- Textverarbeitungssystemen: Konfigurierbarkeit;
- Internet-Technik: Darstellung von Dokumenten unterschiedlicher Formate, Plattformunabhängigkeit, Hypertext (Navigation und Volltextsuche sind inhärente Technikmerkmale), leichte Integration von Datenbanken mit formularbasierter Abfrage;
- Grafikeditoren: schnelles Erfassen und Anpassen grafischer Notationen, Anbindung an die Datenhaltung;

macht die Entwicklung planbar. Wir berechnen den Aufwand für eine Arbeitsversion, inklusive der Validierung von Werkzeugen und Techniken, mit zwei Personenjahren.

Welche Anforderungen stellt nun das musterbasierte Vorgehensmodell an die Werkzeuge der Infrastruktur nach Bild 2 auf Seite 158?

Meta-Modell

☒ Das Meta-Modell des Integrationsrahmens muß modifizierbar sein, um ein objekt- und musterorientiertes Prozeßmodell zu implementieren. Die Meta-Daten und die Nutzdaten aller Werkzeuge sind in einer Datenbank zu halten, damit andere Werkzeuge auf sie zugreifen können. Die Versionierung der Dokumente ist notwendig, um eine arbeitsteilige und iterative Entwicklung zu unterstützen.

- Als Kommunikations-Infrastruktur favorisieren wir die OLE-Technik, den Industriestandard in der Windows®-Programmierung: *Object Linking and Embedding* [Brockschmidt, 1995]. Adapter und sogenannte *Wrapper*-Skripte integrieren jene Werkzeuge, die zum OLE-Standard inkompatibel sind. OLE

- Die Unterstützung verschiedener Notationen, zum Beispiel nach [Booch, 1994; Rumbaugh et al., 1993; Coad & Yourdon, 1991] oder der *Unified Modeling Language* [UML, 1998], ist eine Praxisforderung. Weitere Notationen erfassen wir durch die Definition semantischer Grafikeditoren; sie sind Bestandteil der Infrastruktur. Um die Umgebung auch zur Nachdokumentation einzusetzen, ist ein *Reverse-Engineering*-Werkzeug erforderlich. Externe Werkzeuge müssen auf das Meta-Modell der Applikation und auf alle Nutzdaten zugreifen können. Notationen

- Textverarbeitungsprogramme werden durch Makros konfiguriert, ebenso projektspezifische Dokumentenformate. Textverarbeitung

- Stichworte zur Internet-Technik: Integration der Dokumentenformate für die Anzeige im Web-Browser. Zugriff auf die SEU-Datenbank (DB in Bild 2). Erzeugung dynamischer HTML-Seiten als Reaktion auf eine Anfrage. Automatische Änderungsmitteilung durch ein E-Mail-System. Internet-Technik

- Stichworte zum Grafikeditor: Leichtes Erfassen und Modifizieren grafischer Symbole, beispielsweise für Musterdiagramme. Datenintegration in die SEU-Datenbank. Notationen, wie in [Odenthal, 1996] vorgestellt, sollen mit diesem Werkzeug umgesetzt und weiterentwickelt werden. Grafikeditor

Über den aktuellen Stand des Projekts informiert die Homepage:

http://www.ti.et-inf.uni-siegen.de/Entwurfsmuster/ArtikelImport/index_Software_Dokumentation.htm

Rückblick

Definitionen und Bewertung

Zusammenfassend definiere ich die vorgestellten Begriffe und wage eine Gesamtbewertung der Musterbewegung, einschließlich einer 10-Jahres-Prognose für die Softwaretechnik.

Definitionen

Für das Thema dieser Arbeit sind die folgenden Definitionen grundlegend:

☑ Erfahrungswissen
was ein Experte an praxiserprobtem Wissen besitzt; Vorrat an Problem-Lösungs-Paaren, codiert als Fakten- und Regelbasis in Expertensystemen oder als ausführbare Module in Funktions- und Klassenbibliotheken.

☑ Wiederverwendbares Erfahrungswissen
Erfahrungswissen, das einem unerfahrenen Entwerfer verfügbar gemacht wird – codiert als Halbfabrikat oder uncodiert als Entwurfsmuster.

☑ Entwurfsmuster
eine bewährte Lösungsstruktur für ein wiederkehrendes Entwurfsproblem mit konkurrierenden Kräften; etwas formaler: durch Lösen der Kräfte in einer Problemsituation s_α entsteht die Lösungssituation s_ω, ein Muster i beschreibt die Kompromisse und die notwendigen Überführungsschritte und Strukturänderungen: $s_\alpha \xrightarrow[Muster\,i]{} s_\omega$.

☑ Mustersprache
eine Menge zusammengehöriger Entwurfsmuster, die aufeinander aufbauen, und zwar in einer Weise, daß die Ausgangssituation des einen Musters Teil der Eingangssituation des anderen ist; etwas formaler: es gibt überlappende Bereiche $s_\omega^{i-1} \cong s_\alpha^i$, und n Muster bilden eine Kette: $s_\alpha^1 \xrightarrow[\text{Muster 1}]{} s_\omega^1 \cong s_\alpha^2 \xrightarrow[\text{Muster 2}]{} s_\omega^2 \cong \cdots \cong s_\alpha^n \xrightarrow[\text{Muster n}]{} s_\omega^n$.

☑ Musterorientiertes Entwerfen
Muster dienen als *Vorlage;* ihre Ausprägung geschieht in vier Arbeitsschritten: 1. Suchen & Auswählen, 2. Zuordnen & Planen, 3. Anpassen und 4. Verfeinern.

☑ Musterorientiertes Dokumentieren
Muster dienen als *Vorbild;* vier Aspekte lassen sich unterscheiden:

1. der Handlungs-Aspekt, hier orientiert man sich an den Mustern des guten Dokumentierens;
2. der Inhalts-Aspekt, der Entwerfer dokumentiert die Musterausprägungen in seinem Entwurf;
3. der Form-Aspekt, das Programm wird in der Musterform Problem-Kontext-Kräfte-Lösung dokumentiert;
4. der kombinierte Form- und Inhalts-Aspekt, *Documenting by Designing:* der Entwickler entwirft musterorientiert und dokumentiert parallel in der Musterform.

☑ Dokumentation
Prozeß und Produkt des Erstellens von Dokumenten, organisiert und aufbereitet für einen Leser.

☑ Dokument
physikalisch repräsentiert durch eine Datei, semantisch bestimmt durch Text- und Grafik-Konventionen (zum Beispiel durch alphanumerische Schrift und Symbole), als Quellcode ausführbar.

☑ Autoren-Werkstatt
Literarisches Forum für die Besprechung von Texten in einer Gruppe gleichrangiger Autoren.

Alle Definitionen zusammengenommen kennzeichnen den Status quo der Musterbewegung und motivieren meine abschließende Bewertung.

Bewertung

Wertschöpfung aus Erfahrungswissen

Entwurfsmuster erlauben die Wiederverwendung von Entwurfswissen auf einer Stufe hoher Wertschöpfung; sie schaffen die Brücke zwischen *Tradition* und *Innovation:* tradiert werden Erfahrungen, und innovative Entwürfe entstehen durch Wiederverwendung alter. Die Fachgemeinschaft der Software-Entwickler und Methodentrainer ist im Begriff, ihr Erfahrungswissen in Form von Mustern und Mustersprachen aufzuschreiben – fortlaufend und rückblickend.

10-Jahres-Prognose

Drei Tendenzen werden die Softwaretechnik der nächsten Jahre prägen:

1. Das *Musterdiagramm* etabliert sich als architektonische Beschreibungsebene, Hypertext-Dokumentationsumgebungen verzahnen Entwurf und Dokumentation, musterorientiertes Dokumentieren kompensiert Brain-Drain-Defizite.

2. Der *Architekturbegriff* nimmt eine zentrale Stellung ein: Das Selbstverständnis der Mustergemeinschaft, Software-Architekten zu sein, bestimmt das Berufsbild des Software-Ingenieurs.

3. Die Praktische Informatik sieht den Einzug eines neuen *Genres* in ihre Literatur: *Musterbücher*. Die Vermittlung von Erfahrungswissen erlangt die gleiche Bedeutung wie die von Methoden- und Faktenwissen. Autoren-Werkstätten dienen als Rezensionsforum für das neue Genre.

In dieser Arbeit erläuterte ich die Ursprünge und Grundlagen der Tendenzen. Prototypisch wurde eine Hypertext-Dokumentationsumgebung geschaffen, um das Prinzip des *Literate Designing* zu verdeutlichen. Für die weitergehende Forschung und Entwicklung wurde eine werkzeugtechnische Infrastruktur konzipiert; sie wird derzeit in Industriekooperation verwirklicht.

Abk.

ABAP	Advanced Business Application Programming Programmiersprache des SAP-Systems R/3
ACM	Association for Computing Machinery http://info.acm.org/
ADT	Abstrakter Datentyp
BOR	Business Object Repository (SAP-R/3-Komponente)
CACM	Communications of the ACM http://www.acm.org/cacm/
CASE	Computer-Aided Software Engineering
CORBA	Common Object Request Broker Architecture http://www.omg.org/
CRC	Class Responsibilities Collaborators siehe [Beck & Cunningham, 1989]
ECBS	Engineering of Computer-Based Systems http://www.mmse.napier.ac.uk/ECBS/index.html
ECOOP	European Conference on Object-Oriented Programming http://www.ecoop.org/
ETHOS	Lehrmuster, siehe Anhang A zu Kapitel 2
GI	Gesellschaft für Informatik http://www.gi-ev.de/
GoF	Gang of Four, siehe Autoren von [Gamma et al., 1995]
GUI	Graphical User Interface

HDL	Hardware Description Language
HTML	Hypertext Mark-up Language
IP	Intellectual Property
MFC	Microsoft Foundation Classes (GUI-Framework)
MVC	Model View Controller (Strategiemuster, ursprünglich aus Smalltalk)
OLE	Object Linking and Embedding http://www.microsoft.com/oledev/
OMG	Object Management Group http://www.omg.org/
OMT	Object Modeling Technique [Rumbaugh et al., 1993]
OOPSLA	Object-Oriented Programming, Systems, Languages, and Applications http://www.acm.org/sigplan/oopsla/
OOS	Objektorientierter Systementwurf (Vorlesung des Autors) http://www.ti.et-inf.uni-siegen.de/courses/oos/oos.html
OSA	Open Scripting Architecture (Apple/IBM)
OSEFA	Offener objektorientierter Steuerungsbaukasten für Fertigungsanlagen (siehe Anhang A zu Kapitel 3)
PLoP	Pattern Languages of Programming http://st-www.cs.uiuc.edu/~plop/
PLoPD	Pattern Languages of Program Design http://www.awl.com/patterns/
SEU	Software-Entwicklungsumgebung
SoDoM	Software-Dokumentation mit Mustern (siehe Anhang C zu Kapitel 3)
UML	Unified Modeling Language http://www.rational.com/uml/index.jtmpl
WW	Writers' Workshop (siehe Kapitel 2.3)

Literatur

[Alexander et al., 1977] Alexander, Christopher; Angel, Shlomo; Fiksdahl-King, Ingrid; Ishikawa, Sara; Jacobson, Max; Silverstein, Murray: Mustersprache
A Pattern Language: Towns, Buildings, Construction.
New York: Oxford University Press, 1977.

[Alexander, 1964] Alexander, Christopher:
Notes on the Synthesis of Form.
Cambridge MA: Havard University Press, 1964, 13. Aufl., 1994.

[Alexander, 1979] Alexander, Chistopher:
The Timeless Way of Building.
New York: Oxford University Press, 1979.

[Alexander, 1999] Alexander, Chistopher:
The Nature of Order.
?: Oxford University Press, angekündigt für 1999.
siehe Nikos A. Salingaros: http://www.math.utsa.edu/sphere/salingar/NatureofOrder.html

[Alpert et al., 1997] Alpert, Sherman R.; Brown, Kyle; Woolf, Bobby: Musterkatalog
The Design Patterns Smalltalk Companion
Reading MA: Addison Wesley Longman, 1997.

[Anthony, 1996] Anthony, Dana L. G.: Mustersprache
Patterns for Classroom Education.
In: [PLoPD 2, 1996]. S. 391-405.

[Baumann, 1997] Baumann, Rüdeger:
Didaktik der Informatik.
Stuttgart u. a.: Klett-Verlag, 2. vollständig neu bearbeitete Auflage, 1997.

[Baumgart et al., 1997] Baumgart, Michael; Kunz, Hans Peter; Meyer, Sascha, Quibeldey-Cirkel, Klaus:
Priority-driven Constraints Used for Scheduling at Universities.
In: Proc. of the 3rd Int. Conf. on the Practical Application of Constraint Technology (PACT 97). London: The Practical Apllication Company Ltd, 1997. S. 65-73.

[Beck et al., 1996] Beck, Kent; Coplien, James O.; Crocker, Ron; Dominick, Lutz; Meszaros, Gerard; Paulisch, Frances; Vlissides, John:
Industrial Experience with Design Patterns.

In Proc. of 18th Int. Conf. on Software Engineering (ICSE 18), Los Alamitos CA: IEEE Computer Society Press, 1996. S. 103-114.

[Beck & Cunningham, 1989] Beck, Kent; Cunningham, Ward:
A Laboratory for Teaching Object-Oriented Thinking.
In: ACM SIGPLAN Notices 24 (1989), Heft 10. S. 1-6.

[Beck & Johnson, 1994] Beck, Kent; Johnson, Ralph E.:
Patterns Generate Architectures.
In Proc. of ECOOP 94, Bologna, Italy, 1994. Berlin u. a.: Springer-Verlag, Reihe: Lecture Notes in Computer Science, Bd. 821, 1994. S. 139-149.

Musterkatalog **[Beck, 1997]** Beck, Kent:
Smalltalk Patterns: Best Practices.
Englewood Cliffs, New Jersey: Yourdon Press, Prentice Hall Building, 1997.

Buch-CD **[Berten, 1997]** Berten, André:
Entwurfsmuster und Software-Wiederverwendung.
Siegen: Universität Siegen, FG Technische Informatik, 1997, Studienarbeit.

[Berten, 1997b] Berten, André:
Konzeption und prototypische Umsetzung eines Stundenplaners unter besonderer Berücksichtigung software-ergonomischer Aspekte mit Client/Server-Datenhaltung.
Siegen: Universität Siegen, FG Technische Informatik, 1997, Diplomarbeit.

Buch-CD **[Blachnik, 1997]** Blachnik, Markus:
Konzeption und Implementierung einer HTML-basierten Werkzeugumgebung zur Dokumentation mit Entwurfsmustern.
Siegen: Universität Siegen, FG Technische Informatik, 1997, Diplomarbeit.

[Boehm, 1988] Boehm, Barry W.:
A Spiral Model of Software Development and Enhancement.
In: Computer 21 (1988), Heft 5, S 61-72.

[Booch, 1994] Booch, Grady:
Object-Oriented Analysis and Design with Applications.
Redwood CA: Benjamin Cummings, 1994.

[Brandmüller, 1985] Brandmüller, Josef:
Symmetrie in der bildenden Kunst.
In: [Stork (Hrsg.), 1985]. S. 212-223.

[Bräuer, 1996] Bräuer, Gerd:
Warum Schreiben? Schreiben in den USA: Aspekte, Verbindungen, Tendenzen.
Frankfurt am Main u. a.: Verlag Peter Lang, 1996.

[Brito e Abreu, 1997] Brito e Abreu, Fernando:
Pedagogical Patterns: Picking Up the Design Patterns Approach.
In: Object Expert, März-April 1997. S. 37-41.

[Brittan, 1980] Brittan, J. N. G.:
Design for a Changing Environment.
In: Computer Journal 23 (1980), Heft 1. S. 13-19.

[Brockschmidt, 1995] Brockschmidt, K.:
Inside OLE.
Redmont: Microsoft Press, 1995.

[Brooks, 1975] Brooks, Frederick P.:
The Mythical Man-Month.
Reading MA u. a.: Addison Wesley, 1975.

[Brooks, 1987] Brooks, Frederick P.:
No Silver Bullet: Essence and Accidents of Software Engineering.
In: Computer 20 (1987), Heft 4. S. 10-19.

[Brown et al., 1998] Brown, William J.; Malveau, Raphael C.; McCormick, Hays W.; Mowbray, Thomas J.: Musterkatalog
AntiPatterns: Refactoring Software, Architectures, and Projects in Crisis.
Chichester: John Wiley & Sons, 1998.

[Brown, 1996] Brown, K.:
Using Patterns in Order Management Systems: A Design Patterns Experience Report.
In: Object Magazine, Heft Januar, 1996.

[Budinsky et al., 1996] Budinsky, F. J.;Finnie, M. A.; Vlissides, J. M.; and Yu, P. S.:
Automatic Code Generation from Design Patterns.
In: IBM Systems Journal 35 (1996), Heft 2.

[Bunge, 1979] Bunge, Mario:
Treatise on Basic Philosophy: Vol. 3: Ontology I: The Furniture of the World. Vol. 4: Ontology II: A World of Systems.
Boston: Reidel, 1979.

[Buschmann et al., 1996] Buschmann, Frank; Meunier, Regine; Rohnert, Hans; Sommerlad, Peter; Stal, Michael: Musterkatalog
Pattern-Oriented Software Architecture: A System of Patterns.
Chichester: Wiley & Sons, 1996.

[Buschmann & Schütz, 1997] Buschmann, Frank; Schütz, Dietmar:
Pattern-Oriented Software Architecture (Tutorial 4).
11th European Conference on Objetct-Oriented Programming. Jyväskylä, Finnland 1997.

[Chai, 1998] Chai, Ian:
Pedagogical Framework Documentation.
http://st-www.cs.uiuc.edu/~chai/writing/esp-student.html (Oktober 1998)

[Church & Helfman, 1993] Church, Kenneth Ward; Helfman, Jonathan Isaac:
Dotplot: A Program for Exploring Self-Similarity in Millions of Lines of Text and Code.
In: American Statistical Association, Institute of Mathematical Statistics, and Interface Foundation of North America, Band 2 (1993), Heft 2. S. 153-174.

[Coad & Yourdon, 1991] Coad, P.eter; Yourdon, Edward:
Object-Oriented Analysis.
Englewood Cliffs, New Jersey: Yourdon Press, Prentice Hall Building, 1991.

Musterkatalog **[Coad et al., 1995]** Coad, Peter; Mayfield, Mark, North, David:
Object Models: Strategies, Patterns, & Applications.
Englewood Cliffs, New Jersey: Yourdon Press, Prentice Hall Building, 1995.

Musterkatalog **[Coad, 1992]** Coad, Peter:
Object-Oriented Patterns.
In: CACM 35 (1992), Heft 9. S. 152-159.

Musterkatalog **[Cockburn, 1997]** Cockburn, Alistair:
Surviving Object-Oriented Projects: A Manager's Guide.
Reading MA: Addison Wesley, 1997.

Musterkatalog **[Coldewey & Keller, 1999]** Coldewey, Jens; Keller, Wolfgang:
in Vorbereitung.

[Conway, 1968] Conway, Melvin E.:
How Do Committees Invent?
In: Datamation, April 1968. S. 28-31.

PLoPD 1 **[Coplien & Schmidt (Hrsg.), 1995]** Coplien, James O.; Schmidt, Douglas C.:
Pattern Languages of Program Design.
Reading MA u. a.: Addison Wesley, 1995.

Musterkatalog **[Coplien, 1991]** Coplien, James O.:
Advanced C++ Programming Styles and Idoms.
Reading MA: Addison Wesley, 1991.

Mustersprache **[Coplien, 1995]** Coplien, James O.:
A Development Process Generative Pattern Language.
In: [Coplien & Schmidt (Hrsg.), 1995]

[Coplien, 1996] Coplien, James O.:
Software Patterns.
New York: SIGS Books & Multimedia, 1996.

Mustersprache **[Coplien, 1997]** Coplien, James O.:
Writers' Workshops.
In: C++ Report 9 (1997), Heft März, 13 S.

[Corbin & Snapp, 1988] Corbin, Vince; Snapp, Warren:
Design Methodology of the Concorde Silicon Compiler.
In: [Gajski (Hrsg.), 1988].

[Dalitz & Heyer, 1995] Dalitz, W.; Heyer, G.:
Hyper-G: Das Internet-Informationssystem der 2. Generation.
Heidelberg: dpunkt, 1995.

[Dörner, 1976] Dörner, Dietrich:
Problemlösen als Informationsverarbeitung.
Stuttgart: Kohlhammer-Verlag, 1976.

[Endres, 1988] Endres, A.:
Software-Wiederverwendung: Ziele, Wege und Erfahrungen.
In: Informatik-Spektrum 11 (1988). S. 85-95.

[Escher, 1958] Escher, Maurits C.:
Visions of Symmetry: Notebooks, Periodic Drawings, and Related Work of M. C. Escher / Doris Schattschneider.
New York: Freeman, 1990.

[Felleisen & Friedman, 1997] Felleisen, Matthias; Friedman, Daniel P.: Musterkatalog
A Little Java, A Few Patterns.
Cambridge MA: The MIT Press, 1997.

[Field & Golubitsky, 1993] Field, Michael; Golubitsky, Martin:
Chaotische Symmetrien: Die Suche nach Mustern in Mathematik, Kunst und Natur.
Aus dem Englischen von Gisela Menzel.
Basel u. a.: Birkhäuser-Verlag, 1993.

[Forbig & Riedewald (Hrsg.), 1997] Forbrig, Peter; Riedewald, Günter (Hrsg.):
Software Engineering im Unterricht der Hochschulen SEUH 97.
Stuttgart: Teubner-Verlag, 1997.

[Fowler, 1997] Fowler, Martin: Musterkatalog
Analysis Patterns: Reusable Object Models.
Reading MA u. a.: Addison Wesley, 1997.

[Freitag, 1994] Freitag, B.:
A Hypertext-based Tool for Large Scale Reuse.
In: G. Wijers, S. Brinkkemper, T. Wassermann (Hrsg.):
Advanced Information Systems Engineering.
Berlin: Springer-Verlag, Lecture Notes in Computer Science Band 811, 1994. S. 283-296.

[Gabriel, 1994] Gabriel, Richard P.:
Critic-at-Large: The Failure of Pattern Languages.
In: Journal of Object-Oriented Programming 6 (1994), Heft Februar. S. 84-88.

[Gajski (Hrsg.), 1988] Gajski, Daniel D.:
Silicon Compilation.
Reading u. a.: Addison Wesley, 1988.

[Gamma et al., 1995] Gamma, Erich; Helm, Richard; Johnson, Ralph; Vlissides, John: Musterkatalog
Design Patterns: Elements of Reusable Object-Oriented Software.
Reading MA u. a.: Addison Wesley, 1995.

[Gamma et al., 1996] Gamma, Erich; Helm, Richard; Johnson, Ralph; Vlissides, John: Musterkatalog
Entwurfsmuster: Elemente wiederverwendbarer Software.
Aus dem Amerikanischen von Dirk Riehle, Bonn: Addison Wesley, 1996.

[Gamma, 1992] Gamma, Erich:
Objektorientierte Software-Entwicklung am Beispiel von ET++: Design-Muster, Klassenbibliothek, Werkzeuge.
Berlin u. a.: Springer-Verlag, 1992, Dissertation.

[Gamma, 1996] Gamma, Erich:
Design Patterns yet another Panacea?
Eingeladener Vortrag anläßlich der GI-Fachtagung Software-Engineering 1996 an der Universität Koblenz.

[Girczyc & Carlson, 1993] Girczyc, Emil F.; Carlson, Steve:
Increasing Design Quality and Engineering Productivity through Design Reuse.
In: Proc. of the 30th Design Automation Conference, 1993. S. 48-53.

[Golubitsky & Stewart, 1993] Golubitsky, Martin; Stewart, Ian:
Denkt Gott symmetrisch? Das Ebenmaß in Mathematik und Natur.
Aus dem Englischen von Gisela Menzel.
Basel u. a.: Birkhäuser-Verlag, 1993.

Musterkatalog **[Hay, 1995]** Hay, David C.:
Data Model Patterns: Conventions of Thought.
New York: Dorset House, 1995.

[Helm et al., 1990] Helm, Richard; Holland, Ian M.; Gangopadhyay, Dipayan:
Contracts: Specifying Behavioural Compositions in Object-Oriented Systems.
In: Proc. of OOPSLA/ECOOP 90, Ottawa, Canada,
ACM SIGPLAN Notices 25 (1990), Heft 10. S. 169-180.

[Henrich, 1996] Henrich, Andreas:
Retrieval-Dienste für Software-Entwicklungsumgebungen.
Universität Siegen, FB 12, 1996, Habilitationsschrift.

[HHL, 1994]
Handbuch Hochschullehre: Informationen und Handreichungen aus der Praxis für die Hochschullehre.
Bonn: Raabe-Verlag, 1994.

[Hombach, 1995] Hombach, Nicolai:
Entwurfsmuster: eine Begriffsbestimmung.
In: Informatik-Seminar: Entwurfsmuster. Siegen: Universität Siegen, FG Technische Informatik, 1995. S. 3-13, Abdruck in [Hombach, 1996].

Buch-CD **[Hombach, 1996]** Hombach, Nicolai:
Konzeption eines Hardware-Musterbuchs am Beispiel Boundary-Scan.
Siegen: Universität Siegen, FG Technische Informatik, 1996, Diplomarbeit.

[Jacobson et al., 1992] Jacobson, Ivar; Christerson, Magnus;
Jonsson, Patrik; Overgaard, Gunnar:
Object-Oriented Software Engineering: A Use Case Driven Approach.
Reading MA: Addison Wesley, 1992.

[Johnson, 1992] Johnson, Ralph E.:
Documenting Frameworks Using Patterns.
In: ACM SIGPLAN 27 (1992), Heft 19. S. 63ff.

[Jones, 1984] Jones, T. Capers:
Reusability in Programming: A Survey of the State of the Art.
In: IEEE Transactions on Software Engineering 10 (1984), Heft 5. S. 488-494.

[Kellermann & Treue, 1962] Kellermann, Rudolf; Treue, Wilhelm:
Die Kulturgeschichte der Schraube.
München: Bruckmann-Verlag, 1962.

[Knuth, 1974] Knuth, Donald E.:
Computer Programming as an Art.
In: ACM Turing Award Lectures: The First Twenty Years. Reading MA u. a.: Addison Wesley, 1987. S. 33-46.

[Knuth, 1992] Knuth, Donald E.:
Literate Programming.
Stanford: Center for the Study of Language and Information, 1992.

[Koch & Schnupp, 1991] Koch, Frank A.; Schnupp, Peter:
Software-Recht. Band I.
Berlin: Springer-Verlag, 1991.

[Krueger, 1992] Krueger, Charles, W.:
Software Reuse.
In: ACM Computing Surveys 24 (1992), Heft 2. S. 131-183.

[Kuhn, 1970] Kuhn, Thomas S.:
The Structure of Scientific Revolutions.
University of Chicago, 1970.

[Lang et al., 1995] Lang, Walter; Quibeldey-Cirkel, Klaus; Wojtkowiak, Hans: Buch-CD
7 Leitbilder für die Lehre des Systementwurfs: Ein Studienmodell der Informatik-Systemtechnik.
In: Vierhaus, H. T.; Rosenstiel, W. (Hrsg.): Entwurf integrierter Schaltungen. 7. E.I.S.-Workshop, Chemnitz-Zwickau, Tagungsband 1995. St. Augustin: Gesellschaft für Mathematik und Datenverarbeitung (GMD), 1995. S. 145-154.

[Langer et al., 1987] Langer, Inghard; Schulz von Thun, Friedemann; Tausch, Reinhard:
Sich verständlich ausdrücken.
München: 1987.

[Lea, 1996] Lea, Doug: Musterkatalog
Concurrent Programming in Java: Design Principles and Patterns.
Reading MA: Addison Wesley Longman, 1996.

[Lewis (Hrsg.), 1995] Lewis, Ted G. (Hrsg.):
Object-Oriented Application Frameworks.
Greenwich: Manning Publications, 1995.

[Lilly, 1996] Lilly, Susan:
Patterns for Pedagogy.
In: Object Magazine, Januar 1996. S. 93-96.

[Lockemann, 1995] N. N.:
Interview: Professor Peter Lockemann und Dr. Wilhelm Denz zur Situation der Informatik-Ausbildung: Den stabilen Arbeitsplatz wird es nicht mehr geben.
In: Informatik-Spektrum, Jg. 18, H. 2, 1995. S. 111-113.

[Manns et al. (Hrsg.), 1999] Manns, Mary Lynn et al.: Musterkatalog
Pedagogical Patterns.
Geplant für 1999.
http://www-lifia.info.unlp.edu.ar/ppp/index.html

PLoPD 3 [Martin et al. (Hrsg.), 1997] Martin, Robert; Riehle, Dirk; Buschmann, Frank:.
Pattern Languages of Program Design 3.
Reading MA: Addison Wesley Longman, 1997.

Musterkatalog [Matthaeij, 1833] Matthaeij, Carl Ludwig:
Der vollkommene Dachdecker oder Unterricht in allen bis jetzt bekannten vorzüglichst anwendbaren und mit unsern Dachconstruktionen und Bauverordnungen vereinbaren Dachbedeckungsarten …
Nachdruck der Ausgabe: Ilmenau, Voigt-Verlag 1833,
2. Reprintauflage Hannover: Edition Libri Rari im Verlag Schäfer, 1986.

[McIlroy, 1968] McIlroy, M. Doug:
Mass-Produced Software Components.
In: [Naur & Randell (Hrsg.), 1969. S. 138-150.

Mustersprache [Meszaros & Doble, 1997] Meszaros, Gerard; Doble, Jim:
A Pattern Language for Pattern Writing.
In: [PLoPD 3, 1997].

[Meusel et al., 1997] Meusel, Matthias; Czarnecki, Krzysztof; Köpf, Wolfgang:
A Model for Structuring User Documentation of Object-Oriented Frameworks Using Patterns and Hypertext.
In: Proc. of the 11th European Conference on Object-Oriented Programming, Jyväskylä, Finland, June 1997. Akşit, Mehmet; Matsuoka, Satoshi (Hrsg.):
ECOOP 97: Object-Oriented Programming. Berlin u. a.: Springer-Verlag, Reihe: Lecture Notes in Computer Science, Bd. 1241, 1997. S. 496-510.

[Meyer, 1987] Meyer, Bertrand:
Reusability: The Case for Object-Oriented Design.
In: IEEE Software März 1987. S. 50-64.

[Meyer, 1997] Meyer, Bertrand:
Object-Oriented Software Construction.
New York u. a.: Prentice Hall, 2. Aufl., 1997.

[Miller et al., 1960] Miller, George A.; Galanter, Eugene; Pribram, Karl H.:
Plans and the Structure of Behavior.
London u. a.: Holt, Rinehart & Winston, 1960.

Buch-CD [Miller, 1956] Miller, George A.:
The Magical Number Seven, Plus or Minus Two: Some Limits on Our Capacity for Processing Information.
In: The Psychological Review 63 (1956), Heft 2. S. 81-97.

[Molzberger, 1984] Molzberger, Peter:
Transcending the Basic Paradigm of Software Engineering.
München: Hochschule der Bundeswehr (Bericht-Nr. 8405), 1984.

[Moore, 1975] Moore, Gordon E.:
Progress in Digital Integrated Electronics.
In: Proc. of the IEEE Int. Electron Devices Meeting, Talk 1.3. Washington DC, 1975.

[Naur & Randell (Hrsg.), 1969] Naur, Peter; Randell, Brian (Hrsg.):
Software Engineering: Report on a Conference Sponsored by the NATO Science

Committee.
Brüssel: NATO Scientific Affairs Division, 1969.

[Newell & Simon, 1972] Newell, Allen; Simon, Herbert A.:
Human Problem Solving.
New York: Prentice Hall, 1972.

[Nielsen, 1993] Nielsen, J.:
Hypertext and Hypermedia.
Cambridge: Academic Press Inc., 1993.

[Odenthal & Quibeldey-Cirkel, 1996] Odenthal, Georg; Quibeldey-Cirkel, Klaus:
Mustergestützter Entwurf und Dokumentation mit Entwurfsmustern: Erfahrungen aus einem SAP-Projekt.
In: Pötschke, Dieter; Weber, Mathias (Hrsg.): Anwendungen für Kommunikations-Highways: Perspektiven in den neuen Bundesländern. Konferenzband zur INFO 96. Heidelberg: R. v. Decker's Verlag, 1997. S. 326-332.

[Odenthal & Quibeldey-Cirkel, 1997] Odenthal, Georg; Quibeldey-Cirkel, Klaus:
Using Patterns for Design and Documentation.
In: Proc. of the 11th European Conference on Object-Oriented Programming, Jyväskylä, Finland, June 1997. Akşit, Mehmet; Matsuoka, Satoshi (Hrsg.):
ECOOP 97: Object-Oriented Programming. Berlin u. a.: Springer-Verlag, Reihe: Lecture Notes in Computer Science, Bd. 1241, 1997. S. 511-529.

[Odenthal & Quibeldey-Cirkel, 1999] Odenthal, Georg; Quibeldey-Cirkel, Klaus:
Workshop Report on Pattern-Aided Software Documentation.
In: Coldewey, Jens; Dyson, Paul (Hrsg.): Proceedings of the 3rd European Conference on Pattern Languages of Programming and Computing, 1998. Konstanz: Universitäts-Verlag Konstanz, 1999, in Druck.

[Odenthal, 1996] Odenthal, Georg: Buch-CD
Entwurf und Implementierung einer Schnittstelle zwischen dem SAP-R/3 Business Object Repository und der Open Scripting Architecture (OSA).
Siegen: Universität Siegen, FG Technische Informatik, 1996, Diplomarbeit.

[Parnas, 1972] Parnas, David L.:
On the Criteria to be Used in Decomposing Systems into Modules.
In: Communications of the ACM 15 (1972), Heft 12. S. 1053-1058.

[PLoPD 1, 1995] siehe [Coplien & Schmidt (Hrsg.), 1995]

[PLoPD 2, 1996] siehe [Vlissides et al. (Hrsg.), 1996]

[PLoPD 3, 1997] siehe [Martin et al. (Hrsg.), 1997]

[Prechelt & Unger, 1999] Prechelt, Lutz; Unger, Barbara:
Methodik und Ergebnisse einer Experimentreihe über Entwurfsmuster.
In: Informatik – Forschung und Entwicklung 14 (1999), in Planung.

[Pree, 1994] Pree, Wolfgang: Musterkatalog
Design Patterns for Object-Oriented Software Development.
Reading MA: Addison Wesley, 1994.

[Quibeldey-Cirkel, 1994] Quibeldey-Cirkel, Klaus:
Paradigmenwechsel im Software-Engineering: Auf dem Weg zu objektorientierten Weltmodellen.
In: Softwaretechnik-Trends 14 (1994), Heft 1. S. 47-58.

[Quibeldey-Cirkel, 1994b] Quibeldey-Cirkel, Klaus:
Das Objekt-Paradigma in der Informatik.
Stuttgart: Teubner-Verlag, 1994.

[Quibeldey-Cirkel, 1994c] Quibeldey-Cirkel, Klaus:
Das Objekt-Paradigma und seine Bedeutung für eine Informatik-Systemtechnik. (eingeladener Vortrag)
In: Roland, Rüdiger (Hrsg.): Informatik-Fachtagung: Moderne Programmierparadigmen. Braunschweig/Wolfenbüttel 1994. Wolfenbüttel: FH Braunschweig, 1994. S.1-6.

[Quibeldey-Cirkel, 1995] Quibeldey-Cirkel, Klaus:
Objektorientierung als methodisch-operativer Ansatz zur Erstellung und Integritätssicherung von VLSI-Weltmodellen.
Marburg: Tectum, 1995 (= Edition Wissenschaft, Bd. 77), Dissertation.

[Quibeldey-Cirkel, 1995b] Quibeldey-Cirkel, Klaus:
Quo vadis, Informatik? Aspekte einer objektorientierten Entwurfslehre.
In: Objekt-Spektrum 2 (1995), Heft 1. S. 30-36.

[Quibeldey-Cirkel, 1996] Quibeldey-Cirkel, Klaus:
Symmetrie und Software: Die Suche nach Entwurfsmustern.
In: Diagonal 7 (1996), Heft 1. S. 121-143.

[Quibeldey-Cirkel, 1996b] Quibeldey-Cirkel, Klaus:
Das aktuelle Schlagwort: Entwurfsmuster.
In: Informatik-Spektrum 19 (1996), Heft 6. S. 326-327.

[Quibeldey-Cirkel, 1998] Quibeldey-Cirkel, Klaus:
Lehr-Erfahrung vermittelt durch Lehr-Muster: Ein Beitrag zur Didaktik der Informatik.
In: Claus, Volker (Hrsg.): Informatik und Ausbildung. Berlin u. a.: Springer-Verlag, Reihe: Informatik aktuell, 1998. S. 33-42.

[Quibeldey-Cirkel, 1999] Quibeldey-Cirkel, Klaus:
ETHOS: A Pedagogical Pattern.
In: Coldewey, Jens; Dyson, Paul (Hrsg.): Proceedings of the 3rd European Conference on Pattern Languages of Programming and Computing, 1998. Konstanz: Universitäts-Verlag Konstanz, 1999, in Druck.

Musterkatalog
[Riehle, 1995] Riehle, Dirk:
Muster am Beispiel der Werkzeug-und-Material-Metapher.
Hamburg: Universität Hamburg, Arbeitsbereich Softwaretechnik, 1995, Diplomarbeit.

Musterkatalog
[Riehle, 1997] Riehle, Dirk:
Entwurfsmuster für Softwarewerkzeuge.
Bonn: Addison Wesley Deutschland, 1997.

Mustersprache
[Rüping, 1999] Rüping, Andreas:
The Structure and Layout of Technical Documents.

Writing and Reviewing Technical Documents.
In: Coldewey, Jens; Dyson, Paul (Hrsg.): Proceedings of the 3rd European Conference on Pattern Languages of Programming and Computing, 1998. Konstanz: Universitäts-Verlag Konstanz, 1999, in Druck.

[Rumbaugh et al., 1993] Rumbaugh, James; Blaha, Michael; Premerlani, William; Eddy, Frederick; Lorensen, William:
Objektorientiertes Modellieren und Entwerfen.
München: Hanser-Verlag, 1993.

[Sachsse, 1985] Sachsse, Hans:
Was bedeutet Symmetrie? Reflexionen über den Zusammenhang des Schönen, Guten und Wahren.
In: [Stork (Hrsg.), 1985]. S. 7-17.

[Sametinger, 1994] Sametinger, Johannes:
Object-Oriented Documentation.
In: The Journal of Computer Documentation 18 (1994), Heft Januar. S. 3-14.

[Schmid, 1996] Schmid, Hans A.:
Design Patterns for Constructing the Hot Spots of a Manufacturing Framework.
In: Journal of Object-Oriented Programming 8 (1996). Heft 3. S. 25-37.

[Schmidt & Stephenson, 1995] Schmidt, Doug C.; Stephenson, P.:
Experience Using Design Patterns to Evolve Communication Software Across Diverse OS Platforms.
In Proc. of ECOOP 95, Aarhus, Denmark, 1995.

[Schmidt, 1995] Schmidt, Doug C.:
Experience Using Design Patterns to Develop Reusable Object-Oriented Communication Software.
In: CACM 38 (1995), Heft 10. S. 65-74.

[Schneider, 1988] Schneider, Wolf:
Deutsch für Kenner: Die neue Stilkunde.
Hamburg: Gruner + Jahr, 3. Aufl., 1988.

[Schneider, 1994] Schneider, Wolf:
Deutsch fürs Leben: Was die Schule zu lehren vergaß.
Reinbek bei Hamburg: Rowohlt-Taschenbuch-Verlag, 1994.

[Schnelle (Hrsg.), 1978] Schnelle, Eberhard:
Neue Wege der Kommunikation: Spielregeln, Arbeitstechniken und Anwendungsfälle der Metaplan-Methode.
Königstein/Ts.: Hanstein-Verlag, 1978.

[Simon, 1962] Simon, Herbert A.:
The Architecture of Complexity.
In: Proc. of The American Philosophical Societey 106 (1962), Heft 6. S. 467-482.

[Simon, 1990] Simon, Herbert A.:
Die Wissenschaften des Künstlichen.
Berlin: Kammerer & Unverzagt, 1990.

[Smith, 1997] Smith, Barbara M.:
Succeed-first or Fail-first: A Case Study in Variable and Value Ordering.
In: Proc. of the 3rd Int. Conf. on the Practical Application of Constraint Technology (PACT 97). London: The Practical Apllication Company Ltd, 1997. S. 321-330.

Musterkatalog

[Soukup, 1994] Soukup, Jiri:
Taming C++: Pattern Classes and Persistence for Large Projects.
Reading MA: Addison Wesley Longman, 1994.

[Stork (Hrsg.), 1985] Stork, Heinrich (Hrsg.):
Symmetrie.
Köln: Aulis-Verlag Deubner, 1985.

[Thiele, 1991] Thiele, Albert:
Überzeugend Präsentieren: Präsentationstechnik für Fach- und Führungskräfte.
Düsseldorf: VDI-Verlag, 1991.

[Treue, 1989] Treue, Wilhelm:
Die Schraube: ein lösbares Verbindungselement:Betrachtungen zur Entwicklungsgeschichte.
In: Drahtwelt, November 1989. S. 92-96.

[UML, 1998]
Unified Modeling Language.
http://www.rational.com/uml/index.shtml (Oktober 1998)

PLoPD 2 **[Vlissides et al. (Hrsg.), 1996]** Vlissides, John M.; Coplien, James O.; Kerth, Norman L.:
Pattern Languages of Program Design 2
Reading MA: Addison Wesley Longman, 1998.

[VOB, 1979]
Verdingungsordnung für Bauleistungen. VOB. Im Auftr. d. Dt. Verdingungsausschusses für Bauleistungen. Hg. vom DIN, Dt. Inst. für Normung e.V., Ausgabe 1979.
Berlin, Köln: Beuth-Verlag, 1979.

[Wagner, 1992] Wagner, Wolf:
Uni-Angst und Uni-Bluff: Wie studieren und sich nicht verlieren?
Berlin: Rotbuch-Verlag, 1992.

[Wand, 1989] Wand, Yair:
An Ontological Foundation for Information Systems Design Theory.
In: Pernici, B.; Verrijn-Stuart, A. A. (Hrsg.): Office Information Systems: The Design Process. Elsevier Science Publisher B. V. (North-Holland), IFIP, 1989. S. 201-221.

[Warnecke, 1993] Warnecke, Hans-Jürgen:
Revolution der Unternehmenskultur: Das Fraktale Unternehmen.
Berlin u. a.: Springer-Verlag, 1993.

[Weyl, 1955] Weyl, Hermann:
Symmetrie.
Basel, Stuttgart: Birkhäuser-Verlag, 1955.

[Wigner, 1963] Wigner, Eugene P.:
Symmetrie und Erhaltungssätze.
In: [Stork (Hrsg.), 1985]. S. 46-60.

[Young, 1988] Young, Jeffrey S.:
Steve Jobs: The Journey is the Reward.
Scott, Foresman and Company, 1988.

[Zemanek, 1992] Zemanek, Heinz:
Das geistige Umfeld der Informationstechnik.
Berlin u. a.: Springer-Verlag, 1992.

[Zendler, 1994] Zendler, A.:
Werkzeuge zum Aufbau und zum Einsatz von Bibliotheken zur Software-Wiederverwendung: Kriterien und Anforderungen.
München: Forschungsinstitut für Angewandte Software-Technologie, FAST e.V., Dezember 1994.

[Zendler et al., 1995] Zendler, A.; Gastinger, S.; Haggenmüller, R.:
Vergleichende Analyse von Werkzeugen zum Aufbau und Einsatz von Bibliotheken für wiederverwendbare Software-Dokumente.
München: Forschungsinstitut für Angewandte Software-Technologie, FAST e.V., Februar 1995.

[Zimmer, 1997] Zimmer, Walter:
Frameworks und Entwurfsmuster.
Karlsruhe: Universität Karlsruhe, 1997, Dissertation.

[Züllighoven, 1998] Züllighoven, Heinz:
Das objektorientierte Konstruktionshandbuch: nach dem Werkzeug- & Material-Ansatz.
Heidelberg: dpunkt-Verlag, 1998.

Index A-Z

D

E

F

G

H

I

J

K

W

X

Y

Z

Buch-CD [1]

Motiv

Webseiten zu referenzieren ist mittlerweile wissenschaftlicher Usus; er birgt aber zweierlei Gefahren: Zum einen, Webseiten sind *flüchtig;* sie können jederzeit verändert, gesperrt oder gelöscht werden. Zum anderen, Webseiten sind *geistiges Eigentum;* sie ohne Zustimmung des Autors in einen anderen Kontext zu setzen, berührt das Urheberrecht oder internationales Copyright.

offline vs. online

Die Rechtsfrage ist für die nichtkommerzielle Verwendung in Forschung und Lehre ohne Belang. Und die Flüchtigkeit des Internets meide ich, indem ich die Web-Archive und Einzelseiten, die in den Fußnoten referenziert wurden, auf die CD-ROM kopiert habe. Die Webadressen sind dort auf der Einstiegsseite Index-CD.html als Hyperlink verfügbar, so daß der Leser die aktuelle Version der Seiten im Web-Browser aufrufen kann. Ich gehe davon aus, daß die Buch-CD ausschließlich für das persönliche Offline-Studium der Webquellen und nicht kommerziell genutzt wird.

Volltextsuche im Skript

Zusätzlich zum herkömmlichen Index biete ich einen Volltextindex an: Der Text liegt als *Compuskript* auf der CD-ROM. Mit Hilfe des lizenzfreien Adobe® Acrobat Reader® plus Suchoption kann der Leser bequem und schnell beliebige Begriffe und Zeichenfolgen im Text ermitteln. Erweiternde und einschränkende Suchkriterien stehen ihm zur Verfügung, wie Wortstamm, Bedeutung und Umgebung, siehe den Screenshot auf der nächsten Seite.

---

1 Rufen Sie in Ihrem Web-Browser die Seite Index-CD.html auf. Diese Seite ist hier abgedruckt. Aktuelle Ergänzungen finden Sie auf dem FTP-Server: ftp.ti.et-inf.uni-siegen.de.

Beispiel zur Volltextsuche

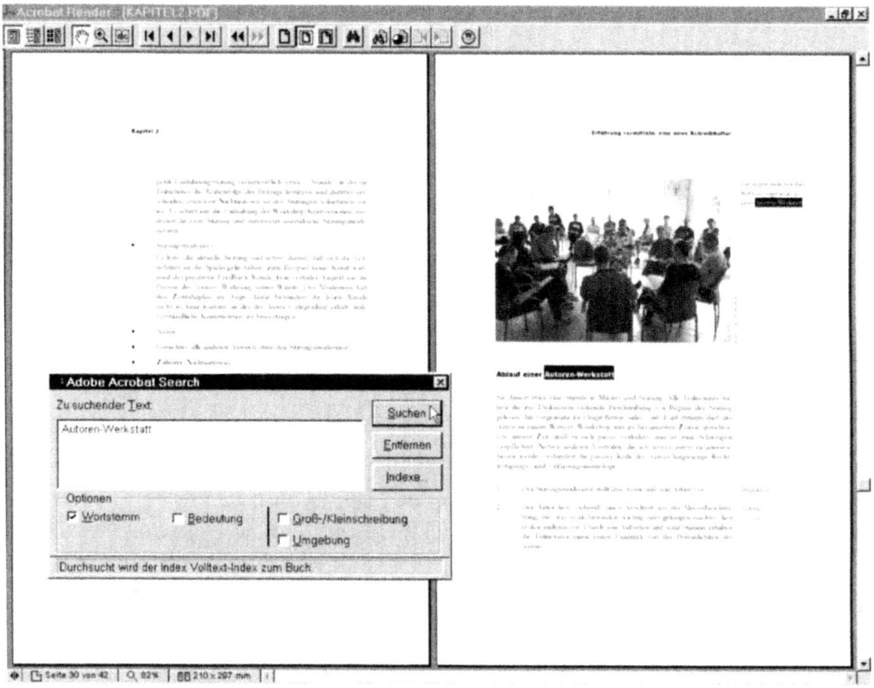

Index-CD.html

Hinweis: Das CD-Symbol ist ein Link zu Dateien auf der Buch-CD; sie wurden im Mai 1999 aus dem Internet kopiert. Das Welt-Symbol verweist auf die Webadresse (URL) der kopierten Dateien.

Web-Archive zum Thema

CD	Homepage der Mustergemeinschaft (Download aller Seiten)
Welt	http://hillside.net/patterns/patterns.html

CD	Cetus® Links on Objects & Components (Download aller Seiten)
Welt	http://www.cetus-links.org/oo_patterns.html (Architecture and Design: Patterns)

CD	Zu „Literate Programming“
Welt	http://www.cs.cmu.edu/~vaschelp/Programming/Literate/literate.html

Compuskript

	Buchtext für die Bildschirm-Lektüre (gute Grafikauflösung, farbig, aktive Links)
	Volltextsuche

Vom Autor betreute Vorarbeiten

	Seminar-, Studien- und Diplomarbeiten zum Thema
	Odenthal, Georg: Softwaredokumentation mit Entwurfsmustern. Universität Siegen, FG Technische Informatik, 1995, Seminararbeit.
	Hombach, Nicolai: Konzeption eines Hardware-Musterbuchs am Beispiel Boundary-Scan. Universität Siegen, FG Technische Informatik, 1996, Diplomarbeit.
	Odenthal, Georg: Entwurf und Implementierung einer Schnittstelle zwischen dem SAP-R/3 Business Object Repository und der Open Scripting Architecture (OSA). Universität Siegen, FG Technische Informatik, 1996, Diplomarbeit.
	Berten, André: Entwurfsmuster und Software-Wiederverwendung. Universität Siegen, FG Technische Informatik, 1997, Studienarbeit.
	Meyer, Sascha: Werkzeugunterstützung für Entwurfsmuster. Universität Siegen, FG Technische Informatik, 1997, Seminararbeit.
	Blachnik, Markus: Konzeption und Implementierung einer HTML-basierten Werkzeugumgebung zur Dokumentation mit Entwurfsmustern. Universität Siegen, FG Technische Informatik, 1997, Diplomarbeit.

Artikel zum Vorwort (Kontext: Lehre)

	Lang, Walter; Quibeldey-Cirkel, Klaus; Wojtkowiak, Hans: 7 Leitbilder für die Lehre des Systementwurfs: Ein Studienmodell der Informatik-Systemtechnik. In: Vierhaus, H. T.; Rosenstiel, W. (Hrsg.): Entwurf integrierter Schaltungen. 7. E.I.S.-Workshop, Chemnitz-Zwickau, Tagungsband 1995. St. Augustin: Gesellschaft für Mathematik und Datenverarbeitung (GMD), 1995. S. 145-154.
	http://www.ti.et-inf.uni-siegen.de/ECBS/leitbilder.htm

Exkurse aus Kapitel 2

Fotosammlung zur EuroPLoP 98 von Udo Borkowski

Artikel zum Schreibprozeß und zur Denkpsychologie

„Verständliches Schreiben“ von Markus Nickl

http://www.thesis.de/thesis/vschreib.htm

Miller, George A.:
The Magical Number Seven, Plus or Minus Two:
Some Limits on Our Capacity for Processing Information.
In: The Psychological Review 63 (1956), Heft 2, S. 81-97.

http://www.well.com/user/smalin/miller.html

Anhänge zu Kapitel 2

Homepage des Lehrmusterprojekts (Download aller Seiten)
„Pedagogical Patterns: Successes in Teaching Object Technology“

http://www-lifia.info.unlp.edu.ar/ppp/index.html

The Making of ETHOS

Hardwaremuster BOUNDARY SCAN

http://www.ti.et-inf.uni-siegen.de/Diplom/NHombach/bs_pages/bs_start.htm

Anhänge zu Kapitel 3

WinHelp®-Dokumentation zum SAP-Projekt

OSEFA-Dokumentation

http://www.ti.et-inf.uni-siegen.de/
Entwurfsmuster/ArtikelImport/index_osefa.htm

EuroPLoP-Workshop „Pattern-Aided Software Documentation“

http://www.ti.et-inf.uni-siegen.de/
Entwurfsmuster/EuroPLoP/Workshop/Home.htm

💿	Homepage des SoDoM-Projekts
🌐	http://www.ti.et-inf.uni-siegen.de/Entwurfsmuster/ArtikelImport/index_Software_Dokumentation.htm
💿	Referate aus dem SoDoM-Informatikseminar
🌐	http://www.ti.et-inf.uni-siegen.de/courses/sodom/themen98.htm

Web-Umfeld des Autors

💿	Siegener Entwurfsmuster-Homepage
🌐	http://www.ti.et-inf.uni-siegen.de/Entwurfsmuster/home/Entwurfsmuster-Homepage.htm

💿	Homepage des Autors
🌐	http://www.ti.et-inf.uni-siegen.de/staff/quibeldey/uebermich.html

Leser-Feedback

Last, not least:
Ihre Anmerkungen und Kritik zum Buch sind willkommen!

Das Leserforum finden Sie auf der Webseite:
http://www.ti.et-inf.uni-siegen.de/staff/quibeldey/Springer-Buch.html

GPSR Compliance

The European Union's (EU) General Product Safety Regulation (GPSR) is a set of rules that requires consumer products to be safe and our obligations to ensure this.

If you have any concerns about our products, you can contact us on ProductSafety@springernature.com

In case Publisher is established outside the EU, the EU authorized representative is:

Springer Nature Customer Service Center GmbH
Europaplatz 3
69115 Heidelberg, Germany

Batch number: 10106130

Printed by Printforce, the Netherlands